北京师范大学国家“985工程”资助项目

破解效率悖论，消除社会鸿沟

U0960897

2012 中国省级地方政府效率研究报告

——消除社会鸿沟

Research Report of Provincial Local Governments' Efficiency in China 2012

北京师范大学管理学院
北京师范大学政府管理研究院 著

北京师范大学出版集团
BEIJING NORMAL UNIVERSITY PUBLISHING GROUP
北京师范大学出版社

图书在版编目(CIP)数据

2012中国省级地方政府效率研究报告／北京师范大学管理学院，北京师范大学政府管理研究院著.—北京：北京师范大学出版社，2012.10
ISBN 978-7-303-15444-9

Ⅰ. ①2… Ⅱ. ①北… ②北… Ⅲ. ①省－地方政府－行政管理－研究报告－中国－2012 Ⅳ. ①D625

中国版本图书馆CIP数据核字（2012）第222432号

营销中心电话 010-58802181 58805532
北师大出版社高等教育分社网 http://gaojiao.bnup.com.cn
电子信箱 beishida168@126.com

2012 ZHONG GUO SHENG JI DI FANG ZHENG FU XIAO LV YAN JIU BAO GAO
出版发行：北京师范大学出版社 www.bnup.com.cn
北京新街口外大街19号
邮政编码：100875
印　刷：北京京师印务有限公司
经　销：全国新华书店
开　本：184 mm × 260 mm
印　张：18
字　数：330千字
版　次：2012年10月第1版
印　次：2012年10月第1次印刷
定　价：55.00元

策划编辑：戴　铁　责任编辑：戴　铁　李　念
美术编辑：毛　佳　装帧设计：毛　佳
责任校对：李　菡　责任印制：孙文凯

《2012中国省级地方政府效率研究报告》课题组

顾　　问　蒋正华　周铁农　王茂林　阳安江

主　　编　唐任伍

副 主 编　唐天伟　王宏新　果　佳

编　　委（按姓氏拼音排序）

陈弘明　戴　伟　果　佳　李彦芳

连宏萍　刘泰洪　刘业进　马洪立

舒昌雄　孙　宇　檀秀侠　唐任伍

唐天伟　王华春　王宏新　王洛忠

王　蕾　汪大海　熊贻德　杨冠琼

易昌良　章文光　周　觉

参与编写工作（按姓氏拼音排序）

蔡梦晗　陈　凤　段文清　黄　婷

胡　蓉　李锦舒　刘立潇　刘文波

孙丽华　唐　常　肖彦博　谢金伟

杨璐璐　余　倩　张剑娜　张　敏

总 协 调　檀秀侠

行政助理　覃美容

摘 要

省级地方政府在中国行政管理体制链条上，具有承上启下、左联右结的枢纽作用。研究、提升省级地方政府效率，对于提高各地经济社会发展水平、改善民生、消除社会鸿沟，具有重要意义。

改革开放30多年来，中国追求高增长与高效率，取得了举世瞩目的成就，但与此同时，制度鸿沟、收入鸿沟、阶层鸿沟、数字鸿沟、区域发展鸿沟、基本公共服务非均等化等社会鸿沟不断扩大。

长期以来，中国政府实施集权式治理模式及以经济建设为中心的发展战略，不可避免地以追求经济发展的高效率为目标。这种对高效率的追求一定程度上忽视了公平发展，从而导致社会失衡、社会整体效率的损失和社会资源的重复浪费，加剧社会鸿沟，形成政府效率悖论。

中国的社会鸿沟主要包括制度鸿沟、收入鸿沟、阶层鸿沟、数字鸿沟、区域发展鸿沟、基本公共服务非均等化等。它们虽然表现形式不同，但是都具有严重的社会危害与后果。

定量考察社会鸿沟是一个重要课题，报告运用综合指数法，根据制度鸿沟、收入鸿沟、数字鸿沟、区域发展鸿沟及基本公共服务非均等化5类鸿沟的内涵、表现及特征，以科学合理的指标体系，测度、分析了中国31个省级地方政府的社会鸿沟程度。

测度结果表明，中国社会鸿沟具有两个共同特征：第一，省级地方政府社会鸿沟指标指数值排名区域集中度较高。按照指数值由高到低，各种社会鸿沟大致呈现出“东部—东北部—中部—西部”阶梯型分布趋势。第二，在阶梯型分布总体趋势下，少数省级政府相关社会鸿沟指数值排名呈现与所在区域总体位次趋势不一致的情形。

消除社会鸿沟，需要确立效率与公平、民主法治和公平正义、经济增长和社会发展并重的和谐社会价值取向，需要提升地方政府效率，转变政府政绩观念，重构政府效率评价体系，创新社会管理，培育中产阶层。

2012年中国省级地方政府效率测度结果表明：第一，省级地方政府效率标准化值排名由高到低，大致呈现出“东部—东北部—中部—西部”阶梯型分布趋势。第二，省级政府效率排名与区域经济社会发展具有一定的正相关性。第三，与2011年相比，2012年我国31个省级地方政府效率总体都有提升，东、中、东北、西部地区的省级政府效率变化的区域特征减弱，中部6省政府效率提升尤其突出，西部12个省级地方政府效率有待进一步提升，东部及东北部的省级政府效率变化趋势不明显。第四，2012年政府效率排名上升最多的是湖北省，由2011年的第23位上升到2012年的第12位，上升了11位；与此相反，2012年政府效率排名下降最多的是青海省，由2011年的第13位下降到2012年的第25位，下降了12位。山东、辽宁、安徽分别是东部、东北部、中部效率提升较快的省级政府。

目　录

第八章 2012年中国省级地方政府效率测度报告

附 录

注释与主要参考文献

Contents

概　述

省级地方政府在中国行政管理体制链条上，具有承上启下、左联右结的枢纽作用。提升省级地方政府效率，对于提高地方经济社会发展水平、改善民生、消除社会鸿沟，具有重要意义。测度省级地方政府效率，有利于促进各地公共服务型政府建设，促进区域经济社会协调发展及基本公共服务均等化，不断提升公共管理质量与效率。

>> 一、社会鸿沟与效率悖论 <<

(一)政府高效率追求下的巨大成就及社会鸿沟

改革开放 30 多年来，中国坚持“以经济建设为中心”、“发展是硬道理”的发展战略，追求高增长与高效率，取得了举世瞩目的成就，国民经济持续、快速、健康发展，GDP 年均增速保持在 9%以上，经济总量大幅增加，成为世界第二大经济体；居民生活显著改善，社会建设取得重大进展，成为维护世界和平与促进世界经济复苏的重要力量。

在经济高速增长、人民生活水平显著提高、社会发展取得巨大成就的同时，中国社会进入了一个“矛盾凸显期”，发展中不平衡、不协调、不可持续问题十分突出，社会风险越来越大。这些问题主要表现在：经济增长的资源环境瓶颈增大，投资和消费关系失衡，收入分配差距、城乡差距扩大，区域发展不协调，就业总量压力和结构性矛盾并存，制约科学发展的体制机制面临挑战；地区之间、群体、阶层之间在制度、收入、基本公共服务、数字化等方面的差距不断扩大，形成了制度鸿沟、收入鸿沟、数字鸿沟、区域发展鸿沟、基本公共服务非均等化等一道道社会鸿沟。

(二)政府效率悖论加剧社会鸿沟

公平与效率是一对矛盾与权衡选择。长期以来，中国政府实施中央集权式治理模式和以经济建设为中心的发展战略，以效率优先作为指导思想。在资源稀缺、生态脆弱的情况下，追求高效率，相对减少社会公平方面的资源投入，从而导致社会失衡与社会鸿沟，形成政府效率悖论。

当政府追求经济效率而忽视社会效率时，会导致整体效率的损失和社会资源的重复浪费，增加不必要的社会成本，阻碍社会效率提升，这就是政府效率悖论。政府效率悖论是高度集权治理模式、传统行政文化、政府效率偏好、经济建设型发展战略及政府失灵等因素的产物。

政府效率悖论衍生官员行为悖论，导政政府责任缺失与互动机能失调、公共服务效率低下等社会后果。同时，政府效率悖论会对社会发展造成负面影响，加剧社会鸿沟，催生制度鸿沟，引发收入差距，加深数字鸿沟，扩大区域发展鸿沟及基本公共服务非均等化。

不顾资源禀赋和环境承载能力，片面追求单项“效率”，必然适得其反，造成综合效率、整体效率的损失和降低。试想，如果中国和印度这样的国家片面追求高效率的现代化，达到西方国家的现代化水平，这个世界需要再增加 4～5 个地球才够。如果按美国的方式和效率实现现代化需要 5 个地球，按英国的方式和效率需要 3.4 个地球。人类面临的主要问题是不公平，全球财富占有二八开，贫者愈贫，富者愈富。在“新千年”计划的制订和实施过程中，除了中国，几乎很少有几个国家在认真贯彻联合国的“新千年”计划。世界人口已经超过 70 亿，那些已经实现现代化的发达国家成为高负债国，这种高效率实际上是赤字化、债务化。因此，从全球角度看，如果按照一个模式单纯追求所谓“效率”，那将是“世界灾难”。对中国这样一个发展中国家来说，如果不顾国情，不顾资源、环境、生态的承载能力，单纯追求所谓“效率”，同样会造成“效率悖论”，后果是“社会鸿沟”加深，整体效率丧失。

>> 二、社会鸿沟的表现及后果 <<

(一)制度鸿沟的表现及后果

制度鸿沟是指各地区、各群体或阶层在制度、政策及其实施绩效上的明显差异。制度鸿沟是经济社会可持续发展的障碍，这种障碍也可以理解为制度歧视。制度歧视可能是由国家的正式规则所形成或被国家的正式规则所接受和保护的歧视，也可能是由于体制转轨、制度不衔接而凸显出来的歧视。制度鸿沟表现为一个社会中的种种歧视性制度安排，这种歧视性制度安排既可能来自于统治成本和收益的权衡，又可能来自于因为路径依赖所致的利益格局锁定在特定状态，这种状态并不是政府刻意维持的，而是受错误的经济发展观和宏观调控理论的指导。

制度鸿沟主要表现在两个方面：第一，系统性、制度化有差别的基本公共服务供给，即制度化基本公共服务非均等化，比如基本公共服务能力欠缺、基本公共服务制度性不平等、基本公共服务结构性失衡。第二，行政权力介入的行业垄断。集中体现在土地、银行业、能源、运输、通信、电力等领域。在这些领域，国有企业和非国有企业在资源获得、信贷支持、准入上使用不同的制度，即在不同所有制的经济成分之间存在大量看得见或无形的行业垄断或行业歧视，设置准入限制，制定垄断高价，低价获取生产要素等。

制度鸿沟严重制约经济社会可持续发展，产生了多种社会后果与危害。首先，降低政府效率，导致寻租和腐败；其次，加剧贫富分化及社会鸿沟；最后，影响中央和地方建立正常关系，导致发展无效率和社会不公正；最后，构成收入鸿沟、数字鸿沟、区域发展鸿沟、基本公共服务非均等化的制度基础，是各类社会鸿沟的根源。

(二)收入鸿沟的表现及后果

收入鸿沟是指城乡之间、地区之间、群体或阶层之间、行业之间因收入获取机会、获取过程及结果不平等而形成的显著差异。20 世纪 90 年代以来，中国收入不平等程度越来越严重，收入鸿沟成为一个重要的经济社会矛盾。世界银行研究指出，全球收入不平等程度高于中国的国家或地区只有29个，其中27个是拉丁美洲和非洲国家，亚洲只有马来西亚和菲律宾两个国家的收入不平等程度高于中国；中国基尼系数一直呈上升态势，2011年达到0.5。

中国收入鸿沟主要表现在：第一，城乡收入分化严重，城乡收入差距达到历史高位。比如，城乡居民人均可支配收入的增加值差距由20世纪80年代中期的1.86倍扩大到2011年的4.6倍；城乡居民人均财产性收入差额在2000—2010年的10年时间扩大了3.82倍。第二，城镇和农村内部居民收入分化严重、城乡不同阶层收入差距扩大。比如，按照收入水平十等份划分，城镇居民内部最高收入群体与最低收入群体的收入差距从2000年的1万元扩大到2010年的4万元，10年扩大了4倍；农村最高收入组居民与最低收入组居民之间的收入差距持续扩大。中国贫困人口数量在国际上仅次于印度，位于世界第2位。第三，不同区域居民收入分化严重。1990—2011年收入最高与最低省份的收入之比一直在2倍以上。第四，不同行业之间收入分化严重。2010年收入最高和最低行业的差距达到11倍，尤其是垄断性行业与竞争性行业的平均收入水平差距拉大。第五，税收体制不完善以及不断扩大的政府转移支付差距拉大了全社会收入及贫富差距。第六，财产性收入分化严重，国民财富迅速向少数富豪集中。相关富豪榜数据显示，中国大富豪的数量正在上升，2011年登上世界富豪榜的中国富豪数量排名第4位，仅次于美国、俄罗斯和德国；富豪们收入急剧增加，前1 000名富豪的平均收入增长达到近10亿元，是城镇居民年均可支配收入的5.14万倍，是农村居民年均纯收入的16.6万倍；1999—2011年间，在胡润百富榜上榜门槛提高40倍的同时，上榜人数增加25倍多，百亿富豪增加129倍。2010年前400位富豪的财富占GDP的比重达10.45%。

收入鸿沟扩大挑战政府管理效率，产生了严重的社会后果。首先，影响社会公平正义及居民的幸福感，降低政府的公信力与信赖感。其次，挫伤微观经济主体的积极性，使有效需求不足成为长期制约中国经济增长的瓶颈，使政府扩大内需政策大打折扣；政府在以环境为代价以消费来刺激富人内需和建立可持续发展的经济社会两种之间面临两难选择。最后，破裂的社会和破裂的经济都是不平等现象加重的产物，收入鸿沟是导致2008年金融危机的重要原因，是造成发展中国家经济增长停滞、社会不稳定、政局动荡等问题，被称为“拉美现象”或“中等收入陷阱”的罪魁祸首，收入分配的不平等历来是社会不稳定的潜在根源，收入鸿沟滋生民粹主义的土壤，民粹主义又增加了政府管理的成本。

(三)阶层鸿沟的表现及后果

阶层是指按照一定的标准区分的社会群体；阶层鸿沟是指阶层之间的疏离与断裂日趋扩大的趋势。中国阶层鸿沟分为两类，即一般阶层鸿沟和市民内部阶层鸿沟。一方面，一般阶层鸿沟主要表现在三个方面：第一，底层碎片化。中国社会底层被切割为无数片断，社会结构由此碎片化。第二，社会断裂化。城乡逐渐陷入了断裂的困境，一部分人被甩到社会结构之外，不同的阶层和群体之间缺乏有效的整合机制。第三，利益集团化。新的利益集团日趋固化，强势集团形成了一种比较稳定的利益联盟，对中国公共政策制定和执行产生影响，形成有利于自身利益联盟的话语权力及公共舆论。另一方面，市民内部阶层鸿沟主要表现为：收入分配不合理导致社会阶层鸿沟、阶层固化使正常的社会代际流动受阻、阶层自我认同偏下引发社会结构紧张。

阶层鸿沟造成严重社会危害及后果。首先，使进城农民长期处于“半城市化”之中，产生人为社会排斥、认同危机，潜伏社会危机，扩大城乡差距。“半城市化”是指农村人口向城市人口转化过程中的一种不完整状态：农民已经离开乡村到城市就业与生活，但几乎没有享受到城市市民的社会福利待遇和各种政治权利，他们在劳动报酬、子女教育、社会保障、住房等许多方面并不能与城市居民享有同等待遇，在城市没有选举权和被选举权，未能真正融入城市社会。这种进城农民又被称为“灰色人口”。其次，导致市民社会内部利益分化，激发社会矛盾，产生社会危机。市民社会利益分化会在原有制度结构之外产生新的社会群体，这些新生群体占有资源明显上升，如个体经营者、自由职业者、合资、外资或私营企业中的高级雇员、企业家等；原有制度结构中的群体地位状况开始分化，由此引发社会紧张，加剧社会冲突，是社会不稳定的重要因素。另外，形成新的制度及社会歧视，加剧社会鸿沟，增加社会管理成本，降低政府公共服务质量与效率。

(四)数字鸿沟的表现及后果

数字鸿沟是指在全球数字化进程中，不同国家、地区、社会群体、企业及个人因拥有信息工具和运用信息工具的能力上存在差距，从而导致在发展机遇上的落差，是经济、社会、政治、文化问题的综合反映。数字鸿沟的表现形式多种多样，具体有国家之间的数字鸿沟，国家内部数字鸿沟。其中国家内部数字鸿沟根据考察对象不同，又有城乡数字鸿沟、区域数字鸿沟、年龄数字鸿沟、性别数字鸿沟、收入数字鸿沟、教育数字鸿沟、企业数字鸿沟、行业数字鸿沟等。我国的数字鸿沟主要表现为：城乡数字差距，区域数字差距，不同年龄、文化程度、职业、收入群体之间的互联网普及率差距。

数字鸿沟会带来严重的社会后果。首先，日益凸显的数字差异是产生新的社会不平等的引擎，会加深收入鸿沟、阶层鸿沟与区域发展差距。其次，数字鸿沟在一定程度上阻滞了政府民主化进程，增加了政府行政成本，弱化了政府效益，延长了政府行政时间，降低了政府效率与公共服务质量。

(五)区域发展鸿沟、公共服务非均等化的表现及后果

区域发展鸿沟是中国东、东北、中、西部 4 大地区之间、31 个省级地方政府辖区之间在经济发展水平、社会发展水平、人居环境水平等方面的明显差距。

区域发展鸿沟主要表现在：地区发展差距扩大、社会发展差距扩大、人居环境差距扩大、地区产业结构趋同现象严重、产业分工不合理、地区之间缺乏有效合作等。其中，地区之间差距扩大是最主要的表现，具体包括区域之间、省级政府辖区之间经济总量差异、经济增长速度差异、第三产业构成与比例差异等。这种差异包括区域发展绝对差异与相对差异两种。

区域发展鸿沟不利于国民经济增长、社会和谐及可持续发展，会产生严重社会后果。首先，加剧区域经济发展失衡，导致区域之间 GDP 总量、人均 GDP、GDP 增长率、三大产业发展差距增大；其次，降低全体国民的整体幸福感，扩大不同地区居民在基本生活、就业、社会保障等方面的差距，无法满足居民享有相同的国民待遇及基本公共服务均等化需求，恶化社会各阶层鸿沟；

另外，区域发展鸿沟会恶化部分地区的人居环境，不利于改善全体居民福利，难以保证一国居民共享改革发展成果。

基本公共服务非均等化是指生活在不同城乡、不同区域、不同省级政府辖区的中国居民体不能享有均等的基本公共服务的机会、结果和自由选择权。

基本公共服务非均等化主要表现在：第一，中国基本公共服务资源配置存在严重的地区性不均衡，即东部与中西部之间基本公共服务发展不平衡；城乡间基本公共服务发展不平衡。第二，不同省级政府辖区之间的基本教育服务、基本文化服务、基本卫生服务、基本社会保障服务、基础设施等方面严重不均等，基本公共服务供给不足、不公现象突出。第三，区域内部不同阶层居民之间享有的基本公共服务水平非均等。第四，存在系统性、制度化有差别的基本公共服务供给，即制度化基本公共服务非均等化，比如：政府基本公共服务能力欠缺、基本公共服务制度性不平等、基本公共服务结构性失衡。

基本公共服务非均等化会产生严重社会后果。首先，强化并扩大制度差距，加深制度鸿沟；其次，固化二元经济结构，不利于中国城乡经济协调发展；最后，政府公共服务职责丧失，阻碍公共服务型政府建设进程，使政府行政面临合法性挑战。

三、2012年中国省级政府社会鸿沟测度及特征

(一)社会鸿沟测度的方法及思路

本报告运用综合指数法，根据制度鸿沟、收入鸿沟、数字鸿沟、区域发展鸿沟及基本公共服务非均等化5类社会鸿沟的内涵、表现及特征，建立了5套指标体系，以此测度中国31个省级地方政府的社会鸿沟。

测度社会鸿沟的基本思路是：首先，对测度我国社会鸿沟指标体系中的各个二级指标的原始数据(来源于《2011年中国统计年鉴》、政府网站等)进行无量纲化处理；其次，根据每个二级指标对指标体系的影响程度大小给予不同的权重，再与二级指标指数进行累乘；再次，将所有二级指标的指数值加总得到各省级地方政府有关鸿沟测度的综合指数值；最后，根据31个省级地方政府各

类鸿沟测度指标指数值的大小进行排名、比较及分析。

(二)2012 年中国省级政府制度鸿沟特征

本报告构建了一套由 3 个一级指标及其所含 10 个二级指标组成制度鸿沟测度指标体系，通过定量评估省级地方政府实施制度红利来间接反映各地的制度鸿沟。制度鸿沟测度结果排名越靠前，表明该省级地方政府的制度环境较好，享受的制度红利较大，其他地区与之相比形成的制度差距较大。

中国省级地方政府制度鸿沟测度结果反映了两个显著特征。

第一，省级地方政府制度鸿沟指数排名区域集中度较高。按照指数由高到低，制度鸿沟大致呈现出“东部—东北部—中部—西部”的阶梯型分布趋势。制度鸿沟排名前 10 位的省级政府中，东部有 8 个、东北部 1 个、西部 1 个；排名在第 11 位到第 21 位，包括东部 1 个、东北 2 个、中部 4 个、西部 4 个，其中，东部地区的天津排名第 11 位，吉林和黑龙江(东北地区)分别排名为第 12 位和第 17 位；排名在后 10 位的省级政府中，除第 23 位是东部的河北、第 22 位和第 24 位来自中部的江西和山西外，其余 7 个来自西部地区，其中内蒙古的制度鸿沟指数最小，排名最后。

第二，在阶梯型分布总体趋势下，少数省级政府制度鸿沟指数排名呈现与所在区域总体位次趋势不一致的情形。有的省级政府制度鸿沟明显强于区域平均水平，如西部的新疆进入全国前 10 名，排名第 8 位；有的省级政府排名又大大落后于同区域的其他省级政府排名，如河北排名第 23 位，远远逊色于东部其他省级政府的制度鸿沟排名。

(三)2012 年中国省级政府收入鸿沟特征

本报告建立了一套科学测度各省级政府收入鸿沟的指标体系，具体包括 3 个一级指标和 6 个二级指标。本报告的收入鸿沟测度指标实际上反映了各省级政府辖区居民生活水平，因此，收入鸿沟测度指数越高，表明当地居民生活水平越高，其他地区与之相比形成的收入差距越大；收入鸿沟测度指数越低，表明当地居民生活水平越低，其他地区与之相比形成的收入差距越小。中国省级政府收入鸿沟测度结果体现出三个显著特征。

第一，省级政府收入鸿沟指数排名区域集中度较高。按照指数由高到低，收入鸿沟大致呈现出“东部—东北部—中部—西部”的阶梯型分布趋势。收入鸿沟排名前10位的省级政府中，除了东北的辽宁(排名第8位)和西部的内蒙古(排名第10位)外，其余8个都来自东部地区，其中，上海排名全国首位，表明上海收入水平最高，其他地区与之相比的收入差距最大。收入鸿沟排名从第11位到第21位的10个省级政府中，有1个来自东部、2个来自东北、4个来自中部、4个来自西部，其中，东部的河北排在第13位，东北的吉林和黑龙江分别排在第12位和第19位；而在后10位排名中，排名第23位和第24位的分别来自中部的山西和江西，第25位来自东部的海南外，另外7个来自西部，西藏排名最后。

第二，收入鸿沟测度指数呈现阶梯型分布总体趋势下，少数省级政府排名表现出与其所在区域总体排名趋势不一致的情形，个别省级政府收入鸿沟排名明显超过区域平均水平，比如，西部的内蒙古排在第10位；而有的省级政府收入鸿沟排名又显著落后于同区域的其他省级政府，比如，东部的海南逊色于东部其他地区，排在第25位。

第三，收入鸿沟排名表现出与各地居民收入水平高度的相关性。比如，收入鸿沟指数排名几乎与居民收入指标指数排名一致。

(四)2012年中国省级政府数字鸿沟特征

本报告从信息化建设角度构建了由网络基础设施、网络使用率两个一级指标及其所包含的9个二级指标体系来测度我国各地数字化水平，通过数字化水平指数间接测度我国各区域之间数字鸿沟的大小。数字鸿沟测度指数越高，表明当地数字化及信息化水平较高，其他地区与之相比形成的数字差距越大；数字鸿沟测度指数越低，表明当地数字化及信息化水平较低，其他地区与之相比形成的数字差距越小。

2012年中国省级政府数字鸿沟测度结果表现出以下特征：我国数字化水平指数排名前3(表明当地数字化水平较高)的省级政府都来自东部沿海地区，其他地区与之相比存在巨大的数字鸿沟；而数字化水平排在后3位(即当地数字化水平较低)的省份均位于西部地区，它们与东部地区之间存在巨大的数字鸿沟。同时，数字化水平排名前10(即当地数字化水平较高)的省级地方政府中有8个来自东部地区，而数字化水平排名后10位(即数字鸿沟越大)的省级地方政府中有7个来自西部。可见，我国东、西两大地区的"数字鸿沟"差距相当大。同时，我国东、中、东北、西部地区数字鸿沟(即数字化水平)测度指标指数分别为：1.7431、0.8、0.77、0.54；中部和东北地区数字化水平指数值还不到东部地区的50%，西部地区的数字化水平指数值不及东部地区的30%；东部和东北部之间的数字化水平差距不大，二者的"数字鸿沟"不明显。这表明，我国省级政府辖区的数字鸿沟在整体上呈现西高东低的阶梯型分布。

(五)2012年中国省级政府区域发展鸿沟特征

本报告结合我国各地区和城乡间的区域发展鸿沟特征，根据测度指标选取的相关原则，建立了一套由3个一级指标和12个二级指标组成的指标体系，测度中国省级政府的区域发展鸿沟。省级政府区域发展鸿沟指数越高，表明当地发展水平较高，其他地区与之相比形成的区域发展差距较大；区域发展鸿沟指数越低，标明当地区域发展水平较低，其他地区与之相比形成的区域发展差距较小。

2012年中国省级政府区域发展鸿沟测度结果呈现两个显著特征。

第一，我国省级政府区域发展鸿沟指数排名区域集中度较高。按照指数由高到低排列，区域发展鸿沟大致呈现出"东部—东北部—中部—西部"的阶梯型分布趋势。区域发展鸿沟排名前10位的省级政府中，前7位都来自东部地区，另外3位是东北的辽宁、西部的青海和内蒙古；排名从第11位到第21位的省级政府中，东部2个、东北2个、中部4个、西部3个，其中，东部的福建居第13位、河北居第14位，东北的辽宁和黑龙江分别为第18位和第20位；在排名后10位中，除第23位和第25位分别是来自中部的江西和安徽、第24位是东部的海南外，其余7个都来自西部，其中西藏排名最后。

第二，区域发展鸿沟呈阶梯型分布总趋势下，少数省级政府排名与其所在区域总体排名情况不一致，有的省级政府区域发展鸿沟指数排序明显强于区域平均水平，如西部的青海、内蒙古进入了前10名，分别排名第9位和第10位；有的省级政府区域鸿沟指数排序又大大落后于同区域的其他省级政府，比如海南排名第24位，远不如东部其他省级政府排名。

(六)2012年中国省级政府基本公共服务非均等化特征

省级地方政府的社会鸿沟还体现在基本公共服务非均等化，测度基本公共服务非均等化可以通过定量评估基本公共服务均等化来实现。因此，本报告通过测度基本公共服务均等化间接考察基本公共服务非均等化程度。

根据影响我国基本公共服务均等化的因素，本报告构建了一套由5个一级指标及16个二级指标组成的指标体系测度我国基本公共服务均等化，间接评价31个省级地方政府基本公共服务非均等化，以此考察不同省级政府辖区居民享有基本公共服务的鸿沟。省级政府基本公共服务均等化指数越高，表明当地基本公共服务非均等化程度越低，当地居民享用基本公共服务的差距较小；基本公共服务均等化指数越低，表明当地基本公共服务非均等化程度越高，当地居民享用基本公共服务的差距较大。

2012年中国省级政府基本公共服务均等化测度结果具有以下特征：首先，基本公共服务均等化测度指标指数排名前3位的省级地方政府为北京、上海、山东，其指数分别为1.662 2、1.399 3、1.277 3，都来自东部沿海地区；排名最后3位的分别是安徽、河南、贵州，其指数为1.277 3、0.766 8、0.757 7，均位于中西部地区。其次，排名前10位的省级地方政府中有6个属于东部地区，而排名后10位的省级地方政府中有9个来自中、西部地区(西部4个、中部5个)。最后，指数排名第一的北京是指数排名最后一名贵州的两倍多。这表明，我国东部和中西部地区之间的基本公共服务均等化水平存在明显差距，区域之间基本公共服务非均等化问题突出。

>> 四、提高政府效率，消除社会鸿沟 <<

构建和谐社会是中国消除社会鸿沟与效率悖论的价值取向。这种价值取向包括效率与公平兼顾、民主法治和公平正义并举、经济增长和社会发展并重等方面。提高政府效率有利于消除社会鸿沟。

消除社会鸿沟需要采取以下对策。

第一，转变政府政绩观念有助于消除社会鸿沟。在长期以 GDP 增长为主要衡量标准的政绩观下，中国收入差距日趋扩大，弱势群体日趋增多，社会矛盾日益尖锐、生态环境不断恶化。因此，我国要转变政绩观念，坚持以人为本，全面、协调、可持续发展，人与自然和谐的科学发展观，才能消除社会鸿沟。

第二，重构政府效率评价体系，有利于规避政府效率悖论。首先，强化公民参与，形成多元化的政府绩效评估主体；其次，改变传统 GDP 评价指标，建立绿色 GDP 新体系；再次，建立经济与社会并重并逐步偏重社会发展的多元政府绩效指标体系；最后，完善立法保障，使政府绩效评估制度化、法治化。

第三，创新社会管理，有利于化解阶层鸿沟及制度鸿沟。这就要求规范社会行为、协调社会关系、化解社会矛盾、解决社会问题、应对社会风险以促进社会和谐发展、促进社会公平正义；加强社会管理体系建设，增强社会管理合力；强调绩效导向，引领社会管理创新。

第四，培育中产阶层。加快培育社会中产阶层，促进社会阶层结构向"橄榄型"转化，对维护社会政治稳定、促进经济增长和社会发展、调节与缓和社会阶层矛盾、促进政治民主化、引导社会主流价值观、凝聚社会认同等方面具有积极的作用。为此，首先，建立健全平等竞争的市场经济体制；其次，拓宽下层阶层向上流动的渠道；再次，完善培育中产阶层的制度；最后，加强公民和政府的合作，培育公民社会。

>> 五、2012 年中国省级地方政府效率测度及分析 <<

根据《2011 中国统计年鉴》、《2011 中国经济年鉴》、《2011 中国环境年鉴》、《2011 中国法律年鉴》，本报告建立了 47 个指标组成的指标体系，采用标准离差法(SDM)，测度、分析各省级地方政府效率的相对水平。

(一)2012 年省级地方政府效率的总体特征

第一，省级地方政府效率标准化值排名呈阶梯型分布。按照标准化值排名由高到低，政府效率大致呈现出"东部—东北部—中部—西部"阶梯型分布趋势。政府效率排名前 10 位的省级地方政府中，除辽宁(第 5 位)和黑龙江(第 10 位)位于东北地区外，其余 8 个省(区、市)全部位于东部地区；排名第 11 位至第 20 位的省(区、市)中，东部占了 1 个、东北占了 1 个、中部占了 4 个、西部占了 4 个；排名第 21 位至第 31 位的省级地方政府大部分位于西部地区，共计 8 个。

第二，在阶梯型分布总体趋势下，部分省级地方政府效率排名呈现出与其所在区域总体趋势不一致的情形。有的省级地方政府效率明显高于区域平均水平，如西部的内蒙古、四川、陕西和新疆进入前 20 名，分别排在第 15 位、第 19 位、第 18 位和第 20 位；有的省级地方政府效率则大大落后于同区域的其他省级政府，如福建排名位于全国第 17 位、海南排名位于全国第 24 位，与东部其他省级地方政府效率排名存在较大差距。

第三，省级政府效率排名与区域经济社会发展具有一定的正相关性。政府效率较高的省级地方政府，其辖区经济社会发展水平较高；经济社会发展较好的地区，其省级政府效率也较高。政府效率是政府投入和产出之间的对比，一定的人力、物力和财力的投入，是政府配置生产资源、提供公共物品和服务、进行基础设施建设的前提，因此，良好的经济社会发展基础有助于提高省级政府效率，较高的省级政府效率也是影响省级地方政府辖区经济社会发展的重要因素。也就是说，经济社会发展和政府效率提升两者之间互相促进，相辅相成。因此，在注重经济社会发展的同时不断提高政府效率是必要的、可行的，而注重经济社会发展也有助于提升政府公共管理与服务效率。

(二)2012 年省级地方政府效率变化趋势

1. 2012 年我国省级地方政府效率总体变化趋好

与 2011 年相比，2012 年我国 31 个省级地方政府效率总体变化趋好。比如，31 个省级地方政府中，有 12 个排名前移、8 个排名未变，这就表明 2012 年有 20 个(约占省级地方政府总数的 64.%)省级地方政府效率保持或者高于 2011 年的水平，即大多数省级政府的效率有所改善。因此，从某种程度上说，2012 年我国省级地方政府效率总体上有所改善。

2. 2012 年省级地方政府效率变化的区域特征明显

与 2011 年相比，2012 年我国东、中、东北、西部地区的省级政府效率变化的区域特征减弱。

首先，中部 6 省政府效率表现尤其突出，其测度结果均呈正向变化，排名都有所前移，表明中部地区的省级地方政府效率得到提升。

其次，西部地区 12 个省级地方政府效率有待进一步提升，其测度结果负向变化趋势明显，比如，西部 12 个省级地方政府中，6 个省级政府效率排名后移、5 个省级政府效率排名与 2011 年相同，只有 1 个省级地方政府(广西)效率有所提升。

最后，东部及东北部的省级政府效率变化趋势不明显，既有排名前移的、又有排名后移的、也有排名保持不变的省级政府。

此外，我国省级地方政府效率总体上仍然呈现东部高、西中低的区域特征，即政府效率测度排名居前 10 位的都是东部的省级政府，而排名居后 10 位的基本上是西部和中部的省级政府。

(三)2012 年省级地方政府效率测度案例分析

1. 湖北省政府效率分析

2012 年，湖北是政府效率正向变化最大的省级政府。湖北省政府效率排名由 2011 年的第 23 位上升到 2012 年的第 12 位，上升了 11 位。对湖北省政府效率排名前移最大的因素是政府公共服务的优化；政府公共服务排名从 2011 年的第 29 位上升到 2012 年的第 17 位，排名前移了 12 位。

2. 青海省政府效率分析

2012 年，青海是政府效率负向变化最大的省级政府。青海省政府效率排名由 2011 年的第 13 位下降到 2012 年的第 25 位，下降了 12 位。造成青海省政府效率排名后移最大的因素是政府公共服务及居民经济福利；青海省政府公共服务排名后移最大，即从 2011 年的第 3 位退居到 2012 年的第 25 位，排名后移了

19位；居民经济福利排名从2011年的第15位后退到2012年的第26位，后移了11位。

3. 山东省政府效率分析

2012年山东省政府效率及其测度一级指标标准化值上升明显，已经跻身前10名，是我国东部地区政府效率较高的省级政府。其中，政府效率排名从2011年的第5位上升到第3位；政府公共服务排名由2011年的第17位大幅上升到第6位、政府公共物品继续保持第2位、政府规模上升到第8位、居民经济福利上升到第7位。但是，山东政府效率测度的二级指标排名存在分化，比如，社会基础设施、城市基本设施较好，排名分别为第1位和第5位；但是其科教文卫及气象服务较差，排名分别为第28位、第26位。

4. 辽宁省政府效率测度分析

辽宁省2012年政府效率及其测度一级指标排名表现平稳，在东北三省中政府效率最高，是我国政府效率较高的省级政府，也是政府效率测度一级、二级指标表现较好又均衡的省级地方政府。比如，2011年及2012年的政府效率、政府公共服务、政府公共物品、政府规模、居民经济福利等指标排名都在前10位；辽宁的科教文卫服务、公共安全服务、气象服务、社会保障服务等方面表现较好，在全国的排名分别是第6位、第3位、第15位、第13位；辽宁的社会基础设施、城市基本设施排名分别为第6位及第15位。

5. 安徽省政府效率测度分析

安徽是我国中部地区政府效率较高、提升较快的省级地方政府。比如，2012年该省政府效率排名第11位，政府公共服务、政府公共物品、政府规模、居民经济福利排名分别为第25位、第4位、第5位、第20位；社会基础设施排名第4位，科教文卫服务、公共安全服务分别排名第12位、第9位。

第一章 社会鸿沟与效率悖论

一、信息化时代政府对效率的追求

21世纪人类进入信息和知识经济时代，科学技术高度发展，生产力水平大幅提高，人类获取知识、信息和物质财富的能力显著增强。

政府，作为公共管理和公共服务的提供者，在新的时代背景下，面临着巨大的压力和挑战。随着政府职能的扩大化和复杂化，政府角色从被动的社会公共服务提供者向主动的经济和社会发展推动者转变，公众和企业对政府的要求越来越高，传统的政府组织和业务模式逐渐不适应新形势的发展，要求构建虚拟、网状、透明、高效和低成本的政府，并消除政府管理的层级。因此，政府必须顺应信息时代发展，深化改革，转变自身职能，使政府向"服务性、透明性、效率性、回应性"等方面转变。与此同时，信息化在政府改革和创新中又起到了巨大的技术支撑作用，为政府的改革和创新提供了新的手段和机遇，使政府的公共管理方法更加适应时代发展的需求，不断提高其效率。[1]

面对全球化和信息化带来的新变化、新挑战、新机遇，世界各国政府按照新公共管理理念，将企业管理观念引入政府管理之中。在效率导向下，政府不断进行管理改革和创新，构建电子政务，改进管理方式，变革组织结构。为了迎接信息社会的挑战，中国一方面积极发展国家信息基础设施，另一方面致力于政府信息化，实施电子政务，尽快搭上"信息化高速列车"，利用现代信息技术和网络环境，使各级政府更好地面向社会、面向企业、面向公众，以高效的方式提供基本公共产品和服务，从而实现高效率、高质量的政府管理和服务。

改革开放30多年来，中国政府在“效率优先，兼顾公平”、“发展就是硬道理”的理念指导下，取得了辉煌的成就，实现了人民生活由温饱不足向总体小康的历史性跨越，国民经济持续、快速、健康发展，社会生产力和国家综合实力不断增强，成为世界第二大经济体，中国社会的面貌发生了历史性的变化。

(一)经济高速发展，综合国力和国际影响力大幅提升

经济平稳较快增长。改革开放30多年来，中国经济以年均9.0%以上的速度高速发展。国内生产总值由1978年的3 645亿元迅速跃升至2011年的471 564亿元(见图1-1)。其中，从1978年上升到1986年的1万亿元用了8年，上升到1991年的2万亿元用了5年，此后10年，到2001年平均每年上升近1万亿元，2001年超过10万亿元大关，2002—2006年进入高速增长期，平均每年上升2万亿元。[2]2010年，我国国内生产总值达到397 983亿元，扣除价格因素，比2005年增长69.9%。经济总量居世界位次稳步提升，2005年国内生产总值超过英国和法国，居世界第4位；2008年超过德国，位居世界第3位；2010年国内生产总值按平均汇率折算达到58 791亿美元，超过日本，成为仅次于美国的世界第二大经济体。

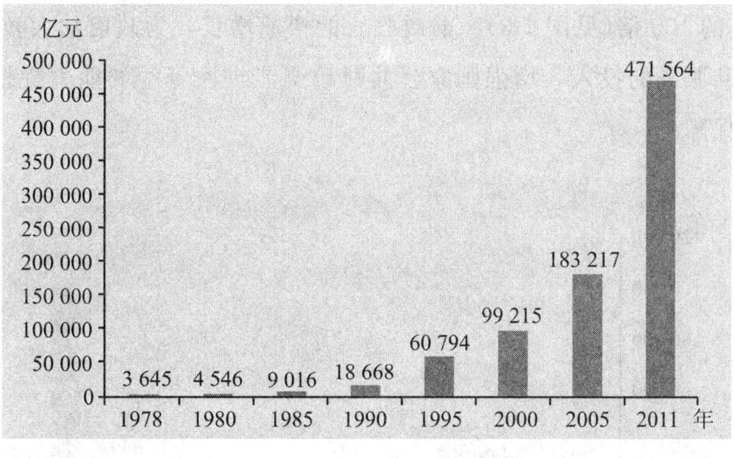

图1-1　1978—2011年我国国内生产总值

中国经济增长对世界经济的贡献不断提高，经济总量占世界的份额由2002年的4.4%提高到2011年的10%左右，对世界经济增长的年平均贡献率超过

20%。特别是2008年金融危机爆发后，在世界主要经济体均面临负增长或停滞困境时，中国经济依然保持了相当高的增速并率先走出危机，为世界经济复苏作出了重大贡献。

中国人均国内生产总值也快速增长，由1978年的381元提高到2011年的35 083元(见图1-2)，按照平均汇率计算，达到5 432美元。根据世界银行的划分标准，中国已经由低收入国家跃升至世界中等偏下收入国家行列。[2]

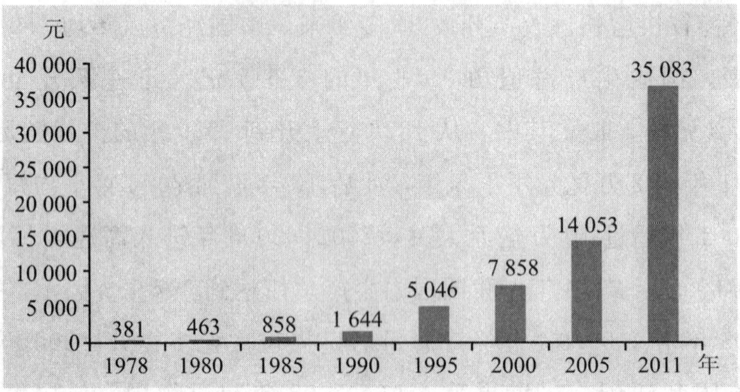

图1-2　1978—2011年我国人均国内生产总值

经济快速增长带来了国家财政收入的稳定增长。1978年国家财政收入仅1 132亿元，2011年全国财政收入突破10万亿元大关，达到103 740亿元，约是1978年的100倍(见图1-3)。财政收入的快速增长，为政府加大教育、医疗、社保等公共服务的投入，增强国家公共财政调节收入分配的能力提供了坚实有力的资金保障。

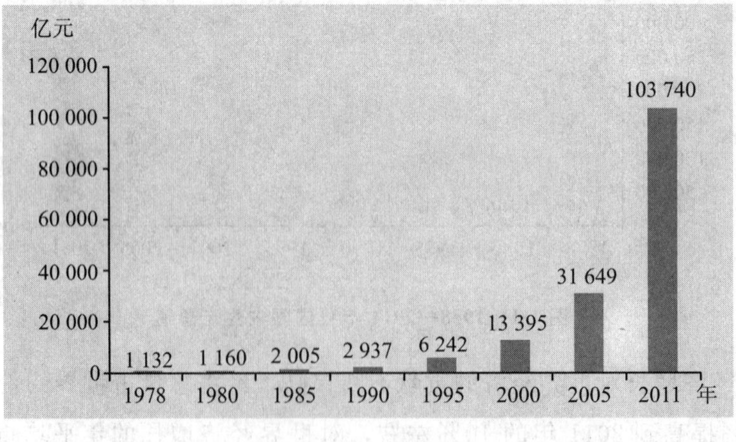

图1-3　1978—2011年我国财政收入

与此同时，国家外汇储备大幅增加，2006 年年末突破 1 万亿美元，2009 年年末突破 2 万亿美元，2011 年年末突破 3 万亿美元，达到 31 811 亿美元，外汇储备规模连续 6 年稳居世界第一位。

因此，改革开放 30 多年是中国政府效率持续提高、国家经济社会发展日新月异、国家综合国力持续增强的 30 多年。

(二)居民生活显著改善，社会保障事业全面推进

首先，改革开放 30 多年国民经济的快速发展，使得城乡居民生活明显改善，拥有的财富迅速增加。居民生活的改善首先体现在就业规模的不断扩大上。“十一五”期间，中国城乡就业人数从 2005 年年末的 75 825 万人增加到 2011 年年末的 76 420 万人，其中城镇就业人员 35 914 万人。2011 年全年城镇新增就业人员 1 221 万人，城镇登记失业率为 4.1%，继续维持在较低水平，表明中国不仅取得了经济的快速增长，同时还促进了就业的稳定增加和民生的改善。[3]

其次，城乡居民收入大幅提高。城镇居民人均可支配收入由 1978 年的 343 元提高到 2011 年的 21 810 元，农村居民人均纯收入由 1978 年的 134 元提高到 2011 年的 6 977 元(见图 1-4)，2011 年城镇居民人均可支配收入实际增长 8.4%，农村居民人均纯收入实际增长 11.4%。2011 年农村居民收入实际增速比城镇快 3 个百分点，城乡居民收入差距逐渐缩小。

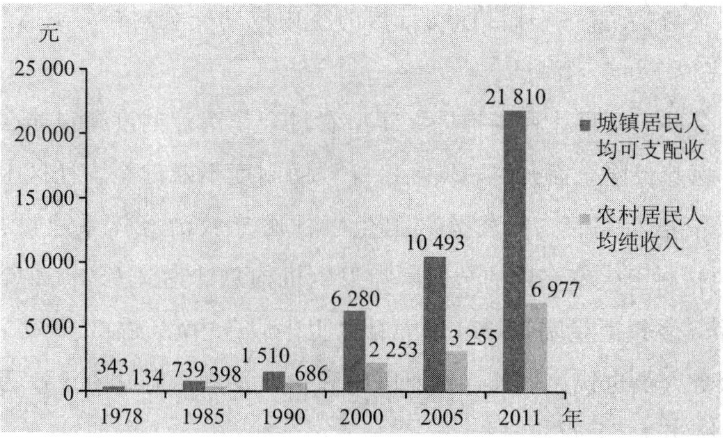

图 1-4　1978—2011 年我国城镇居民人均可支配收入和农村居民人均纯收入

最后，覆盖城乡的社会保障制度逐步建立和完善，社会保障体系建设取得明显效果。农村最低生活保障制度和城镇居民基本医疗保险制度全面建立，新型农村合作医疗制度全面实施，在 23%的县推进新型农村养老保险试点，城镇职工基本养老保险全面实现省级统筹。出台了重点针对农民工的养老保险关系转移接续办法。截至 2011 年 9 月底，新型农村合作医疗参合率达到 97.5%，新型农村合作医疗基金受益 8.4 亿人次。大幅提高农村扶贫标准，按照新的标准，年末人均纯收入低于 2 300 元(2010 年不变价)的农村扶贫对象为 12 238 万人，覆盖范围大幅提高，极大地改善了低收入群体的生活水平。[4]

(三)社会建设取得重大进展

随着我国经济实力的不断增强，社会建设取得了重大进展。首先，教育事业成绩显著。中国全面实行免费的义务教育，国民平均受教育年限从 8.5 年增加到 9 年以上。职业教育快速发展，义务教育注重普及与改革深化相结合，高等教育由精英教育进入大众化教育阶段。

其次，科技事业不断取得重大成果。科技投入不断增加，在基础研究和高科技领域取得一批重大成果，突破了一批关键技术，为经济社会发展提供了有力支撑。2011 年全年研究与试验发展(R&D)经费支出 8 610 亿元，占国内生产总值的 1.83%。2011 年全年受理境内外专利申请达到 163.3 万件，全年共签订技术合同 25.6 万项，技术合同成交额 4 763.6 亿元。2012 年"神舟"九号载人飞船的发射以及与"天宫"一号目标飞行器的空中成功交会对接，载人深潜器"蛟龙"号成功完成 7 000 米海试。

最后，公共卫生事业稳步推进。新型农村合作医疗制度建设步伐加快，城镇居民基本医疗保险全面开展，城乡医疗救助制度不断健全，社区卫生和农村卫生投入政策不断完善，突发公共卫生事件医疗救治等体系建设得到加强。2011 年，包括村卫生室在内的全国医疗卫生机构总计达到 953 432 个，其中医院 21 638 个，乡镇卫生院 37 374 个，社区卫生服务中心(站)32 812 个。与此同时，医疗服务人员也快速增长，执业医师和执业助理医师达到 251 万人，注册护士达到 224 万人。[4]

经济的发展，社会的进步，使得中国的人文指数快速提升。根据 2010 年第六次全国人口普查数据资料，中国人均预期寿命达到74.83岁，高于2010年同期世界人口平均预期寿命69.6岁达5.23岁，婴儿死亡率进一步下降，2010年仅为13.93‰，比2000年的28.38‰下降了14.45个千分点，平均每年下降1.45个千分点。

二、政府效率悖论

公平与效率，本身是一种权衡选择。长期以来，中国政府实施集权式治理模式与经济建设为中心的发展战略，不可避免地以追求高效率作为价值取向。由于资源稀缺，过分追求高效率便会忽视发展公平，导致社会失衡与社会鸿沟，形成政府效率悖论。

悖论是指在逻辑上互相矛盾，但表面上又能自圆其说的命题或理论体系。"政府效率悖论"是指，当政府片面强调经济效率时，往往忽视社会效率，导致社会资源重复浪费，整体效率降低和社会福利的损失。"政府效率悖论"来源于"政府悖论"，是由美国著名制度经济学家道格拉斯·诺斯在《经济史中的结构与变迁》中论述国家在市场经济中的作用时首先提出来的。[5]"政府效率悖论"现象不仅存在于经济增长过程中，而且存在于服务型政府建设过程中。比如，服务型政府建设中经常出现的一些问题：公共服务供给存在的对立矛盾——管制供给过剩与服务供给不足；服务型政府主体的双重属性——建设主导者与改革对象；服务型政府建设目标的多重性——保护与损害公共利益、支撑社会文化与转换价值理念、公民社会与民众参与、重塑制度与转型发展战略等。[6]

政府效率悖论的产生，主要是由以下因素引起的。

第一，传统行政文化的影响。中国封建社会延续几千年，皇权至上、权力支配一切的传统行政文化根深蒂固，集权式的"父母官"治理意识与模式盛行，官僚政治文化与人治思想笼罩政府行政部门，导致公共权力寻租，这与现代公共服务型政府的精神相悖，极大降低了政府效率。这是形成政府效率悖论的文化原因。

第二，政府存在效率至上的路径依赖。诺斯曾经说过，"人们过去做出的选择决定了其现在可能的选择。"这就是说，如果最初的选择是正确的，那么沿着既定的路径，经济和政治的变迁可能进入良性循环的轨道，并不断优化；反之，则可能沿着最初选定的无效率的路径走下去，这就是路径依赖。中国长期在低效率甚至无效率的计划经济怪圈中徘徊，对效率的渴望成为中国改革开放的巨大诱因。一旦进入效率至上的市场经济轨道，便会产生一股不可遏制的巨大惯性，使得政府产生了强烈的路径依赖。资源是有限的，患上了“效率依赖症”的政府沿着这一路径走下去，必然以牺牲社会利益为代价，这是形成政府效率悖论的技术原因。

第三，经济建设型的发展战略。政府在“发展”的冲动下过分追求GDP增长，强调“做大蛋糕”，唯GDP崇拜，患上GDP综合征，不惜牺牲资源、环境以及其他社会效率。在这种战略指导下，政府以追求经济高增长与高效率为目标，通过指令性计划和行政手段，以经济指标与经济效益为指挥棒，扮演生产者、监督者、控制者等全能角色，常常政经不分，政企不分，注重经济增长职能，忽视社会服务职能，上级评价下级以GDP，考察提拔干部以GDP，百姓衡量政府以GDP，整个社会弥漫着GDP万能，这有悖于公共服务型政府建设目标，导致公共服务效率下降。这是形成政府效率悖论的社会原因。

第四，政府失灵。政府失灵是指个人对公共物品的需求在现代代议制民主政治中得不到满足，公共部门在提供公共物品时趋向于浪费和滥用资源，致使公共支出规模过大或者效率降低、预算上出现偏差、政府的活动并不总像应该的那样或像理论上所说能够做到的那样“有效”。政府不是万能的，政府就像市场一样，也存在着失效。政府失灵会直接影响经济社会效率，这是形成政府效率悖论的体制原因。[6]

政府效率悖论会导致严重的社会后果，最终导致社会整体效率下降，社会福利损失。

第一，产生官员行为悖论。这主要是指官员的行为因受法律约束而屡屡产生腐败行为。我国行政化思维受封建君权思想影响深，因此，一些官员借手中权力谋取私利，经常寻租。同时，官员为了得到提升，“效率”成为激励的最有效、最便利的捷径，故往往产生短期行为、弄虚作假、偷工减料。中国社会盛行的“面子工程”、“政绩工程”、“豆腐渣工程”、“数字造假”，造成社会财富的极大浪费，就是“政府效率悖论”的表现。

专栏 1-1　“效率悖论”引发的“摩天大楼热”

在管理者的审美追求和政绩焦虑催生下，“摩天大楼”在中国不断升温，成为中国新一轮“大跃进”的标志性产物。管理者信奉“以大为美，以高为尊”的审美原则，将摩天大楼看作城市经济繁荣的象征，认为一座高楼就是一张提升城市知名度和影响力的闪亮名片。实际上，城市管理者热衷于烧钱建设地标性建筑，热衷于比拼建设“中国第一高楼”甚至“世界第一高楼”，中国城市正陷入“竞高”的集体狂热之中。在 2011 年之前封顶的全球十大高楼中，中国已经占据六席；一份名为“中国摩天城市排行榜”的报告指出，我国目前在建摩天大楼已超 200 座，相当于美国现有摩天大楼的总和，占全球在建大楼数量的 87%，平均每 5 天就有一座摩天大楼封顶，5 年后中国摩天大楼的总量更将突破 800 座，为目前美国摩天大楼总数的 4 倍。西方工业化初期的标志性建筑“摩天大楼”，在中国再一次成为“美丽的陷阱”。

1931 年，86 层的帝国大厦在纽约落成，由此开始，纽约一步步成为摩天大楼林立的城市。直到 1996 年，吉隆坡双子塔落成，“世界最高”的摩天大楼才开始出现在美国以外的地方。1999 年，420.5 米高的上海金茂大厦竣工，中国终于拥有了第一座摩天大楼。虽然比帝国大厦的出现晚了 60 多年，但“中国速度”在这个领域得到了体现，2008 年，492 米的上海环球金融中心建成，3 个月后，632 米的上海塔开工建设。如今，中国新一波的摩天大楼建设潮，让中国的摩天大楼在数量上远远超过了美国。公开资料显示，目前中国建成的 400 米以上建筑为 8 座，美国只有 2 座；400 米以下、300 米以上摩天大楼为 18 座，美国只有 9 座。另外，中国在建的 400 米以上和 400 米以下、300 米以上摩天大楼分别为 8 座和 6 座，在规划中的 400 米以上摩天大楼则有 20 座。2012 年 7 月，Emporis 地产数据库发布的世界在建十大最高摩天大楼排行榜中，中国有 5 座分别占据第 2、3、5、7、8 名，它们是深圳的平安国际金融中心(648 米)、上海的上海塔(632 米)、天津的 CFT 摩天大楼(530 米)、大连的大连绿地中心(517 米)。2012 年 6 月，远大集团旗下的远大可建科技有限公司与长沙市望城区人民政府签订战略协议，计划用 7 个月时间，建一座 220 层，高 838 米的综合大楼——“天空城市”，建成后比迪拜塔还高 10 米，可号称世界第一高楼。

资料来源：根据相关资料整理。

第二，政府责任缺失与互动机能失调。政府不仅是权力的象征，而且是社会资源的支配者。但是，政府在“效率”的驱使下，往往只顾当前不顾长远，只顾数量不顾质量，只求表面不求实质，造成社会风气浮夸，社会成员的社会责任感丧失。掌握权力和资源的行政人员为了应对这种错位的局面，因此产生了强烈的以权谋私的冲动，导致各种“设租”、“寻租”现象层出不穷，损害公共效率。为预防发生这种行为，政府内部就极易产生“目标替代”现象，即规则本身取代了效率而成为组织的目标，导致许多人墨守成规、缺乏创新和进取精神，为了不出差错就什么也不做，从而使得政府部门责任缺失、互动机能失调，服务供给不足、服务效率低下。

第三，社会整体效率低下。由于过分追求单一效率、短期效率，导致整体效率损失，从而使得公共产品和公共服务供给不足，社会福利下降，最终影响综合国力的提升。

专栏1-2 盲目追求“效率”，财富只能持续30年

据《中国日报》英文版及其他媒体报道，中国是世界上每年新建建筑量最大的国家，每年20亿平方米新建面积，消耗了全球一半的钢铁和水泥，产生了巨量的建筑废物，给中国乃至世界带来巨大的环境威胁，但建筑平均寿命只能持续25～30年。由于追求所谓的“速度”和“效率”，导致不断出现“楼歪歪”、“楼脆脆”等建筑质量问题。自2007年算起，5年来，全国共有37座桥梁垮塌，其中13座在建桥梁发生事故，共致182人丧生，177人受伤。平均每年有7.4座“夺命桥”，即平均不到两个月就会有一起事故发生。2012年过去不到8个月，就发生了8座桥梁垮塌事故。相比中国的30年平均建筑寿命，发达国家像英国的建筑，平均寿命达到了132年，美国的建筑寿命也达到了74年。

资料来源：根据相关资料整理。

>> 三、政府效率悖论加剧社会鸿沟 <<

(一)社会鸿沟及其演变

中国社会已经进入了“矛盾凸显期”。随着工业化、城市化、信息化、市场化的推进，社会分化加剧，发展中不平衡、不协调、不可持续问题十分突出，社会风险越来越大。具体表现在：经济增长的资源环境约束强化，投资和消费关系失衡，收入分配差距拉大，科技创新能力不强，产业结构不合理，农业基础薄弱，城乡区域发展不协调，就业总量压力和结构性矛盾并存，社会矛盾明显增多，制约科学发展的体制机制障碍依然较多。[7]我国发达与欠发达地区之间、不同群体之间在收入、生活水平、公共服务、信息资源等方面的差距不断扩大，形成了一道道社会鸿沟。这些鸿沟反映了新形势下的“社会不平等”，滋生了严重社会问题，加剧了社会矛盾与冲突。

专栏1-3　炫富仇富，不能不正视的社会鸿沟

杭州出了一起交通事故：一个开跑车的年轻人，撞死了一个属于浙江大学的路人。跑车、富家子和浙大学生，这几个带有刺激意味的符号，已经足以掀动一场网络风潮。必须承认，我们的社会，已然出现了一条很深的鸿沟。所谓的好车，仅仅是鸿沟的象征，代表着有权有钱的人。而这样的人，则被那些开不起好车的人、挤公车的人、只能用两脚走路的人所嫉视。这种现象，被一些人说成是仇富。嫉妒心人人有之，任何社会都是这样。从某种意义上讲，适度的嫉妒也是一种促人上进的动力。当然，恶性的嫉妒容易导致绝望，绝望是毁灭的源头，一旦嫉妒变成了绝望、愤怒，就可能产生“与汝皆亡”的冲动。跟仇富现象并存的是，炫富、炫贵的现象在我们的社会也相当普遍。开跑车在城里飙车，就是炫耀之一种。这种炫耀，使民众的仇富仇官心理更加激化，激化到只要碰上好车，就一律侧目而视。

要想使这种社会鸿沟被削平一点，当然最要紧的是尽量在制度上突出公平二字，免得不公平戕害整个社会的进步。更重要的是，先富起来的人要对社会有所回馈，对弱势有所帮助。社会有贫富差异是不可避免的，但出现不仅物质而且心理上的社会鸿沟，却非国家社会之福，尤其非富贵者之福。若要填平鸿沟，需要出大力气的还是强势的一方。强势的一方不作为，最后遭殃的还是他们自己。

资料来源：《中国青年报》，http://news.163.com/09/0512/06/593FUMFN00012Q9L.html。在原资料基础上整理而成。

社会鸿沟一般是由特定的政治、经济、自然地理、文化等因素引起的差异，比如政策差异、户籍制度区别、收入分配机制缺陷等；自然资源分布不均、气候差异、自然环境差异等；发展差距、收入差距、经济结构差异等；受教育程度不同、教育质量差异、风俗习惯不同等。社会鸿沟表现为制度鸿沟、收入鸿沟、数字鸿沟、区域发展鸿沟和基本公共服务非均等化等。其中制度鸿沟是根源，收入鸿沟是其集中表现。

改革开放以后，中国的社会鸿沟的发展经历了三个阶段。

1. 社会鸿沟形成阶段(1978—1992年)

20世纪70年代末到90年代初，中国城乡收入鸿沟开始形成。这一时期由于经济改革率先在农村开展，实行了家庭联产承包责任制，政府开始放松农副产品的价格管制，使农民积极性与生产效率显著提高，农民人均收入不断增加，但是城乡居民收入还存在一定差距，这是收入鸿沟的形成时期。随着改革开放不断深入，改革重点开始转向城市，企业制度创新和分配制度改革等有力推动了城镇经济快速发展，城市居民收入增长速度加快，而农业由于基础薄弱，发展速度放缓，城乡居民之间收入距离拉开，收入鸿沟逐步扩大。[8]

2. 社会鸿沟扩大阶段(1993—2004年)

1992年，中国开始实行社会主义市场经济体制，经济快速发展，私营企业蓬勃发展，城镇就业率不断提升，城镇居民家庭收入大幅度提高。据统计，城镇居民家庭年均收入从1993年的2 577.4元增加到2004年的9 421.6元，而农村居民家庭年均收入从1993年的921.6元上升至2004年的2 936.4元。这就表明，1993 年城镇居民年均收入是农村的 2.38 倍，到 2004 年则扩大为 3.21 倍，城乡收入差距进一步拉大。此外，个人住房福利制度改革，使得原有的隐性收入转化成了个人收入，股票、住房作为资产，价格攀升增加城镇居民的资产收入，进一步拉大了城乡居民的财富差距。这一时期，我国城镇收入水平提高，吸引了大量的农民进入城市工作，但由于农民受教育程度低，资本积累较少，没有其他技能，因而劳动回报率不高，导致城乡收入水平差距进一步拉大。[9]

3. 社会鸿沟加深阶段(2004 年至今)

2004 年至今，是城乡收入差距及社会鸿沟进一步加深阶段。2002 年开始的农村税费改革、2006 年我国彻底取消农业税，终结了千年的农业税历史，极大减轻了农民负担；实施农业生产资料综合补贴政策、最低粮食收购价格，国家财政对农村基础设施进行了大规模投资，不断增加对农村的转移支付，这些惠农措施虽然在一定程度上提高了农民收入，但由于农业生产的成本大幅上升，农产品价格偏低，城乡差距在进一步扩大，农村人口中尚有一亿多人的收入处于贫困线水平以下。在城市，低收入阶层、下岗人员的收入水平偏低，资本侵蚀工资的现象严重，基尼系数达到 0.5，财富占有两极分化加剧。

制度鸿沟、区域发展鸿沟、数字鸿沟、基本公共服务享有鸿沟的演变过程都与收入鸿沟演化密切相关，只是其演变过程与收入鸿沟的阶段可能存在超前或滞后期，但是其演变趋势基本与收入鸿沟相似。

因此，陈旧落后的效率观念对社会发展造成负面影响，加剧社会鸿沟。效率悖论会催生制度鸿沟，引发收入差距，加深数字鸿沟，导致区域发展鸿沟及基本公共服务的非均等化。

(二)政府效率悖论催生制度鸿沟

效率悖论不仅损害经济效率，造成严重负面影响，而且影响包括公平制度在内的社会各种制度，从而催生制度差异，加剧制度鸿沟。作为一个发展中国家，中国最为短缺的并不是资本、技术，而是高效的制度，即缺乏能够有效地组织配置各种经济、政治、思想要素以提升政府效率与公共服务公平的制度资源，包括财税制度、金融制度、投资制度、企业制度、住房制度、医疗制度、政府机构设置、职能划分、人员编制，以及决策、法制、人事等方面的制度。在经济资源相对过剩的情况下，制度资源却显得不足和短缺，政府通过行政手段或管制而进行的制度创新能力较弱，由于制度资源的供给不足而造成的政府低效率现象十分突出。[10]

专栏 1-4　温家宝谈政治体制改革的紧迫性

这些年我多次谈到政治体制改革，应该说已经比较全面和具体了。如果问我为什么关注这件事情，我出于责任感。粉碎“四人帮”以后，我们党虽然做出了若干历史问题的决议，实行了改革开放。但是“文化大革命”的错误和封建的影响，并没有完全清除。

随着经济的发展，又产生了分配不公、诚信缺失、贪污腐败等问题。我深知解决这些问题，不仅要进行经济体制改革，而且要进行政治体制改革，特别是党和国家领导制度的改革。

现在改革到了攻坚阶段，没有政治体制改革的成功，经济体制改革不可能进行到底，已经取得的成果还有可能得而复失，社会上新产生的问题，也不能从根本上得到解决，“文化大革命”这样的历史悲剧还有可能重新发生。每个有责任的党员和领导干部都应该有紧迫感。

当然，我深知改革的难度，主要是任何一项改革必须有人民的觉醒、人民的支持、人民的积极性和创造精神。在中国这样有13亿人口的大国，又必须从国情出发，循序渐进地建立社会主义民主政治。这不是一件轻而易举的事情，但是改革只能前进，不能停滞，更不能倒退，停滞和倒退都没有出路。

我知道，人们不仅看我说什么，我的理想和信念，更看我通过自己的努力能够实现什么样的目标。我可以对大家讲，为了中国的改革开放事业，只要还有一口气，我就奋斗一天。

资料来源：人民日报，2012-03-15.

(三)政府效率悖论引发收入鸿沟

中国居民收入差距不断扩大，造成收入鸿沟。长期以来，“效率优先、兼顾公平”作为一种分配原则得到广泛认可。由于市场公平和效率之间存在矛盾，追求效率的同时忽视公平；公平缺失，社会鸿沟扩大，极大地损伤人的积极性和创造性，又反过来影响效率的提升，从而导致效率悖论。中国已经成为世界上贫富差距最大的国家之一，劳动者收入增长较慢，城乡、区域、行业和社会成员之间收入差距不断拉大等，引起人们强烈关注。收入差距扩大成为困扰我国改革和发展的一大社会难题，并直接影响着社会主义和谐社会的构建。根据有关数据，中国城镇居民收入的基尼系数已经超过 0.45，处于绝对不平均阶段，并且还有继续扩大的趋势。2000—2010 年，中国城镇居民家庭中 20%最高收入户与 20%最低收入户相比，生活消费水平差距从 2.8 倍扩大到 4.1 倍。尽管我国已经开始出现中西部地区经济增长快于东部、农村居民收入增长快于城镇居民收入的新趋势，但由于原有基数差距较大，区域之间、城乡之间和社会成员之间收入差距过大的态势仍未得到根本扭转。收入分配关系的调整不仅是社会公平的需要，同样也是提高中国经济发展效率的需要，处理好公平、均等和效率的关系，是我国现阶段经济发展的重要任务。[11]

专栏 1-5 我国贫富差距正扩大逼近社会容忍线

由北京国际城市发展研究院与中国社会科学文献出版社联合发布的《社会管理蓝皮书——中国社会管理创新报告》指出，我国改革开放丰硕成果背后正隐藏着种种复杂多变的不稳定风险：贫富差距正在进一步扩大，逼近社会容忍线；官民冲突、警民冲突现象加剧。

报告指出，2010 年中国的基尼系数已达 0.438，而 20 世纪 80 年代初我国基尼系数为 0.275。20 世纪 90 年代以来，基尼系数在以每年 0.1 个百分点的速度提高，并且有进一步扩大的可能。我国城乡居民收入比达到 3.3 倍，国际上最高在 2 倍左右；行业之间职工工资最高与最低相差 15 倍左右；上市国企高管与一线职工收入差距在 18 倍左右，国有企业高管与社会平均工资相差 128 倍。收入最高的 10%人群与收入最低的 10%人群的收入差距，已从 1988 年的 7.3 倍上升为 2007 年的 23 倍。

收入差距的扩大不仅表现在收入上，同时也反映在财富的占有上。土地、资源、资本三种生产要素发挥了巨大的财富调整力量，房地产、矿产、证券成为“最赚钱”的暴利行业。“财富向少数人集中，污染向大多数人扩散”的趋势愈演愈烈。朱颖慧担心，收入的差距和财富拥有的不平衡，正在将我国定型为一种两极分化的社会结构。中间阶层缺失正成为社会不稳定的潜在根源。

由于贫富差距扩大，导致官民冲突、警民冲突现象加剧，群体性事件频发，并且极易放大为社会危机。诸如 2003 年哈尔滨的“宝马案”，到 2008 年贵州的“瓮安事件”、云南的“孟连事件”，2009 年湖北的“邓玉娇事件”、“石首事件”以及吉林的“通钢事件”等，这些群体性事件的引发，实际上正是广大老百姓对那些有权有势的人、那些依靠权势逃避法律惩处的人的不满，是官民冲突、警民冲突的缩影，反映社会普遍存在的一种官与民、公众与权势对立的不满情绪，这些情绪正是隐藏在社会最深层的不稳定因素。

资料来源：《新京报》，http://news.sina.com.cn/c/2012-09-15/021925177383.shtml。在原资料基础上整理而成。

(四)政府效率悖论导致区域发展鸿沟

区域发展鸿沟是中国东部、东北、中部、西部以及城乡不同区域在经济社会发展及人居环境等方面出现的明显差异，主要包括经济发展程度不同、公共服务水平不均、人均富裕程度不同、创新潜力、环境承载能力、可持续发展等方面的差异。

过分追求效率，导致资源配置严重失衡，优质资源集中在经济发达的东部地区，从而出现局部效率提升而整体效率降低的效率悖论。效率悖论是导致区域发展鸿沟的一个重要因素，直接影响政府投资与社会投资的效益，导致总供给与总需求失衡，造成各区域之间基本公共服务(比如教育、医疗等)享有上的明显差距。

第一，对高效率的追求导致资源配置在区域间的严重失衡，形成区域发展鸿沟。尽管中国西部地区自然资源富集，但由于长期以来发展滞后，生态、环境制约，导致资本、技术、人才等高端生产要素缺失，“孔雀东南飞”现象严重，加剧了区域鸿沟的扩大。尽管政府实施了西部开发、东北老工业基地振兴、中部崛起发展战略，但很难在短期内改变优质资源配置失衡的状况，区域之间的差距很难在短期内缩小。由于中西部经济发展水平滞后，基本公共服务面临管理与资金瓶颈，区域间基本公共服务非均等化进一步加深了区域间的发展鸿沟，在医疗卫生、社保、教育等公共服务领域尤其突出，区域间的基本公共服务差距远比指标反映的更为严重。[12]

第二，落后地区经济粗放型的高增长，导致经济社会可持续发展困难加大。在片面追求经济高效率、粗放型短期高增长的模式下，我国中西部欠发达地区、资源枯竭型城市和老少边穷地区经济社会可持续发展面临更加突出的矛盾和问题。比如中西部欠发达地区经济基础薄弱，自我发展能力不强；资源枯竭型城市就业压力大，居民生活比较困难；一些特殊类型地区贫困问题突出，基本公共服务供给严重不足；部分地区生态环境恶化，经济发展与资源环境矛盾突出。

第三，盲目追求政府任期内的经济增长，导致区域经济无序开发。一些地区不顾资源条件和生态环境承载能力约束，盲目发展一般加工业和重化工业，由此形成产业、产品等低水平重复，导致恶性竞争和地区封锁、市场分割严重，进一步加剧了区域发展鸿沟。区域发展差距和生态环境恶化又会引发严重的社会矛盾，导致社会冲突增加。民众对基本公共服务的供给和环境安全的诉求越来越强烈，对社会公平和环境问题的危害也越来越敏感，近年来发生的各种群体性事件中，因公正公平和环境问题引发的群体性事件数量上升最快。

(五)政府效率悖论加深基本公共服务非均等化

快速增长的基本公共需求与基本公共服务不到位之间的矛盾逐渐凸显，成为新时期中国社会发展面临的新矛盾。政府通过财政转移支付和税收手段对各地公共服务进行调节，但在对贫困地区缺乏有效保护的同时，资本的逐利效应却自动流向公共服务发达地区，进一步加剧了区域间基本公共服务非均等化程度，公共目标与私人利益之间的矛盾，导致“寻租现象”频繁发生，经济欠发达地区、公共服务设施落后地区的公共物品、公共服务的供给低效甚至无效现象严重，加剧基本公共服务非均等化。中国基本公共服务非均等化集中地表现在三个方面。[13]

第一，资源占有不均。城乡之间、不同地区之间义务教育、医疗卫生、社会保障及公共文化等基础设施、人力资源、技术条件、财政投入等占有失衡。

大量的优质资源集中在城市尤其是大中城市，广大农村地区尤其是中西部地区公共服务资源严重匮乏。

第二，服务消费不均。公共服务的质量和水平的差距直接体现在人们实际的消费水平和质量的差距上。由于不同地区公共服务现存的物质、技术及资源条件的不同，造成公共服务的能力及条件的差异，并最终导致人们实际享有的公共服务的水平和质量的差别。

第三，公共服务体制二元化及权益不均。中国长期实行城乡分离的二元结构，教育、医疗、卫生及社会保障体制实行城乡二元化，国家财政投入重城轻乡、重工轻农，不仅造成城乡之间基本公共服务的资源占有、服务能力及供给水平存在较大的差距，也导致城乡居民民生权益及公共服务享有的权益严重失衡。

（六）政府效率悖论加深数字鸿沟

当今世界，以信息技术为代表的高新技术突飞猛进，微电子、计算机、通信与媒体技术加速融合，网络已深入到社会经济生活的各个方面，并且对生产力的发展起到了巨大的推动作用。随着信息和通信技术的不断发展，虽然国家之间、地区之间的距离被拉近了，但是并未消除国家或地区之间的贫富差异，反而加大了不同区域的数字鸿沟。数字鸿沟不仅存在于国家与国家之间，而且存在于一个国家内部的不同地区之间和阶层之间，数字鸿沟的存在阻碍了经济发展，影响了社会进步和稳定。

数字鸿沟不仅表现在中国与发达国家的差距上，更显著地表现在城乡之间、地区之间甚至在不同收入水平和教育水平的社会群体之间。由于巨大的城乡差别和地区发展不平衡，互联网在中国的扩散正面临着巨大的数字鸿沟的挑战。[14]数字鸿沟造成的差别已经成为中国继城乡差距、地区差距、贫富差距"三大差距"之后的"第四大差距"。数字鸿沟不仅仅是一个信息技术的问题，也是一个社会问题，它涉及整个社会的贫富差距、信息资源不足以及资金、文化、就业、生活质量等与整体社会水平相关的问题。[15]信息化是覆盖我国现代化建设全局的战略举措。特别是在我国农村经济社会发展比较落后的大背景下，城乡之间数字鸿沟仍在扩大，加快农村信息化建设，减少城乡信息鸿沟显得尤为重要和迫切。[16]

第二章　制度鸿沟：社会鸿沟的根源

>> 一、制度鸿沟及其表现 <<

经济史和制度经济学的研究表明，一个社会的发展很大程度上取决于其制度环境。合宜的社会制度环境会促进社会的良性发展，不合宜的社会制度环境则对社会发展起到消极阻碍作用，例如引发各种公民与政府的矛盾，降低政府公信力，城乡发展不均衡，公民社会差距扩大，各种食品安全问题引发社会群体恐慌等。所谓社会制度环境，是指那些影响公民活动的各种正式的和非正式的规则的集合体。处在转型过程中的今日中国，既存在促进社会发展的制度性因素，也显著存在着阻碍社会发展的制度性因素，例如各地区制度性差异——制度鸿沟，各种社会群体社会保障的制度性差异，各阶层工资福利等的制度性差异，户籍制度，行政权力介入的行业垄断等。这些制度设立之初旨在配合适应当时经济发展战略，但随着中国经济社会转型和发展，公民意识、权利意识提高，其已逐步显露其弊端，并引发各种社会矛盾和冲突。深层次原因在于制度设计者出于政治和社会稳定考虑，而采取较强的集权控制手段。在此背景下，探讨制度障碍问题，创新我国社会管理，优化制度环境，努力构建公民社会与国家间的和谐关系，解决我国制度鸿沟所导致的各种社会矛盾和问题势在必行。制度鸿沟构成经济社会可持续发展的障碍，这种制度障碍也可以理解为制度歧视。制度歧视可能是由国家的正式规则所形成或被国家的正式规则所接受和保护的歧视，也可能是由于体制转轨、制度不衔接而凸显出来的歧视。由于制度的主要表征是政策，因此本报告中的制度鸿沟主要是指不同地区间、不同利益主体间在政策上的巨大差异。

首先，制度鸿沟表现为系统性、制度化有差别的基本公共服务供给，即制度化基本公共服务非均等化。公共服务均等化可以概括为政府为社会公众提供最基本的、与经济社会发展阶段相适应、体现公平正义原则的大致均等的公共物品和公共服务。所谓基本公共服务均等化，其实质在于政府要为全体社会成员提供基本而有保障的公共产品和公共服务，就是要让全体社会成员享受水平大致相当的基本公共服务，以促进社会公平正义，使全体人民“学有所教、劳有所得、病有所医、老有所养、住有所居”。对基本公共服务均等化的内涵可以从三个方面理解。第一，全体公民享有基本公共服务的机会应该均等。第二，全体公民享有基本公共服务的结果应该大体相等。第三，在提供大体均等的基本公共服务的过程中，尊重社会成员的自由选择权。公共服务均等化是分层次、分阶段的动态过程，成熟的公共服务均等化状态表现为不同区域、城乡之间、居民个人之间享受的基本公共服务水平一致，然而，从起始到成熟，公共服务均等化要经历不同的阶段，在每个阶段，其具体重点、目标及表现是不同的。中国公共服务均等化程度还很低，因此应首先实现区域公共服务均等化，同时加快城乡公共服务均等化、兼及居民公共服务均等化。

基本公共服务均等化在各国的做法分为人均财力的均等化、公共服务均等化和基本公共服务最低公平等三种模式，并认为基本公共服务最低公平是最适合我国的模式。[1]改革开放 30 多年来，我国 GDP 年均增速超过 9%，2011 年 GDP 总量接近 50 万亿元，人均 GDP 超过 5 000 美元，已经成为世界第二大经济体。伴随着经济的快速增长，人们在公共需求方面(医疗、教育、社会保障等)的要求也随之不断提高，现实中存在的公共服务问题也逐步显现出来，政府提供的公共服务难以满足人们生活快速变化的需求。随着城乡居民的收入及生活水平的不断提高，居民收入差距也随之不断加大，而政府主导下的公共服务供给的制度设计并没有按照广覆盖、普适性的原则进行改革，传统的制度惯性甚至进一步固化和扩大了城乡与地区之间的公共服务差距，备受诟病的养老金双轨制就是典型一例。因此，中国基本公共服务均等化问题成为必须重视和亟须解决的现实问题。[2]

中国制度鸿沟还表现在行政权力介入的行业垄断，集中体现在土地、银行业、能源、运输、通信、电力等领域。在这些领域，国有企业和非国有企业在资源获得、信贷支持、准入上适用不同的制度，即在不同的经济成分之间存在大量看得见或看不见的制度鸿沟。

制度鸿沟表现为一个社会中的种种歧视性制度安排，这种歧视性制度安排既可能来自于统治成本和收益的权衡，也可能来自于因为路径依赖所致的利益格局锁定在特定状态，这种状态并不是政府刻意维持的，还有可能来自于错误的经济发展观和宏观调控理论的指导。

(一)制度鸿沟的基本特征

制度鸿沟的基本特征是基本公共服务的非均等化。理论界普遍认为，基本公共服务是指覆盖全体公民、满足公民对公共资源最低需求的公共服务，涉及义务教育、医疗、住房、治安、社会保障、基础设施、环境保护等方面。基本公共服务均等化是指政府要为社会公众提供基本的、在不同阶段具有不同标准的、最终大致均等的公共物品和公共服务。基本公共服务均等化秉持基本公共服务面向全体国民，国民在享受基本公共服务上机会均等、结果大体相同，并尊重社会成员的自由选择权；基本公共服务均等化是要将基本公共服务的差距控制在社会可承受的范围内，尤其关注困难群体。应该明确的是，基本公共服务均等化不是简单的平均主义，而是基于公平原则，把贫富差距控制在合理的范围之内，促进区域之间、城乡之间公共服务协调推进和完善。[3]通过集体行动提供了满足公民需求的基本公共服务的数量与质量，使全体社会成员享受改革和城市化发展的文明成果，才会缓和社会矛盾，构建社会主义和谐社会才会成为可能；只有尽快减少制度歧视，实现治理转型，才能应对日益严重的生态环境恶化和资源能源短缺所引发的严峻挑战。社会发展的基本宗旨是人民普遍受益，而推进基本公共服务均等化，是实现人人共享社会发展成果的必然选择。在当前，通过实现基本公共服务均等化，让人民共享改革发展成果，是解决民生问题、化解社会矛盾、促进社会和谐、体现社会公平的迫切需要。

伴随着中国社会由生存型社会向发展型社会的历史性转变，中国经济获得快速发展，但与之相伴随的却是贫富分化严重、社会阶层分离等问题，严重影响社会的和谐发展，威胁到社会秩序和社会稳定。这不仅表现为我国基本公共服务供给不足、享受不均等现象日益严重，也突出表现在我国东部、中部、西部地区的公共服务的非均等以及我国城市与乡村之间的基本公共服务的非均等。造成这些矛盾和问题的根本原因是制度鸿沟，只有从制度改革入手，消除制度鸿沟，才能为实现公平正义提供良好的制度环境。国民对公共服务需求快速增长，特别是在长期欠账的农村地区，潜在基本公共服务需求开始变成全面的现实需求，而中国综合国力不断增强，工业反哺农业、城市带动农村的条件已经成熟。当前迫切需要解决的是以基本公共服务均等化推进社会和谐建设，实现基本公共服务全覆盖。本着公平原则，实现城乡基本公共服务均等化，促进城乡经济社会发展一体化，成为新阶段统筹城乡发展、实现政府公共管理职能的重大任务。以实现基本公共服务均等化为契机，对于有效缓解城乡差距、区域差距和贫富差距，对于缓解城乡社会矛盾、保障农民权益、构建和谐社会和推进社会主义新农村建设有着重要作用。二元经济长期影响下形成的城乡基本公共服务的过大差距与发展型社会国民对基本公共服务需求全面、快速增长的突出矛盾给当前政府公共管理职能的实现形成了压力和挑战。脱胎于中央计划经济体制，长期以来我国奉行的是城乡二元治理，形成了优先发展城市和工业的倾斜性发展战略和政策。为适应城市重点发展的需要，各级政府都把有限的财力和社会资源优先用于城市公共服务的供给。这种长期形成的城乡二元体制不仅造成区域经济发展不平衡、资源配置不合理、社会分配不公平，而且造成农村基本公共服务严重缺失。在基本公共服务严重缺失的情况下，多数农民就会持续徘徊在温饱线和小康之间，农民抵御风险能力低，教育、医疗费用成为农民致贫、返贫的主要因素。二元土地制度、二元户籍制度、二元基本公共服务供给制度向一个制度整合的中国转向，正是一个制度鸿沟被填平的过程。

“科学发展观”提出以人为本的全面、协调、可持续发展。基本公共服务均等化正是在这一背景下提出的。加大对欠发达地区和困难地区的扶持，中央财政转移支付资金重点用于中西部地区，尽快使中西部地区基础设施和教育、卫生、文化等公共服务设施得到改善，逐步缩小地区间基本公共服务差距，逐步实现基本公共服务均等化。党的“十七大”报告中提出，缩小区域发展差距，必须注重实现基本公共服务均等化，引导生产要素跨区域合理流动。推进基本公共服务均等化对于促进经济社会的可持续发展、维护社会的公平正义有着重要的影响，同时推进基本公共服务的均等化也是实现政府改革的重要手段。十七届三中全会则将“城乡基本公共服务均等化明显推进”作为2020年全面建设小康社会的基本目标之一。党的十七届五中全会再次强调，“必须逐步完善符合国情、比较完整、覆盖城乡、可持续的基本公共服务体系，提高政府保障能力，推进基本公共服务均等化。”实现基本公共服务均等化已经成为我国政府在新时期执政合法性的来源和基本执政目标。

制度鸿沟的另一显著特征是行业行政垄断。行政权力介入的行政垄断机制表现在银行业、石油石化、煤炭、铁路、航运、民航、盐业和烟草、电力电网、电信、邮政、自来水和煤气、医院、教育、土地等领域。这些领域的垄断直接或间接以行政权力为后盾，获得市场优势地位，导致其他相关市场主体和消费者的权利和权益受损。这些垄断主体一律为国有企业，于是在国有企业和非国有企业之间划出一道制度鸿沟，这条制度鸿沟因其特权和优势地位而不断自我强化，对此国务院在2005年、2010年两度通过“非公经济36条”也无济于事。[4]行政垄断的主体包括相关国有企业和行政部门，失去行政权力的庇护，垄断国企面临竞争的境地也难以维持垄断地位；借助于企业而无需自身出面使得部门利益的维护合法化。由于中央经济试验遗留下来的体制惯性、中央政府缺少改革的财政压力、行政性垄断的市场价值与垄断利益集团的形成、“院内活动”(企业游说官员)、“部门立法”五个方面的原因，行政权力介入的行业垄断形成了。行政垄断通过设置进入壁垒、卖方价格管制、买方价格优惠、推动导致垄断的企业合并、地区间产品和资源壁垒等多种形式。[5]行政权力介入的行业垄断既无效率又不公正，构成我国制度鸿沟的一个重要方面。

(二)制度鸿沟的具体表现

城乡基本公共服务均等化是城乡全体公民均享有均等的基本公共服务的机会、结果和自由选择权。基本公共服务均等化是政府的基本职责和执政基石，是社会公正的理性回归，体现了科学发展观中“以人为本”的宗旨及和谐社会的思想核心。但是，推进基本公共服务均等化，现阶段仍面临许多挑战，基本公共服务非均等化现象在有些方面呈现出某种恶化态势。

中国基本公共服务资源的配置存在严重的地区性不均衡，这种不平衡主要表现为公共服务地区间发展不平衡，东部整体优于中西部；城乡间发展不平衡，教育、卫生医疗、社会保障、基础设施、环境保护等基本公共服务供给不足问题严峻。我国政府公共服务供给存在着严重不公正、不公平现象在公共财政支出比例上可以反映出来。2000年，农村人口810 837万人，占全国人口总数的63.78％，但是2000年国家财政用于农业的支出仅占当年财政支出的7.75％。[6]

中国基本公共服务上存在明显结构失衡。城乡基本公共服务差距的现实表现在，农村存在大量的剩余劳动力，农村就业服务却并不完善，城市的教育与就业体系较健全；城市基本上建立了较为完备的社会保障制度，但农村的社会保障项目却较少，覆盖率和保障水平偏低。城乡教育差距拉大，农村义务教育的经费投入、师资水平、办学条件、教育质量等多方面远不及城市；城乡医疗卫生资源配置的失衡，大中型医院主要集中在城市，乡村医疗卫生资源少；农村的日间看护奇缺，大量留守儿童和空巢老人驻守家园；农村在自来水、通信、电力和道路等基础设施以及基础文化设施方面也存在较大差距和空白。

1. 基本公共服务能力欠缺

基本公共服务的水平取决于两个变量：一是经济能力；二是制度安排。就经济能力而言，自改革开放以来，中国的财政收入呈现出较大幅度的增长，从1978年1 132亿元增长到2011年超过10万亿元。公共财政快速增长却并没有带来基本公共服务供给的相应提升，公共服务供求矛盾并没有得到明显的缓解。这表明，公共服务供给领域的问题根源并非在提供公共服务的能力上，而在于缺乏合理的公共服务制度安排。就制度安排而言，中国的政府转型滞后，其社会管理职能明显弱于经济管理职能，财政仍然是经济建设型财政，没有完全实现向公共财政的转型，政府的“缺位”与“越位”状况并存，在一定程度上影响了市场秩序的完善。义务教育、基础科研和基本公共卫生医疗是公共服务最基本的项目。相反，中国的一般公共服务开支（行政管理费用）明显偏高，不仅高于英美等发达国家，也比泰国高出10多个百分点；相应的，中国的教育、医疗卫生和社会保障支出明显偏低（见表2-1）。

表 2-1 中、韩、泰、英、美五国的财政支出结构比较

	中国	韩国	泰国	英国	美国
一般公共服务	17.1	5.1	4.9	3.8	8.7
国防	7.1	16.9	11.6	8.1	15.7
公共安全	7.0	6.1	5.6	3.5	1.4
小计	31.2	28.1	22.1	15.4	25.8
教育	14.3	20.8	21.6	5.0	1.8
医疗卫生	4.0	0.8	8.6	14.2	20.3
社会保障	10.9	10.9	3.7	31.7	28.8
小计	29.2	32.5	33.9	50.9	50.9

数据来源：中国统计年鉴，2008；国际货币基金组织，政府财政统计年鉴，1998.

2. 基本公共服务制度性不平等

制度性不平等主要表现为城乡基本公共服务资源配置不平等、公共服务的规则不平等。在社会主义初级阶段，公共服务需求不断增长，公共服务资源相对短缺。有限的公共服务资源与庞大的公共服务需求之间的矛盾、公共服务的公平性原则与公共服务资源的不平衡分布之间的矛盾，阻碍了公共服务发展的步伐。针对有限的公共服务资源，仍然呈现配置规则的不公平。公共服务资源明显向发达地区、城镇地区倾斜，越发拉大了城乡差距。新中国成立初期的重工业优先发展战略和城市优先战略造成了强烈的制度路径依赖，社会保障制度主要覆盖城镇居民，城市已基本形成统一的、覆盖率较高，适应于社会主义市场经济发展需要的社会保障制度。但农村长期以来实行的是以家庭保障为主，政府较少介入的“保障制度”。农村的社会养老保险、医疗保险、最低生活保障及失地农民、农民工保障体系还不健全。养老覆盖面狭窄，全国拥有基本养老金的农村人口较少，绝大多数老年人没有任何形式的养老保险，新农保刚刚推开，远未达到全覆盖且保障水平仍然较低；医疗保障力度小，人均筹资水平有限，医疗保险覆盖率低；最低生活标准低，对失地农民和农民工的社会保障力度弱，失地农民和农民工多数未纳入社会强制保险范围，多数地区还处于试点阶段。[7]

3. 基本公共服务结构性失衡

首先，区域间不平衡。全国内陆(不含港澳台地区)被划分为东部、中部、西部三大区域，区域间基本公共服务供给数量差距大，供给质量差距悬殊。从基础设施来看，西部地区尚有1亿多人没有实现饮水安全，全国不通公路的乡镇82%在西部地区，不通公路的行政村52.8%在西部地区；尚有1 065个乡镇、51 426个建制村不通客运班车，分别占全国不通客运班车乡镇与建制村数的86.4%和44%，运输网的密度大约只有全国平均水平的1/3，农村交通条件差，道路等级低、路况差，大部分为砂石路面。从基础教育来看，西部地区与全国平均水平相比还存在较大差距，体现在“两基”人口覆盖率、人均受教育年限、各级学校入学率、生均教育经费、小学和初中辍学率等指标上，西部有的地区适龄儿童未入学率还高达30%以上，特别是女童的入学率更低。[8]

其次，城乡间不平衡。中国居民收入差距拉大、城乡差距没有缓解，城乡人均收入差距从1978年的1.8倍扩大到2010年的3.23倍。根据世界银行报告，中国1%的家庭掌握了全国41.4%的财富，成为全球两极分化最严重的国家之一。中国国民收入中最终消费占比2010年仅为47.4%(发达国家一般为65%以上)。虽然中国名义城乡收入差距为3.23∶1，但加入义务教育、基本医疗等公共服务因素，城乡实际收入差距已经达到5∶1～6∶1。从国际比较来看，中国公共服务水平的地区差距和城乡差距是世界上最大的国家之一，公共财政对“三农”的支出力度远远落后于发达国家和一些发展中国家。以义务教育为例，中国农村基础教育发展水平与城市相比还存在较大差距，城乡教育资源分配不公平，政府在教育经费、师资、硬件建设等方面优先考虑城市，导致农村教育资源匮乏，农村师资力量薄弱，教师待遇差，生活条件艰苦，农村教学质量明显落后于城市。[9]

4. 行业行政垄断

以行政权力为后盾的行业垄断严重。一是设置准入限制，用行政部门法规授予一家或几家企业在某产业的垄断权，并采取行政手段将其他企业拒之门外，或用行政手段或法律手段惩罚进入者。虽然在法律上允许非公企业进入，但实际上进入面临所谓“玻璃门”和“弹簧门”的现象很普遍。二是垄断高价，由行政部门直接规定企业的产品或服务价格。这些管制的价格一般都高于竞争性的市场价格，最常见的领域是电信、电力、石化、民航、邮政等。三是低价获取要素，在垄断企业是买方的情况下，管制的购买价格低于市场竞争价格。如大多数垄断国有企业无偿使用国有土地，国有企业获得银行贷款占据优势地位。石油、电信、电力、铁路、民航、邮政、银行、土地是行政性行业垄断的典型部门，在这些行业内，政府行政主管部门、相关企业和个人凭借其特权和优势地位，在行政和企业经营中表现出数十种垄断行为。

设置制度性壁垒，限制其他企业进入，或者限制民间资本的比例，甚至通过处罚和入罪，限制或禁止新企业进入，例如，为金融业设置门槛，新设立银行极难获得批准；政府发文推动产业高度集中，煤炭行业重组中出现的国进民退潮，使中国的煤炭业高度垄断在中国神华和中煤能源两家央企和各省少数一两家国企手中；对央企和国企给予税收、土地、自然资源和上缴利润上的优惠政策；赋予企业进出口垄断特许权，在运输环节维护行政性垄断地位；授予石化业、电信行业、铁路和民航行业等国有企业部分不应赋予的行政权力。[10]受制于制度变迁中的路径依赖，垄断部门的利益固化，以及制度环境并未根本性地改善，虽经各方呼吁，甚至反复出台支持非公经济进入垄断行业的国务院文件，行政垄断仍未有缓解的迹象。

>> 二、制度鸿沟对社会鸿沟及政府效率的影响 <<

基本公共服务供给不足以及分配上的严重不均等，以及行政垄断严重制约了经济社会的全面协调发展，产生了多方面的社会危害，制度鸿沟对社会鸿沟以及政府效率的影响主要体现在以下几个方面。

(一)制度鸿沟降低政府效率，导致寻租和腐败

制度鸿沟会降低政府效率，导致寻租和腐败。处于行政金字塔之中的政府官员，除了关心财政收入之外，可能更关心其在“官场”升迁的机遇。省级官员的升迁概率与省区 GDP 增长率之间显著正相关关系为地方官员晋升激励的存在提供了一定的经验证据。首先，强调政治晋升对少数政治精英的激励作用可

能是妥当的，但是在更多的情况下，政治晋升激励机制可能是不足、甚至不存在。因为基于锦标赛式政治晋升的有效实施需要具备较为严格的技术条件。比如说，在公共部门，很难有一个客观的统计量指标来衡量参赛者的努力水平，统计量指标越模糊、越主观，晋升的激励效果就会越差；其次，从职务晋升路径来说，逐级淘汰的锦标赛的最大特征是，进入下一轮的选手必须是上轮的优胜者，每一轮被淘汰出局的选手会自动失去下一轮参赛的资格，锦标赛式晋升形成一种非常激烈的政治竞争，结果必然是少数人成了赢家，大部分是输家，每一轮的输家将会失去晋升的信心；最后，干部年轻化要求，使一些官员因年龄、任期等原因而失去晋升机会，晋升激励对他们而言也可能是不足的。此外，越是基层政府官员获得的政治晋升激励可能越小。

财政性收入无论对地方政府，或者对政府官员个人都能产生激励，并为各类目标的实现和公共政策提供了预算准备和支持。正如前文所述，每个政府官员都有个人利益，只不过个人利益与公共利益或一致、或冲突，可能因人因事而异。无论这些个人利益内容是什么，它的实现最终都体现在财政资源的支配过程上，所以，强调“预算最大化”对政府官员的激励是适当的。强调“预算最大化”对地方政府官员的激励还基于以下考虑：相比发达国家而言，中国的地方政府官员更多的是接受来自其上级的监督，而不是他所服务对象的监督，这种监督模式不仅成本高，效果也不好，所以官员在财政资源的配置或利用上遇到的约束也比较小，无论个人利益利公与否，官员都有较大的裁量空间以实现其个人利益。中国行政管理支出占财政支出的比重(17%)一直居于世界前列，其中一个重要因素就是中国的公用经费缺乏明确的界定，预算约束软弱，“三公”开支的增幅过快，且掺杂某些变相的私人消费。

中央政府通过财政分权给予地方政府一定的税收权，强化了地方财政预算与地方经济之间的联系，以GDP为政绩的晋升机制进一步激发了地方政府发展经济的积极性。但是，地方政府的财政资源与公共需求并不直接相关，公共需求的信息难以通过税收传递给地方政府。同时，中央集权体制弱化了地方政府挖掘公共需求信息的动机。因此，地方政府官员不是以公共需求为目标，而是努力实现自己在政治上和经济上的追求。比如地方政府经常把公共资源用于许多“形象工程”和“首长工程”，而不是当地老百姓最迫切的民生支出；把更多的公共资源用于城市经营，而不是关系农村发展基础设施建设。这种典型的资源配置不当必然造成有限资源的浪费，真正的需求得不到满足。此外，有时候政府会长期以低效的生产方式提供正确的公共服务。在中国，各级政府为了社会公益目的设立了大量的事业单位，利用国有资产，肩负着提供教育、科技、文化、卫生等公共服务的重任。与私人部门相比，公共部门生产效率低下的原因有很多，如组织差异、个人差异、政治程序与风险厌恶等。更为糟糕的是，在中国市场化进程中，改革削减了事业单位的预算拨款，赋予了事业单位更大的管理自主权，允许事业单位扩大服务范围，而且为了调动事业单位的主动性，把管理层和职工的收入与创收联系起来，从而把管理者和职工置于一种“剩余索取权”的位置，事业单位被卷入了市场化的浪潮但又不按照市场准则行事。事业单位由于其公益性特点，依然是垄断主导型行业，存在着很多行政进入壁垒，事业单位凭借这些优势，“创收”积极性很高，但在提供高质量、低成本的服务方面积极性却不足。事业单位逐利行为滋生了大量的腐败，严重损害了公益性的基本宗旨，带来不公平，而且进一步加剧了公共资源的供给不足。造成资源的低效率配置。[11]

政府用来提供公共服务的有限资源，如何分配以达到效用的最大化，即最大限度地满足人们的公共服务需求，从理论上说，就是要实现资源配置的帕累托最优状态，无论是公共服务用途还是私人产品用途。在边际上，任何资源在公共用途和私人用途上的效用是相等的，而且在不同的公共用途之间效用也是无差异的。在此状态下，要使一个人的状况变好必然会使得其他人的状况变坏。如果资源配置还存在改善余地，就表明可能处于帕累托改进状态。中国长期存在的基本公共服务不均等就是一种低效率的帕累托改进状态。根据边际效用递减规律，就中国当前的公共服务供给情况，均等化的资金安排有利于提高资金使用效率，即向财政资源不足地区转移财力，用以增加公共物品供给，所产生的效用要大于投向财力充裕地区。从长期来看，通过提高财力薄弱地区的公共产品供给能力，也会减轻发达地区远期负担；均等化有助于促进统一市场形成，使生产要素和产业能够在利益的引导下，按照市场规律在地区间流动，优化资源配置，促进经济与社会以及城乡之间、地区之间协调发展。这也从反面论证了当前的基本公共服务不均等造成了资源的低效率配置，不利于经济稳定、持续健康发展。[12]

任何公共服务和公共产品都不是事先决定的，而只能是一个假说，通过

“准入自由”的制度设定接受一切竞争性力量的检验。正是这种竞争性检验压力，迫使作为假说的公共产品得到有效提供。一旦把公共服务和公共产品以静态的、固定不变的方式界定为政府职能甚至界定为只能由政府垄断提供和生产，就容易导致以公共服务之名行垄断利益之实。

(二)制度鸿沟加剧贫富分化

制度鸿沟会加剧贫富分化。根据世界银行发布的统计数据，中国基尼系数早在 1997 年就已达到国际公认的警戒线 0.4，2005 年更是达到了 0.47。但是，中国基尼系数在不断增大的同时，并没有出现社会动荡和经济萎缩。相反，中国经济继续保持高速增长的势头，而且贫困人口数量不断降低，低收入者的绝对收入在增加，生活状况亦在改善。虽然农村、城镇各自内部的基尼系数目前尚处在合理范围，但其趋势却在不断扩大，尤其在农村内部，基尼系数在 2005 年就达到了 0.375 1，逼近 0.4 的警戒线。按照国家统计局的收入定义，中国 2007 年全国基尼系数为 0.48；按照卡恩收入定义，基尼系数为 0.485，并认为“这个数值是根据现有信息对收入差距估计中可能存在的偏差进行较为全面的修正后所得到的结果，基本上反映了当前中国个人收入差距的基本状况”[13]。中国社会当前面临的严重现实是，中国经济发展的地区不平衡引起社会财富分配的不均衡，而财富分配上的不均衡直接导致了政府公共服务的财政支出能力、社会成员消费与投资能力的不均衡，并对社会成员形成心理冲击与失衡。中国城乡之间、城镇与农村内部地区与个体之间财富分配的这种不均衡性，正成为中国和谐小康社会建设进程中迫切需要解决的问题。对此政府可积极利用基本公共服务均等化来矫正收入分配。[14]但同时我们也需要对政府再分配政策的规范性予以强调，避免执行中政策走样，导致“劫贫济富”的政策执行后果。

制度鸿沟扩大了社会分配不公平，不利于弱势群体生活改善。基本公共服务旨在消除市场在初次分配中造成的贫富两极分化，保障社会弱势群体生活改善。而基本公共服务不均等不仅未能消除市场在初次分配中形成的不公平，反而在再次分配中扩大了社会分配不公平。基本公共服务不均等是一种权利初始分配的不平等。城乡之间的不均等、区域之间的不均等意味着市民比农民、东部地区的人们比西部地区的人们拥有更多的财政转移性收入，拉大了本应缩小的收入差距。

不仅如此，基本公共服务不均等也导致了事实上的机会不均等，使得部分人在市场竞争中自始就处于不平等地位。这样的一种不公平竞争必将损害自由竞争机制，必然将“穷者愈穷，富者愈富”的马太效应发挥到极致。当政府这只“有形之手”不能纠正市场“无形之手”的弊端，反而将其扩大化之时，弱势群体的生活改善前景就成了空中楼阁。看病难、上学难等民生问题就是弱势群体日益被边缘化的真实写照。财富贫困的背后往往隐藏着权利贫困，而权利歧视的制度化则充当了贫富差距的推手。来源于天资、努力和运气的贫富差距人们往往能接受，而来自于制度化歧视的贫富差距真实诱发社会不稳定的隐形炸弹。

制度鸿沟也导致社会阶层间利益失衡，不利于社会族群融合。中国社会正处在转型期，社会呈现出利益主体多元化局面。基本公共服务不均等导致了社会阶层之间的利益失衡。基本公共服务不均等导致的利益失衡使得统筹兼顾各方面利益的难度加大，可能激化社会矛盾，引发社会风险。

(三)制度鸿沟不利于中央和地方建立正常关系

制度鸿沟不利于中央和地方建立正常关系。推进中央与地方关系法治化和解决民生问题也有赖于消除基本公共服务非均等化。1994 年实行的分税制改革虽然确立和巩固了中央政府的权威地位，但是中央与地方、各级地方政府之间的财权和事权不对称和财权内容的不完整也日渐凸显出来。1994 分税制改革强化了唯上体制，强化了集权趋势，造成中央地方事权财权错置，是造成中国目前公共服务不均等现状的重要原因。

大国治理，世界通行三级政权设置。而中国受传统中央计划经济体制的影响，政府层级事实上为五级半，这就使各级政府在基本公共服务供给中的角色定位增加了难度。中央和地方财权和事权的划分还存在着系统性的缺陷，各级政府在义务教育、公共卫生和基本医疗、社会救助、社会福利、基本养老保险等方面的事权和责任划分不清。省级以下财政尤其是县乡财政不足，但是基层政府负担的公共服务却很多，占到 80％以上。越到下级政府，财政收入渠道越少，财政支出的刚性越强，从而使地方基层政府出现财政紧张的局面。财政紧张必然导致地方政府尤其是县乡基层政府公共服务的数量和质量大幅度下降。县乡政府往往是农村基本公共服务的直接提供者，县乡财政不足，直接影响到农民的基本公共服务的供给水平。[15] 目前中央和地方政府在财权和事权上的设置，还诱发了地方政府的“土地财政”冲动，土地财政引发的房地产市场畸形发展和偏离均衡价格水平，最终倒逼中央政府采取硬性的行政管制，并将最终倒逼中央政府从理顺财税体制和土地制度上审视央地政府财权事权划分与相关制度调整。党的“十七大”报告指出：“深化预算制度改革，强化预算管理和监督，健全中央和地方财力与事权相匹配的体制，加快形成统一规范透明的财政转移支付制度，提高一般性转移支付规模和比例，加大公共服务领域投入。完善省以下财政体制，增强基层政府提供公共服务能力。”这一纲领性的表述为完善中央地方事权财权分工、事权财力的匹配提供了指导。

建设社会主义法治国家，要求转变政府职能，建设公共服务型政府，改变基本公共服务分配严重不均等状况。建设社会主义法治国家必然要求建设公共服务型政府，而且要建设一个面向所有公民、阶层和企业的公共服务型政府。从法治国家的视角来看，公民权的保障以及实现的状况是政府公共权威合法性根基的决定性因素之一。集权化管制型政府与法治理念难以相容。建设社会主义法治国家要求规范行政权力，转变政府职能，依法行政；要求政府及其工作人员不得滥用行政权力侵犯公民权利；要求政府工作人员增强服务意识，保护和促进公民合法权利。另一方面，社会公平问题逐渐超越效率成为公共行政面临的社会矛盾核心。传统的集权化、管制型政府的管理方式明显与一个法治社会相冲突。法治社会中的政府应该对市场机制失灵的领域发挥作用，把工作重点真正转移到为市场主体服务、关注民生问题和创造良好发展环境上来。政府不能以牺牲提供公共服务为代价专注经济增长，切忌介入市场竞争性领域与民争利。

(四)行政权力介入的行业垄断导致无效率和不公正

行政权力介入的行业垄断会导致无效率与不公正。通过设置进入壁垒，行政垄断导致市场供给数量少于最优供给量。而买方价格优惠则使得资源配置优化存在效率改善空间被部门关闭，丧失纠正资源配置错误的机会。无论是进入壁垒还是买方优惠，都对一个社会和经济体中的企业家精神构成抑制和打击。行政垄断还影响到宏观经济政策的中立性。行政垄断的存在使得政府倾向于采取扩张性财政政策，这种政府可以为行政垄断企业带来大量的政府投资。行政垄断损害正义。行政垄断企业的利润与经济学意义上的利润根本不同，相当大一部分“利润”是对社会财富的再分配。由于行政垄断企业所造成的不正义，也给政府的合法性带来威胁，损害一个社会的市场伦理和道德价值。[16]研究表明，行政垄断是构成中国收入分配不合理的重要“贡献者”(见表 2-2)。

表 2-2　　行政性垄断的福利损失和分配扭曲的数量估计　　单位：亿元

	窄口径(哈伯格三角)	垄断利润	资源所有者的损失	资源错误配置损失	全口径
电信	139(2010 年)	313(2003—2010 年平均每年)			
石油			772(地租，2010 年) 444.6(石油租金，2010 年)		30 848(2001—2010 年)
银行		10 064(2010 年)	15 632(2011 年六次上调准备金率的总存款利息变动差)		
铁路				533(2011 年)	

资料来源：天则经济研究所课题组，《中国行政性垄断的原因、行为与解除》，2012 年 7 月 2 日由天则经济研究所对外发布，第 64～73 页。

>> 三、制度鸿沟与其他社会鸿沟之间的关系 <<

(一)制度鸿沟与收入鸿沟之间的关系

收入贫困的背后乃是权利贫困。如果说收入贫困是表现型，那么权利贫困是基因型。制度鸿沟很大程度上来自国家为不同的群体界定和实施不同的产权。这种制度上的差异化设定最终都会被显示出来，收入鸿沟正是对歧视性权利设置的最直接的显示。

1. 收入鸿沟形成的原因与制度鸿沟有关

从收入鸿沟形成的原因来看，在初次分配领域，造成人们之间的收入鸿沟的原因主要有以下两个：一是个人拥有要素的数量和质量差异。经济学家称之为要素所有者之间自然禀赋差异。由于每个人所拥有的要素量不同，因此在参与市场经济过程中，由这部分原因造成的收入差异可以称之为禀赋差异。二是要素价格差异。根据经济学的假设，在完全竞争的市场均衡中，同样质量的要素的价格是相同的；但是"'完全竞争'所需要的条件在现实世界中几乎很难达到；其次，即使现实经济生活中出现了'完全竞争'，其结果也不是人们所期待的"[17]。因此市场上大致同质的要素存在价格差异，该差异产生的原因包括以下两个："第一，技术原因造成的要素流动成本，即在给定的技术条件下特定生产要素从一种配置状态转换到另一种配置状态需要一定的成本。在这种情况下，特定的要素所有者获得的要素价格等于完全竞争市场的要素均衡价格减去要素流动的边际成本。由于每个人面对的技术条件不同，其要素充分流动的边际成本也就不同，从而其获得的要素价格不同。第二，制度原因造成的要素流动障碍，即市场分割。市场交易总是在一定规则下进行的，如果政府制定的规则限制了要素流动的范围，就会造成市场分割，这时形成的要素均衡价格就是局部的均衡价格而不是完全竞争均衡价格。当特定的要素所有者面对的局部均衡价格低于完全竞争均衡价格时，就会形成收入差异。"[18]上述由于禀赋差异和技术差异而形成的人们之间收入差异均是由于社会成员个体境况不同而形成，即为机会差异。而由于政府制定的限制市场机制充分发挥作用而形成要素流动的不同规则称之为制度歧视。

从收入分配差异的形成来看，无非个体差异和制度歧视。一些经济学家也提出了除上述的机会差异和制度差异以外的因素，如选择和努力的差别。[19]但是，努力与否及努力的程度同样属于个人的选择，而且如果假定人均为经济人，那么可将社会成员的行为理性视为无差异。因此，人们之间选择的不同是由于其既定的条件不同，那么由此造成的收入差异就是一种机会差异。即使我们放弃社会成员行为理性无差异这个前提，也同样可以将个体选择的不同造成的收入差异看做理性差异。总之，理性差异和机会差异均表现为个体之间的差异，只不过理性差异是社会成员主观不同造成，而机会差异是由于社会成员客观不同造成。

2. 制度歧视导致不合理收入差异和效率损失

由于机会不同和制度歧视造成的收入差异对效率的影响是不同的。这是由于效率与激励相互作用，而激励取决于公平，因此社会成员对收入不同的公平感必定是不同的。从整个社会来看，人们对收入分配公平程度的判断，并不在于最终的收入分配是否以及在多大程度上存在差异，而主要关注形成收入差异的原因是否以及在多大程度上与演化而习得的社会共同价值观相符。因此，一直用于判断收入分配情况的指标（如基尼系数）只能衡量社会成员之间收入分配（收入分布）的平等程度，而对于判断其公平程度则完全无益。在一定临界范围之内，基尼系数高低与公平无关。

一般来说，就形成收入差异的原因，由社会成员个体的理性差异造成是可以认同的，次之是机会差异，而最不能容忍的是由于政府制定的歧视性政策造成的差异。这是因为制度歧视形成的差异有悖于权利均等、社会公正等社会共同认同的价值理念；对于机会差异，则与理性差异相关联，而理性差异是符合社会一般的价值理念。因此，制度歧视造成的收入差异必定是非效率的，而理性差异是无可指责的，至于机会差异则要根据具体情况而定。在初次分配阶段，如机会差异先于理性差异则是无效率的；然而，如机会差异来源于个体之间的理性差异则是有效率的；在再分配阶段，“取决于政府再分配的方向和力度。就方向而言，如果再分配的机会差异与初次分配的机会差异是反向的，就会促进效率，反之则有损效率；就力度而言，如果再分配力度适当，就会提高效率，反之则有损效率。”[20]

在市场经济渐进性改革进程中，政府逐渐弱化其在初次分配领域中的作用，并逐步建立再分配领域的基础机制。因此，市场和政府在初次分配领域的作用将长期并存，社会主体在同一时点适用于不同的初次分配和再分配规则。

现阶段分配领域具有以下特点：一方面社会成员个体收入差异有扩大趋势，市场机制的引入使得个体拥有的要素差异的作用日益显著；另一方面群体收入差异显著，群体内收入差异低于群体间收入差异。改革开放前，虽然也存在初次分配（如“剪刀差”）与再分配（如税收和社会保障）方面的差异，但由于一方面社会整体收入水平较低；另一方面国家对农村也实行了相应的保护措施，如农业生产资料的低价供应、改善农业生产生活条件和生产技术的大量投资、农民生活的基本保障等，使城乡差异的矛盾并不尖锐。改革开放以后，初次分配领域和再分配领域的差异则继续扩大，国家对农业投资的比重在降低，原有的农村集体保障制度名存实亡。这名义上是确保社会安定，实际上是确保城市居民既得利益的户籍制度不被取消，从而使城乡矛盾成为群体差异中最显著也是现今社会最尖锐的问题。[21]基本公共服务歧视性供给的制度安排通过户籍歧视予以固定的间接损失更大，如通过限制要素流动导致的资源错误配置；户籍歧视导致的族群分裂和引发群体性事件等，就不是简单的效率损失可以衡量的了。

(二)制度鸿沟与数字鸿沟之间的关系

技术进步和经济发展到今天，计算机和数字技术在经济社会发展中的作用愈加显著，以至于人们用新经济时代来称谓经济发展的新阶段。恰恰是那些经济发达地区和相对高收入群体最先接触到信息技术。制度鸿沟作用于收入，进一步影响到新技术手段的获得和享用，在此意义上，数字鸿沟是制度鸿沟在经济发展进程中的动态表现。

Markel基金会的名誉总裁 Lloyd Merriest 于 20 世纪 90 年代提出数字鸿沟，意指信息富有地区与信息贫穷地区之间所存在的差距；美国国家远程通信和信息管理局《在网络中落伍：定义数字鸿沟》的报告中认为，数字鸿沟是当代信息技术领域(含信息技术的开发领域和应用领域)中存在的差距现象。[22]

频繁和大规模的符号交流是人类文明社会的特有现象。“意向性能力”是人类特有的能力，借助于意向性能力，人类结构自身才有可能，而意向性能力唯有借助于符号交流方可实现[23]，相关领域的技术进步伴随着人类文明的进步。在外面看来，数字鸿沟是指一种综合性差异：从技术角度看，是指不同区域、教育程度的群体数字化技术的巨大差距；从知识角度看，是指不同群体在科技化时代接触和获得知识能力的巨大差距；从社会角度看，是指社会阶级划分在数字化时代的演化，即信息鸿沟现象。

数字鸿沟的存在，直接影响人们获取知识、信息乃至获取财富的能力。数字改变贫困，改变生活，甚至改变命运，数字贫困导致物质贫困。随着高新技术时代的到来，数字鸿沟呈现不断扩大的发展趋势，不同区域之间发展程度存在着差异，尤其是城乡之间、不同地域的企业之间及群体之间，在很大程度上是由于数字鸿沟差异产生的。现代信息、数字化鸿沟日益加深。尤其是中国中西部的广大农村居民，由于财力匮乏和信息技术开发人员的缺乏，计算机及网络普及率较低，处于“信息贫困”的境地，面临逐步被“边缘化”的威胁；而我国东部地区计算机、网络、电话等指标均大大高于中西部地区。

数字鸿沟产生的因素，主要包括以下几个方面：第一，经济发展水平是影响中国各个地区数字鸿沟的首要原因。第二，互联网普及具有明显的区位特征，东部地区比中西部地区具有明显的普及优势。此外，人均收入水平也是城市化率、电话普及率和城镇家庭普及率的重要影响因素。[24]根据中国互联网信息中心(CNNIC)在2007年1月发布《第19次中国互联网络发展状况统计报告》，互联网发展的差异性是产生数字鸿沟的重要原因。中国城乡互联网发展差异显著，中国互联网总体数量、城镇和农村的网民普及率呈增长趋势，但城镇的网民普及率增长最快，是农村的615倍，城镇互联网水平高于农村，因此为了提升我国互联网整体发展水平，必须加大农村互联网建设力度，从而缩小城乡互联网发展差距。中国东中西部互联网发展及网民普及率差距依旧较大，虽然东中西部的网民普及率都有所上升，但东部地区的普及程度远远高于中西部地区。

表 2-3　　　　我国地区互联网发展差异

区域	网民普及率(%)	域名数(万人)	网站数(万人)
东部	15.7	62.9	12.9
中部	7.4	10.0	2.2
西部	7.4	11.1	2.0
全国	10.5	31.4	6.4

资料来源：中国互联网信息中心. 第19次中国互联网络发展状况统计报告.

因此，由于东西部地区经济发展水平的差异导致信息化、数字化的区域差距，在信息经济的环境下，数字鸿沟进一步拉大东西部经济发展差距，从而使得数字区域差距日益扩大。数字鸿沟阻碍经济良性发展。只要社会中存在数字鸿沟，人们不论是处于信息富有一方，还是处于信息贫穷的一方，都会同样面对经济分工的"危机"。如果社会成员中只有极小的一部分集中于"富沟"而大多数参与经济分工的成员在"穷沟"中，那么由于信息富有者垄断供给而影响了后者需求，导致"穷沟"中有效需求不足，从而构成对供给的破坏。[25]

数字鸿沟危及社会和谐稳定。数字鸿沟导致社会成员被划分为信息"强者"和"弱者"，而且随着信息化在数字化经济发展中的影响力日益增强，从而造成社会成员在经济、文化等方面差距增大，尤其是促使成员收入差距扩大威胁社会的稳定。

数字鸿沟不利于社会公平。数字鸿沟的存在，说明社会弱势群体较少甚至无法分享经济发展带来的现代网络信息，更不用说利用信息资源。这种信息偏向性流向，使得信息弱势者、贫困者所获信息的内容、层次、种类受到很大局限，失去了获取信息的机会。数字鸿沟损害了公众平等获取信息利益的权利，深化了信息供求的矛盾，信息的供给无法满足最普遍的人民的信息需求。与传统的劳动、资本、人一样，信息正在被视为一种新的重要生产要素，经济机会在新经济凸显的时代愈益倾向于在信息获得上的优势者，贫富差距不能再简单地归因为烟囱工业时代的物质资本占有上的差异。

数字鸿沟使信息化的"马太效应"加剧。信息发展到和谐状态时，信息资源均等化地提供给不同地区、行业、阶层的社会成员，使其获得充分的资源，充分利用所获得的社会信息参与生产、生活，最终实现社会整体信息资源的总量增加。但是数字鸿沟的存在导致信息资源的非合理化流转，即更多更及时地流向经济发达、文化富有的地区，而低收入、欠发达地区则一方面无法支付使用资源的经济负担；另一方面信息资源不能及时充分地供给——"马太效应"循环。

如果任由数字鸿沟问题呈现经济发展—信息差距—经济进一步增长的恶性循环的发展趋势，不但不利于整个社会信息资源的增值，而且会产生延伸性危害——造成群体收入鸿沟、区域经济鸿沟拉大。

(三)制度鸿沟与区域发展鸿沟之间的关系

中国制度鸿沟的最大表现是城乡分治，但同时也表现为区域上的制度差异和发展战略差异，获得中央政府政策优惠上的差异。区域发展差异有多重原因，但改革开放的历史表明，东部沿海地区由于其市场文化基础，处于开放的前沿，因此在改革开放重大战略决策中处于优势地位，这种优势地位在路径依赖的作用下，又为后来的发展奠定了基础。

在中国城乡差异扩大的同时，东部沿海地区和中东部、西部地区的差异呈扩大之势。中国是一个多民族国家，区域差异又往往表现为少数民族地区经济发展水平相对落后。区域差异的扩大和积累对统一市场的形成、民族凝聚力的加强都构成重大阻碍。

1. 区域鸿沟的表现往往与制度鸿沟相连

中国区域发展差距的扩大和不协调现状，不仅对国民经济的稳定发展构成威胁，而且影响社会的和谐稳定。区域发展鸿沟主要表现在"地区差距不断扩大、地区产业结构趋同现象严重、产业分工不合理和地区之间缺乏有效合作等，其中地区差距是最受关注的问题"[26]。关于区域鸿沟(主要是经济鸿沟)有些人认为是区域之间经济总量方面的差异；有些人认为是区域之间经济增长速度的差异；还有些人则认为是综合了经济总量、增长速度和产业构成在内等各方面存在的差距。本报告认为，区域差异应该从整体角度思考，把区域经济看做是全国经济整合系统中的子系统，从而比较各个相对独立的经济利益主体之间经济发展总体上的差异。而区域的经济结构、地域面积、人口规模和素质等具有较大不同，如果只是简单比较经济总量的不同可能具有一定的片面性，因此需要利用人均指标进行比较。本报告所指的区域鸿沟是指在一定时期，各个区域之间人均化的经济发展总体指标的非均等现象。

具体来讲，区域鸿沟可以分为绝对化差异和相对性差异。前者是用"绝对指标衡量区域之间经济发展的差异，反映了区域之间经济发展的实际差距；后者是用指标的变动率来衡量区域之间经济发展的差别，反映的是区域之间经济发展的速度差异"[27]。虽然区域之间的差异与每个地区自然要素禀赋及结构、地理位置、历史原因有关，但区域发展的差距之所以引起人们的关注，主要是因为这种地域之间差异具有积极效应和消极效应。积极效应主要表现在区域差异有利于发展各个地域的比较优势，从而形成市场深度的分工，而且同时增强了区域之间经济发展的主动性和紧迫感。特别是对于欠发达地域(中西部地区)，东部发达地域不仅向它们展示了发展所带来的美好前景，而且为其带来了"后发展"上的技术和人力等优势。区域经济差异还会诱发人口的移动，从而促进了开放的社会价值和行为方式的传播，对于整个社会的进步和合作有所助益。而区域差异的存在和扩大同时会加剧区域之间的竞争，导致地区发展以经济为主导，地方政府的短期行为和地方经济保护主义现象滋生。而且区域之间鸿沟现象也不利于国民经济的长期持续发展；同时会引发稀有资源和要素在高投资回报的引诱下，从欠发达地域流向发达地区，从而制约欠发达地区经济发展能力，这也不利于各个区域经济发展中比较优势的发挥。

2. 区域发展鸿沟的成因常常与制度因素相关

区域鸿沟形成的原因大致分为两个方面：一个方面是地理位置和自然要素禀赋等历史因素；另一方面是政府发展战略和政策发展方向等原因。前者由于在一定时期内难以发生巨大改变，而且是地区发展特色优势的基础；而后者主要是制度层面，是我们可以加以分析和控制的，因此主要分析这方面因素。

第一，中央政府倾斜性的区域政策导致区域差异与区域发展鸿沟。改革开放之初，政府采取的是倾斜性——非均衡的地区发展战略。东部沿海地区得到了更多的制度创新鼓励和对外开放方面的政策优惠。在地方财政包干的制度下，经济发展越快的地区，地方财政收入增长越快，积累和投资的能力越强，这一制度整体上有利于东部沿海地区。另外，沿海地区特别是经济特区的税收政策相当优惠，使境内外资本在相对较短的时间内大量聚集，从而产生了显著的聚集效应。在投资立项权方面，沿海开放城市和经济特区拥有的固定资产投资立项和外商投资立项的审批权明显大于内陆地区。在体制转轨时期，在项目投资还需要政府审批的情况下，投资立项权的分配格局，在一定程度上决定了要素尤其是资本要素在空间上的配置格局。境内外金融机构在沿海地区设立机构，使沿海企业可以享受到比较发达的金融服务。深圳和上海证券交易所的建立，在全国资金短缺的大背景下为广东和上海及其邻近地区企业的上市融资创造了有利条件，加快了这些地区企业公司制的改造步伐和现代企业制度的建立。中央给予沿海地区的一系列倾斜政策，显著地改善了沿海地区的投资环境，降低了企业的投资和运营成本，对东部地区以后的发展产生了显著的累积影响。20 世纪 90 年代末期后，国家陆续实施了“西部大开发”战略、“振兴东北”战略，这些发展战略的实施，对于加强区域经济的发展、发挥区域优势起到了十分重要的作用。相对而言，那些较少受到中央政府发展战略关注和优惠政策眷顾的地区则发展相对较慢。

第二，地方政府发展战略差异形成区域发展鸿沟。中国各个区域之间的自然历史原因造成的地域差异，为各个地区选择具有特色的发展方向，从而实现比较优势互补与协调的分工奠定了基础。然而，追求短期经济发展成果的地方政府盲目以“经济增长”为目标，放弃从本地区自然资源禀赋的构成出发，而将目光集中于地区经济发展的短期和局部收益甚至是以塑造政府形象为目标，造成了不同区域产业结构趋同和重复建设。伴随着经济发展周期和加剧的产业竞争，资源禀赋遭到人为的闲置和浪费。一部分地方政府缺乏经济长期发展的制度考虑和与国家整体利益相一致的价值观念，在急功近利获取地方利益的驱使下追求地方经济增长和税收收入增加，忽视资源的节约和环境保护，“采取粗放式、掠夺式的开发模式，以低级的技术和简陋的工艺，对资源进行初级加工。以低廉的资源价格、基础产品价格，以及极低的环境保护标准，鼓励高耗能、高污染行业的发展，既增大了资源和环境压力，又造成了这些行业的价值流失，动摇了可持续发展的资源和环境基础”[28]。地域之间缺乏良性的互动与合作，阻碍了自然要素不同地区之间的合理配置，造成资源利用效率的无谓损失，自然无法形成规模经济，而且区域之间的恶性竞争加剧了经济发展摩擦。资源禀赋条件很容易被看做是区域差异的原因，但是长期看来，那些不依赖于特定资源条件，不依赖于短时期政府主导的投资刺激而注重市场经济基础规则维护的发展战略将赢得未来，那些注重培育区域良好的营商环境的政策将会更具竞争优势。区域鸿沟的形成，根源于制度和文化传统。

(四)制度鸿沟与基本公共服务非均等化之间的关系

基本公共服务非均等化有城乡和区域间的自然因素，然而在中国，基本公共服务非均等化的主因是人为的制度设定造成的。城乡二元治理首先表现为城乡二元基本公共服务供给安排。这种脱胎于中央计划经济的制度安排随着社会主义市场经济的建立本应相应终结，然而受制于制度变迁中的路径依赖和利益格局的固化，基本公共服务非均等化不仅没有得到缓解，反而出现了进一步加剧的势头。

中国现行的经济发展模式与城乡之间、区域之间基本公共服务均等化存在着体制性冲突。经济增长与民生的改善相分离，仿佛经济增长本身就是目的。经济发展以人民生活的改善为旨归，但在不当政绩观主导下，广大民众却难以从经济高速发展中获得相应的福利改善，具体表现在以下几个方面。

1.“以经济建设为中心”的发展战略难以缓解基本公共服务非均等化

改革开放以来，中国政府制定了“以经济建设为中心”的发展战略，并认为经济的快速发展能够解决所面临的问题。因此在发展过程中，增长成为了各地政府行为的准绳，相对忽视了增长的真正目的应该在于改善民生这一本质，从而造成经济增长与民生改善的脱节，甚至出现为了增长而不惜恶化民生状况的局面。如有的学者实证验证了经济增长率与公共服务支出规模之间的相互抵消的作用，即“经济增长越快，政府的公共服务支出反而越少”[29]。出现上述悖论主要是因为经济发展盲目追求增长率而忽视了人们对公共服务的需求。总体上，“对经济增长率的片面追求显著影响了中国公共服务综合绩效的实现，表明中国的经济增长与民生发展关系之间出现了背离，快速的经济增长没有有效地实现民生的同步改善，因而我们应当重新审视‘我们为何而增长’这一个基本问题，重新定位与重塑我们的发展模式”[30]。

2. 现行财政制度下财政收入增长快于公共财政支出增加

现行财政制度条件下，一方面，伴随着经济高速增长，财政收入也在高速增长(见图 2-1)；另一方面，支撑基本公共服务的公共财政支出增加总是慢于财政收入增长，导致中国基本公共服务不但覆盖面及保障水平偏低，而且各地基本公共服务非均等化问题严重，这与高速增长的财政收入相形见绌。

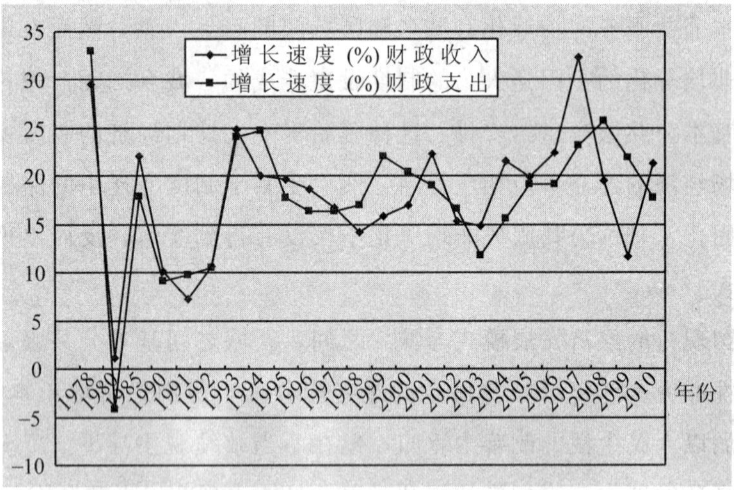

图 2-1　中国财政收入和支出增长变动(1978—2010 年)

数据来源：中国统计年鉴，2011.

3. 片面追求经济增长，基本公共服务非均等化程度加剧

“由于公共服务提供的不足，导致了民众缺乏基本保障而被迫增加储蓄，减少消费，而消费的不足又进一步抑制了经济的持续增长，而对经济增长的片面追求则导致政府加大对经济领域的投资力度，更加忽视了对民生领域的投入，进而形成了民生逐步恶化的怪圈。”[31]经济增长的同时抑制基本公共服务方面公共支出水平，这引起对居民消费的抑制作用，消费不足则反过来阻碍经济增长，这些相互关系说明片面追求经济增长与人们生活水平之间的反向作用机制。而扭转这一恶性循环，政府必须放弃其单纯追求经济增长的短期视角，兼顾人们生活的改善，创造条件激发广大居民的基本消费，走出单独依靠政府投资拉动经济增长以及人们生活恶化的怪圈。

虽然现阶段经济发展与人们享有基本公共服务的提高之间存在矛盾，但二者本质上并不存在不可调和的冲突，只要改变现存经济增长模式，综合考虑基本公共服务的改善，就有可能使人们真正获得经济增长带来的益处，而不是成为经济增长的“牺牲品”。生产过程与收入分配过程是一个同步的过程，结果出现一个较大的收入分配差距，源于生产的制度结构中存在扭曲，例如靠投资(特别是政府投资)驱动的经济，行政垄断行业的收入畸高等。同时公共财政的支出结构需要进一步向基本公共服务领域倾斜，以使广大人民群众享受到经济增长的成果。居民消费偏低和政府投资主导的经济是一个事情的两个不同侧面，其核心是资源配置的信息基础是集中的还是分散的。扭转这一不良局面，中国在这方面还有很大的改进空间(见表 2-4)。

表 2-4　　部分国家中央政府的财政支出结构(1997 年)

	美国(亿美元)		韩国(亿韩元)		英国(百万英镑)		泰国(亿铢)	
	支出	比重(%)	支出	比重(%)	支出	比重(%)	支出	比重(%)
一般公务支出	1 474	8.4	3 997	5.1	10 900	3.8	442	4.9
国防	2 666	15.7	13 160	16.9	23 150	8.1	1 043	11.6
公共秩序和安全	239	1.4	4 789	6.1	9 981	3.5	509	5.6
教育	298	1.8	16 203	20.8	14 445	5.0	1 949	21.6
卫生	3 448	20.3	616	0.8	40 844	14.2	774	8.6
社会福利	4 890	28.8	8 527	10.9	91 063	31.7	337	3.7

续表

	美国(亿美元)		韩国(亿韩元)		英国(百万英镑)		泰国(亿铢)	
	支出	比重(%)	支出	比重(%)	支出	比重(%)	支出	比重(%)
住房和通信	453	2.7	1 782	2.3	5 184	1.8	517	5.7
文化娱乐和宗教	53	0.3	673	0.9	1 417	0.5	127	1.4
能源	37	0.2	560	0.7	2 224	0.8	34	0.4
农业	160	0.9	6 298	8.1	3 436	1.2	834	9.2
工业	11	0.1	2 031	2.6	1 338	0.5	44	0.5
交通运输	205	2.4	8 222	10.5	4 893	1.7	1 430	15.9
其他经济活动	249	1.5	1 595	2.0	5 472	1.9	387	4.3
其他支出	2 582	15.2	10 551	13.5	73 113	25.4	590	6.5
支出合计	16 965	100	78 004	100	287 460	100	9 017	100

数据来源：国际货币基金组织. 政府财政统计年鉴，1998.

第三章　收入鸿沟：社会鸿沟的集中表现

改革开放以来，中国经济以年均9%以上的速度高速增长，一举超越日本成为世界上第二大经济体，创造了“中国奇迹”。2011年，中国经济总量达到471 564亿元，人均GDP超过5 000美元，达到世界中等收入国家水平，成为拉动世界经济增长的引擎。中国创造了许多世界第一，钢铁、煤炭、粮食等产量均为世界第一，2011年年底国家外汇储备31 811亿美元，世界第一；公共财政收入达到103 740亿元。中国进入了一个新的发展时期，既可能成为加快发展的“黄金发展时期”，又可能因为对各种矛盾处理不当而导致经济社会发展长期徘徊不前，甚至引发社会动荡和倒退。许多发展中国家在步入中等收入国家行列之后，由于出现贫富差距、两极分化，从而陷入经济增长停滞、社会不稳定、政局动荡等为特征的“中等收入陷阱”。因此，克服“效率悖论”的巫咒，避免陷入“中等收入陷阱”，消除收入鸿沟，是保障中国社会可持续、高速发展的重要举措。

>> 一、中国收入鸿沟有逐渐扩大的趋势 <<

根据世界银行《世界发展报告2006》提供的近年来收入分配不平等状况的测量指标，在127个国家和地区里，中国与几个拉美和非洲国家并列第95位。收入不平等程度高于中国的只有29个，其中27个是拉丁美洲和非洲国家。亚洲只有马来西亚和菲律宾两个国家的不平等程度高于中国。[1]

基尼系数是国际上通用的用来衡量一个国家居民之间收入差异程度的重要指标，其经济含义是居民收入中不平均分配的部分占全部居民收入的比重。基尼系数最小为0，表示居民收入分配绝对平均；最大为1，表示居民收入分配绝对不平均。据世界银行专家测算，西方发达国家的基尼系数大多在0.24～0.36之间，而中国2009年的基尼系数高达0.47，在所公布的135个国家中列第36位。虽然各部门、各研究机构测试出的中国的基尼系数结果不尽相同，低的为0.43左右，高的在2011年甚至达到0.5，但一个不争的事实是，中国基尼系数居高不下，并且呈上升的态势(见图3-1)。[2]

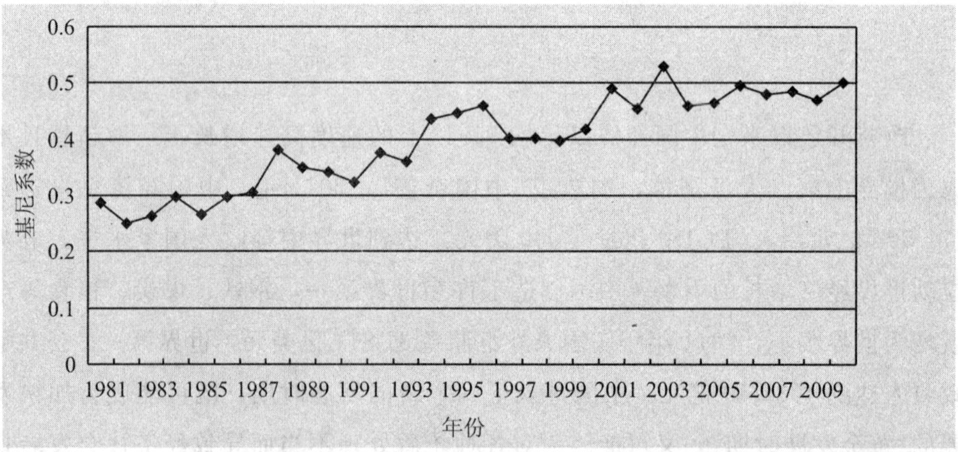

图3-1　1978—2010年我国居民收入基尼系数走势图

西蒙·库兹涅茨于1955年总结了世界各国经济发展过程中收入差距的变化规律，提出了著名的“倒U假说”。此假说描述的是在一体化的市场竞争体系下，市场机制从不完善到完善，相关的配套措施从不健全到健全的这一过程中，经济的发展所引发的收入差距程度的变化趋势。按照这一假说进行衡量，中国的城镇和农村始终处于两个不同的发展竞争体系，改革步伐亦不同步，两者并没有建立一体化的市场，相关配套措施的建立健全也存在着严重的两极分化，甚至在某些发展阶段是以牺牲农村的利益来发展城市市场。库兹涅茨的“倒U假说”虽然不能完全解释我国城乡差距为什么越来越大，虽然其他发展中国家也普遍存在城乡发展差距，但很明显的是，中国发展政策导向的侧重以及传统经济体制遗留的制度障碍，造成了中国城乡差距越拉越大，这成为不争的事实。

"倒U假说"可以为中国克服收入鸿沟提供政策上的借鉴意义：倒U形曲线并不会自动出现，不能听任收入差距不断扩大。库兹涅茨主张通过财政补贴和社会福利等二次分配手段来帮助穷人，采取累进税制、针对富人的遗产税、针对资本的所得税等方法来缩小贫富差距。如果政府政策失误，贫富差距可能会持续恶化，甚至颠覆社会稳定，终止经济增长。

中国居民的收入差距正呈现全范围、多层次的扩大趋势，城乡居民收入比已经达到4.6倍，而国际上最高在2倍左右；行业之间职工工资差距也很明显，最高的与最低的相差15倍左右；不同群体间的收入差距也在迅速拉大，上市国企高管与一线职工的收入差距在18倍左右，是社会平均工资的128倍。企业业主与雇工的收入最高相差251.87倍，中国前400位富豪的财富占GDP的比重在2010年就已达10.45%。很多人把中国的收入分层描绘为一个巨大的财富金字塔：收入金字塔的顶端高居着占总人口的10%的高收入者，拥有几乎占全国份额一半的私人财富；这座金字塔的底座是占总人口10%的贫困人口，这些人的绝大多数在积累着债务。经过30多年的快速发展，中国已经成为世界第二大经济体，但日益拉大的收入差距却如同一道巨大的鸿沟，横亘在中国的经济与政治版图上，阻碍着人们追求未来美好生活的步伐。

>> 二、中国收入鸿沟的表现 <<

(一)城乡分化达到历史最高期

长期以来，中国经济体制中存在着多重"二元结构"：一是城乡二元结构；二是城市户口和非本地居民户口的二元结构；三是国有体制内和体制外的二元结构。现存的城乡多重二元结构对我国的国民收入的初次分配和再分配产生了巨大的影响。在国民经济发展初期，二元结构给我国经济的发展提供了动力。随着经济的发展，二元体制的不良影响显现出来，扩大了收入分配的差距，强化了收入差距的刚性，增强了收入分配的身份性和可继承性，使社会不同阶层之间的收入差距扩大，导致了不同阶层的对立和冲突，影响了社会稳定。

1. 国民收入在城乡间分配不合理

2010 年，占全国总人口 50.5%的农村人口所获得的收入仅占全部居民收入的 24.3%，而占全国总人口 49.5%的城镇人口所获得的收入却占全部居民收入的 75.7%(见表 3-1)。这种城乡收入分配格局存在明显的不合理性，倾斜的政策设计，从根本上影响了农民收入的增长，从而造成城镇居民收入占全部居民收入比例的过快上升。

表 3-1　　居民名义收入的城乡构成比例表

年份	城镇居民可支配收入占居民可支配收入的比重(%)	农村居民纯收入占居民可支配收入的比重(%)	年份	城镇居民可支配收入占居民可支配收入的比重(%)	农村居民纯收入占居民可支配收入的比重(%)
1978	35.7	64.3	1995	52.3	47.7
1979	36.4	63.6	1996	48.5	51.5
1980	37.2	62.8	1997	52.8	47.2
1981	35.2	64.8	1998	54.9	45.1
1982	33.7	66.3	1999	57.8	42.2
1983	33.1	66.9	2000	60.5	39.5
1984	34.5	65.5	2001	62.9	37.1
1985	36.2	63.8	2002	66.0	34.0
1986	40.3	59.7	2003	68.1	31.9
1987	41.8	58.2	2004	69.2	30.8
1988	42.7	57.3	2005	70.3	29.7
1989	44.6	55.4	2006	71.8	28.2
1990	44.0	56.0	2007	73.2	26.8
1991	46.6	53.4	2008	74.2	25.8
1992	49.1	50.9	2009	75.2	24.8
1993	51.8	48.2	2010	75.7	24.3
1994	53.0	47.0			

2. 城乡居民收入分化严重

在我国收入分配差距日益扩大的大环境下，城乡居民的收入分化尤为明显。统计数据显示：我国城镇居民可支配收入由 1978 年的 343.40 元增长到 2011 年的 23 979 元，农村居民的人均纯收入也由最初的 133.60 元增长到 2011 年的 6 977 元。城乡居民的收入每年都有不同程度的增长，但二者收入数额相比差距巨大，二者之间的收入差距也由 1978 年的 209.80 元增长到 2011 年的 17 002 元。从城乡居民收入增长的绝对值看，城镇居民人均可支配收入的增长速度也要快于农村居民人均纯收入的增长速度。2011 年城镇居民人均可支配收入比上年增加了 4 869.56 元；而农村居民人均纯收入仅比 2010 年增加了 1 058 元，城镇居民的人均可支配收入增加值是农村人均纯收入增加值的 4.6 倍。

图 3-2 表明，改革开放后城乡居民的收入都有了较大的提高，但是城镇居民的可支配收入与农村居民的人均纯收入还存在较大差距，且二者之间的差距还有扩大趋势。东部、中部、西部和东北地区(中国香港、澳门、台湾地区除外)四个大的区域，每个地区内部城乡居民的收入差距状况并不相同。城乡居民人均纯收入差距最大的地区是西部地区，东北地区城乡居民的收入差距则相对较小。具体情况如表 3-2 所示。

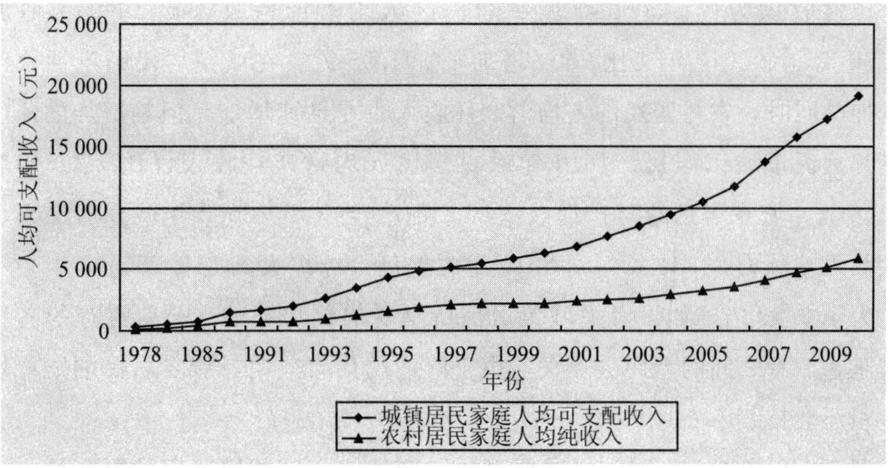

图 3-2　1978—2011 年我国城乡居民收入趋势图

注：城镇居民使用人均可支配收入，农村居民使用人均纯收入。以农村人均纯收入为 1 进行比较。

数据来源：2012 年 1 月 20 日国家统计局公布的数据。

表 3-2　　我国各个地区城镇、农村人均收入

地区	东部地区	中部地区	西部地区	东北地区
农村居民家庭全年平均每人总收入(元)	8 142.81	5 509.62	4 417.94	6 434.50
城镇居民家庭平均每人全部收入(元)	23 272.83	15 962.029	15 806.49	15 940.99
城镇人均收入/农村人均收入	2.86	2.90	3.58	2.48

注：其中城镇人均收入采用的是可支配收入，农村人均收入采用的是平均每人纯收入。

数据来源：根据《中国统计年鉴》(2007、2008、2009、2010、2011)相关数据整理而成。

3. 城乡居民财产分化加速

我国城乡居民个人的财产规模与城乡居民的财产性收入都存在较大的差距。20 世纪 90 年代以前，我国居民的财产规模非常有限；90 年代以后，伴随着居民财产总规模和人均规模的不断扩大，个人所拥有财产数量的差距也在不断地扩大，这进一步导致了我国居民财产的分化。我国居民财产拥有量差距的扩大呈现出了重心低、城乡财产差距扩大、房产差距突出等特点。以城镇居民的财产性收入为例：2000 年城镇居民的人均财产性收入比 1990 年增加了 112.78 元，而 2010 年又比 2000 增加了 391.95 元。在城镇居民财产性收入快速增加的同时，农村居民的人均财产性收入也在迅速增加，但是增加的速度和规模都远低于城镇居民。2010 年农村居民人均财产性收入仅比 1990 年增加 166.46 元，城乡居民的财产性收入的差距已经拉大。2000 年城乡居民人均财产性收入差额为 83.34 元，到 2010 年此差额已经扩大到 318.08 元，十多年时间扩大了 3.82 倍。如果考虑城镇居民所享受的住房补贴、公费医疗等各种福利措施，二者之间的差距会更大。由于财产的集聚效应，城乡居民的财产性收入差距还会持续不断地扩大。

图 3-3 和图 3-4 表明，农村居民的财产性收入与城镇居民的财产性收入存在较大差距，并且二者之间的差距呈现逐年递增的趋势。

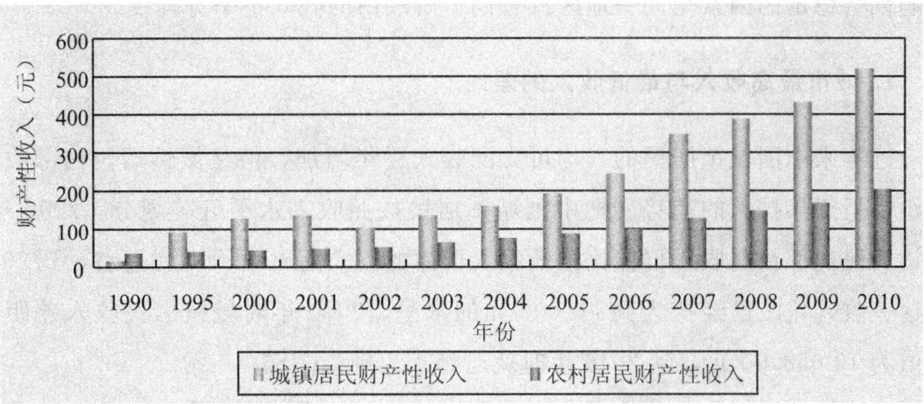

图 3-3　1990—2010 年我国城镇居民与农村居民财产性收入柱状对比图

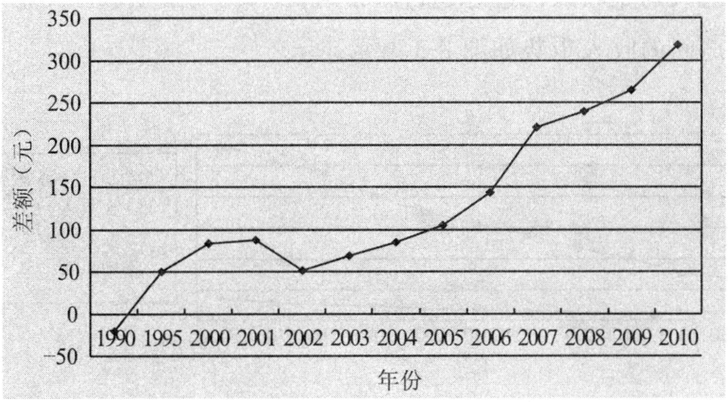

图 3-4　1990—2010 年我国城乡居民财产性收入差额走势图

(二)城市内部和农村内部居民收入分化严重

各国之间收入和生活水平的差距无关紧要，但一个国家内部的收入差距却影响极大，从这一现象我们可以得出这样的推论：在富裕国家，真正重要的不是一个人的实际收入和生活水平，而是与他人比较时他所处的位置，也许平均水平并不重要，重要的是人与人的比较，是一个人所处的社会层次。人们对贫穷的不满程度取决于和周边的比较，如孔夫子所说，“不患贫而患不均”，如果看见有的人暴富，而自己变得更穷，于是不平则鸣，怨声载道，如果周边的人和自身收入差距没有显著变化，人们通常没有太多怨言，承受能力比较强。因此，影响社会稳定的因素是同一地区或者同一阶层内的收入不平等程度。

1. 城市最高收入与最低收入的差距

近年来中国城镇居民的人均可支配收入逐年增加，但是城镇居民内部收入差距也呈逐年扩大的趋势。把中国城镇居民按照收入水平五等划分。2000年，城镇居民内部最高收入群体比最低收入群体的收入高出10 000元左右，到2010年这一收入差距已经扩大到40 000元的水平。2000年时城镇居民收入差距的极值为10 658.00元，到2010年时就已经扩大到45 483.46元。

无论城镇居民收入的绝对差距还是相对差距，不同阶层居民的收入差距都有继续扩大的趋势。如果把城镇居民的收入十等分，则占城镇居民10%的最高收入户居民的人均年收入已经远超占城镇居民10%的最低收入户居民的人均年收入，二者之间的收入走势如图3-5所示。

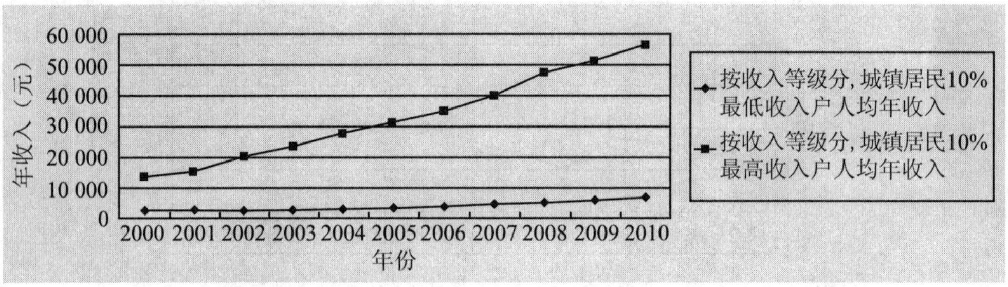

图3-5 2000—2010年我国城镇最高收入居民与最低收入居民人均年收入走势图

城镇居民收入的差距最能反映一个国家居民贫富差距的状况。据学者王小鲁等人的调查，近年来中国城镇居民的收入差距逐渐拉大、分配更加不公。2008年中国城镇居民10%最高收入家庭的“隐性收入”占城镇居民隐性收入总量的63%，城镇最高收入家庭与最低收入家庭的实际人均收入相差26倍。[3]

2. 农村居民最高收入与最低收入差距扩大

中国农村居民的收入差距也在逐年扩大，统计数据显示，2011年农村居民的基尼系数已经达到了0.389 7。农村居民的人均纯收入分化呈现以下两个方面的特点：一方面是不同地区、不同省份之间农村居民的收入差距加大；另一方面是同一个地区农村居民的收入差距也在加大。中国东西部不同地区的省份由于社会经济的发展程度不同，农村居民的收入差距巨大。以东部的山东省和西部的甘肃省为例，2011 年山东省农村居民人均纯收入已经达到 8 342 元，一些靠近东部沿海的村庄居民的收入更高，如山东省荣成市西霞口村 2010 年人均纯收入已经达到 25 万元，已经远远超过了甘肃省农村居民 2011 年人均纯收入 3 909.04 元的水平。

如果从整体上把中国农村居民按照人均纯收入量分为五个档次，则收入最高的 20%农村高收入户在 2002 年的人均收入就已经达到了 5 895.63 元，到 2010 年更是达到了 14 049.69 元的规模；而收入最低的 20%的低收入户居民人均纯收入仅从 2002 年的人均纯收入 857.13 元增长到 2010 年的 1 869.80 元，其 2010 年的收入还不及最高收入者 2002 年时的收入水平。尽管不同收入阶层的农村居民在 2002—2010 年间的收入一直保持增长趋势，但是不同档次的居民人均年收入增长的速度不同。如图 3-6 中所示，农村最高收入组居民与最低收入组居民的收入差距还在持续扩大。

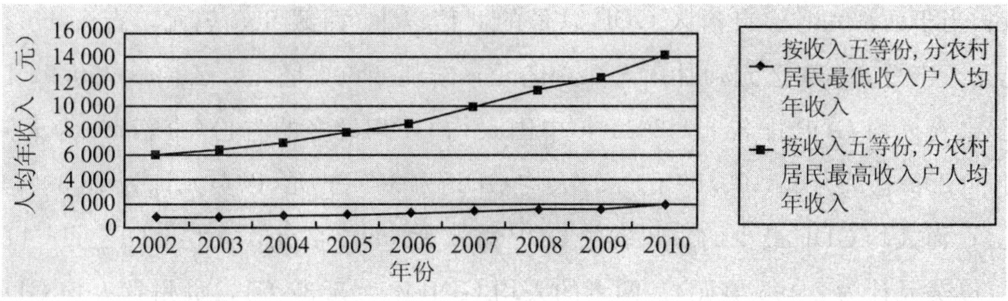

图 3-6　2002—2010 年我国农村最低收入居民与最高收入居民人均年收入走势图

3. 农村贫困人口众多

2011 年国务院发布的《中国农村扶贫开发的新进展》白皮书显示，中国农村贫困人口数量在近 10 年时间里减少了 6 734 万人。以 2010 年的 1 274 元的国家贫困标准衡量，农村贫困人口从 2000 年年底的 9 422 万人减少到 2010 年年底的 2 688 万人；农村贫困人口占农村人口的比重从 2000 年的 10.2%下降到 2010 年的 2.8%。由于中国人口基数庞大，按照国际贫困标准计算出的贫困人口数量在国际上仍然仅次于印度，居世界第二位。

从国家贫困线与国际贫困线的差距上看，虽然中国近几年连续提高国家贫困线标准，但和国际贫困线标准相比还存在较大差距。据联合国千年发展目标确定的贫困标准，日均消费低于 1 美元属于“绝对贫困”。2005 年，按当年美元的购买力平价计算，中国有 2.54 亿人口生活在国际贫困线以下。根据世界银行的标准，2011 年中国的贫困线标准如果按世界银行规定的标准计算，则中国贫困人口达到 1.28 亿人，占农村总人口的 13.4%，占全国总人口(除港澳台地区外)的近 1/10。

(三)不同区域居民收入分化严重

中国中西部欠发达地区与东部发达地区在经济发展上差距明显，各地区内部居民在收入上也存在较大差距。

首先，从各省市 GDP 的收入差距上看，2011 年，中国国内 GDP 规模最大的广东省，GDP 总量已经超过 5.3 万亿元，人均 GDP 达到 50 500 元，按照同期平均汇率折算为 7 819 美元，达到了中上等国家及地区的收入水平，GDP 总量相当于西部六省、自治区 GDP 总量的 3 倍以上(西藏 605 亿元，青海 1 622 亿元，宁夏 2 060 亿元，甘肃 5 020 亿元，新疆 6 600 亿元，云南 8 750.95 亿元)。在人均 GDP 排名上，2011 年中国人均 GDP 最多的省份(直辖市)为天津市，GDP 总量为 11 190.99 亿元，人均 GDP 为 86 496 元(以美元计为 13 392 美元)；而人均 GDP 最少的贵州省的 GDP 总量为 5 600 亿元，人均 GDP 为16 117 元(以美元计为 2 495 美元)。两者的人均 GDP 比为 5.37∶1，贵州省人均 GDP 还不到天津市人均 GDP 的 1/5。

其次，从各省(区、市)间居民收入差距上看，各省(区、市)间居民收入差距依然明显。以 2011 年中国各省市城镇居民的收入为例，据抽样调查数据显示，2011 年城镇居民人均收入最高的上海市与收入最低的甘肃省人均可支配收入相差 21 241 元，收入之比为 2.42∶1。在总的地区收入差距上，2011 年城镇居民人均可支配收入最高的前 8 省(区、市)全部集中在东部地区，分别是上海、北京、浙江、天津、广东、江苏、福建、山东。收入最低的后 6 位全部集中在西部地区，分别是贵州、西藏、黑龙江、青海、新疆、甘肃。近年来城镇居民人均收入最高与最低省市收入之比见表 3-3。

表 3-3　　1990—2011 年我国城镇居民人均收入最高与最低省市收入之比

年份	收入最高省市	收入最低省市	收入最高与最低省市收入差额(元)	收入最高与最低省市收入之比
1990	广东	内蒙古	1 085	2.03
1995	广东	内蒙古	4 576	2.60
2000	上海	山西	6 994	2.48
2001	上海	河南	7 616	2.45
2002	上海	贵州	7 306	2.23
2003	上海	宁夏	8 337	2.28
2004	上海	宁夏	9 465	2.31
2005	上海	新疆	10 655	2.33
2006	上海	新疆	11 797	2.33
2007	上海	甘肃	13 610	2.36
2008	上海	甘肃	15 705	2.43
2009	上海	甘肃	16 908	2.42
2010	上海	甘肃	18 650	2.41
2011	上海	甘肃	21 241	2.42

(四)行业之间收入分化

在国民经济发展过程中，由于不同行业的发展阶段、行业垄断程度不同、国家政策导向、国内外宏观经济形势等因素的影响，最终导致现阶段不同行业、同行业内从业者之间收入都有很大程度的差别，这种状况在一定程度上加剧了国民收入的不平等。

1. 最高收入行业与一般行业收入差距明显

据 2010 年国家统计局公布，中国证券业的工资水平比全行业职工平均工资高 6 倍左右，收入最高和最低行业的差距达 11 倍。2011 年人力资源和社会保障部工资研究所发布的数据显示，这一差距又扩大到 15 倍。如果把证券业归到金融业一并计算，行业差距也高达 6 倍。而在其他市场经济国家，2006—2007 年间，行业收入差距日本、英国、法国约为 1.6～2 倍；德国、加拿大、美国、韩国在 2.3～3 倍之间，远低于中国不同行业之间从业者收入差距。

2011统计数据显示，城镇就业人员的平均工资在逐年上升，2003年人均工资为13 969元，到2010年已经上升到36 539元。但是，不同行业从业人员的工资收入差距扩大，2010年，计算机信息服务行业人员的工资达到64 436元，金融业员工平均工资达到70 146元，而农、林、牧、渔业的人员平均工资仅有16 717元，农、林、牧、渔业人员的工资收入远低于其他行业从业人员的工资水平，甚至不及全国城镇就业人员平均工资的一半。

比较收入较高的金融、证券业与收入较低的农、林、牧、渔业，2006—2010年间两者的收入差距及收入比值一直处于上升状态，二者收入比值差距最大的年份为2008年，全国范围内计算的证券业与畜牧业的比值已经达到15.9（见表3-4）。

表3-4　2006—2010年我国最高工资行业与最低工资行业的职工平均工资比较

年份	项目名称	全国合计	国有单位	城镇集体单位	其他单位
2006	证券业/林业	10.4	7.8	0.6	8.8
2007	证券业/畜牧业	15	13.4	0.9	9
2008	证券业/畜牧业	15.9	14.4	1.8	9.8
2006—2008	上升幅度	5.5	6.6	1.2	1
2009	金融业/农、林、牧、渔业	4.2	4	2.4	3.5
2010	金融业/农、林、牧、渔业	4.2	4	2.4	3.6
2009—2010	上升幅度	0	0	0	0.1

注：2009年起“按细行业分职工平均工资”更改为“按行业分城镇单位就业人员平均工资”，统计范围、项目减小，因此数据比之前要小。

数据来源：根据《中国统计年鉴》(2007、2008、2009、2010、2011)相关数据整理而成。

2. 垄断行业与竞争行业收入差距拉大

由于垄断行业的收入决定机制与竞争性行业不同，垄断性行业就业者从中获得了较高的溢价。垄断性行业和竞争性行业收入差距的形成是受教育水平的不均等、城市劳动力市场对农业户籍劳动力的歧视、职业收入差异等因素的影响。中国不同行业之间人员工资分化主要表现在垄断行业和竞争性行业从业人员的收入差距上。垄断性行业的平均收入水平比竞争性行业大约高出50%，无论是包括全行业在内总的收入差距，还是垄断性行业和竞争性行业的内部收入差距，均达到比较高的水平，基尼系数接近或超过了 0.4。

以 2010 年为例，在竞争比较激烈的住宿和餐饮业当年的人均工资为 23 382 元，建筑业人员平均工资为 27 529 元；但在自然垄断程度较高的一些行业中，如电信行业从业人员的平均工资为 64 436 元，带有自然垄断性质的交通运输、仓储、邮政业、航空运输业人员平均工资也高达 40 466 元。近十年来，中国行业间的收入分配还存在行业间收入分配向技术密集型、资本密集型和新兴产业倾斜的趋向，一些垄断行业的收入走向更高，而传统的资本含量少、劳动密集、竞争充分的行业，收入则相对较低。在福利保障上，截至 2008 年年底，机关公务员退休金水平是企业的 2.1 倍，事业单位月均养老金是企业的 1.8 倍。

（五）社会保障体系建设滞后加剧贫富差距

由于中国社会保障体系建设滞后，广覆盖、普适性、惠及全体居民的社会保障体系缺失，政府在对城镇居民的转移支付、城镇基础设施建设投入上的力度远大于对农村的投入，导致城乡居民享受的各项社会保障福利待遇差距较大，加大了城镇居民对农村居民的优越感，导致农村社会和城镇社会基本对接面破裂。

1. 税收体制不完善拉大了全社会贫富差距

国家税收的主要作用在于组织政府的财政收入、调节社会经济、监督管理社会经济活动。政府通过税收在获得财政收入同时，也对社会经济进行合理的调节，促进社会公平、防止社会财富分配两极分化。但是，由于中国的税收体制并不完善，没有很好地起到调节社会经济、促进收入公平、防止社会过度两极分化的作用。

从个人税收方面来说，改革开放以后，政府对个人所得税起征点多次进行适时调整，个税免征额也从最初的 800 元调整到 2011 年的 3 500 元。个税标准的调整虽然是依据国民经济发展状况作出的，但由于各地的经济发展程度不同，全国整齐划一的个人税收标准并没有起到调节收入的作用。如表 3-5 中所显示的我国初次分配和再分配后的国民收入结构，经过再次分配后的收入，政府和企业的收入比例大大增加，居民收入比例却大大降低。[4]

表 3-5　　1996—2007 年我国初次分配和再分配后的国民收入结构　　单位：%

年份	初次分配后企业占比	初次分配后政府占比	初次分配后居民占比	再分配后企业占比	再分配后政府占比	再分配后居民占比
1996	17.2	15.5	67.2	13.6	17.2	69.3
1997	18.1	16.2	65.7	14.4	17.5	68.1
1998	17.5	16.9	65.6	14.3	17.5	68.1
1999	18.1	17.0	65.0	14.3	18.6	67.1
2000	18.9	16.7	64.4	15.7	19.5	64.8
2001	18.1	18.4	63.5	15.1	21.1	63.8
2002	17.3	17.5	65.3	14.3	20.5	65.2
2003	18.8	18.0	63.2	15.5	21.9	62.7
2004	24.5	17.8	57.7	21.8	20.4	57.8
2005	22.9	17.5	59.6	20.0	20.5	59.4
2006	22.4	18.6	59.0	18.5	22.8	58.7
2007	22.6	19.5	57.9	18.4	24.1	57.5

数据来源：根据历年《中国统计年鉴》中资金流量表(实物交易)的数据整理。

2. 城乡转移支付收入差距

在财政转移支付体系中，除少量政府转移支付按均等化公式计算，其余绝大部分采用税收返还、增量返还、体制补助、结算补助等形式分配。由于政府在转移支付的分配理念、制度设计、分配结构、分配能力等方面不合理，导致在现有政府转移支付的标准下，城镇居民获得较多的政府转移支付，而农村居民则只能获得较少的政府转移支付，没有起到应有的缩小城乡居民收入差距的作用。长期以来，城镇居民获得的政府转移支付收入远大于农村居民。1990年，中国城镇居民获得的人均转移性收入为 328.41 元，而农村居民则没有获得任何政府转移支付。到 1995 年，城镇居民获得的政府转移支付收入已经达到 725.76 元，而农村居民人均仅获得政府转移支付收入只有 65.77 元。此后，政府逐年加大政府转移支付的力度，城乡居民所获得的政府转移支付收入逐年递增。但是，农村居民每年所获得的政府转移支付收入却远远低于城镇居民所获得的政府转移支付收入。2000 年，城镇居民人均获得政府转移性收入

1 440.78 元，2002 年达到 2 003.16 元，2007 年超过 3 000 元达到 3 384.60 元，到 2010 年城镇居民人均所获政府转移支付收入已经达到 5 091.90 元，而当年农村居民所获得政府转移性支付收入仅为 548.74 元，还达不到城镇居民 1995 年所获政府转移支付收入的水平(见图 3-7)。

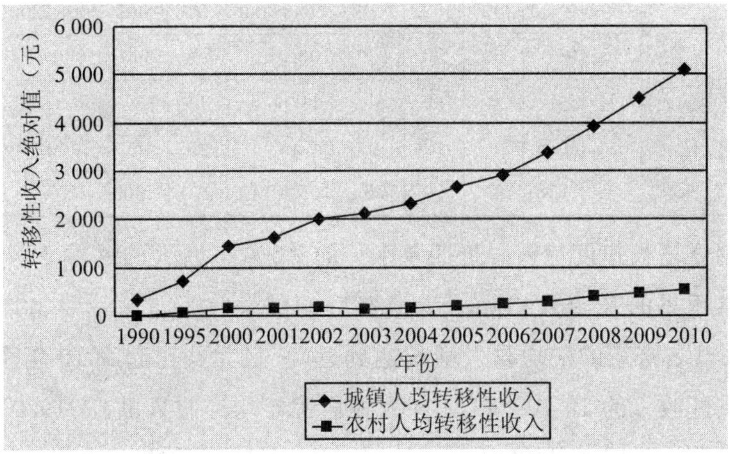

图 3-7　我国城乡居民获得政府转移性支付收入走势图

(六)财富的空前集中

中国财富分配的失衡远大于收入分配失衡，2009 年，中国富豪家庭的户数只有 0.2%左右，远低于美国的 4.1%，瑞士的 8.4%，以及中国香港地区的 8.8%的水平。根据凯捷咨询公司和加拿大皇家银行的最新调查显示，在全球富豪资产普遍缩水的情况下，2011 年中国内地富豪资产超过 100 万美元的人数增加了 5.2%，达到了 56.24 万人。除去房产行业的富豪，中国资产超过 1 亿美元的超级富豪数量也在迅速增长，由 2010 年的 538 户增至 2011 年的 638 户。财富迅速增长的背后是中国财富分配严重失衡的现实。财富正在向少数人高度集中，进一步加剧了财富创造和财富积累的“马太效应”。[5]

中国富豪大量涌现。1999 年，荣登胡润百富榜的门槛为 0.5 亿元，上榜人数为 50 人，其中 10 亿富豪 16 人，百亿富豪仅 1 人。2011 年，20 亿富豪已达到 1 004 人，其中百亿富豪 129 人。就是说，12 年间，在上榜门槛提高 40 倍的同时，上榜人数增加 25 倍以上；百亿富豪增加 129 倍；按上榜人的最低财富计算，上榜富豪的财富增加了903倍以上，其中10亿富豪在2010年就增加了56倍。这个速度远远高于全国GDP的增长速度，表明社会财富迅速向少数富豪集中的程度惊人。前200名的富豪人均财产为153.25亿元(见表3-6)。

表3-6　　胡润百富榜1999—2011年的数据

年份	1999	2000	2001	2002	2003	2004	2005	2006	2007	2008	2009	2010	2011
上榜人数(人)	50	50	50	50	100	100	400	500	800	1 000	1 000	1 359	1 009
资产过百亿人数(人)	1	1	0	0	0	1	5	10	75	50	65	97	129
上榜最低财富(亿元)	0.5	3.5	9	12	9	12.5	5	8	8	7	10	10	20
首富财富(亿元)	—	158	83	70	75	105	140	270	1 300	430	350	800	700

富人财富增长速度惊人。近四年来，前1 000名富人的财富平均年增长9.7亿元。财富积累的来源是扣除生活消费后的剩余收入。这一财富增长速度表明，前1 000名富豪的平均收入增长达到近10亿元。比起2010年全国城镇居民年均可支配收入的19 109.44元和农村居民年均纯收入的5 919.01元，差距竟达5.14万倍和16.6万倍以上；如与前10名富豪的收入比较，则差距高达47万倍和150万倍以上。这个差距远远不是行业间的工资差距和城乡间的收入差距所能望其项背的。详细数据见图3-8。

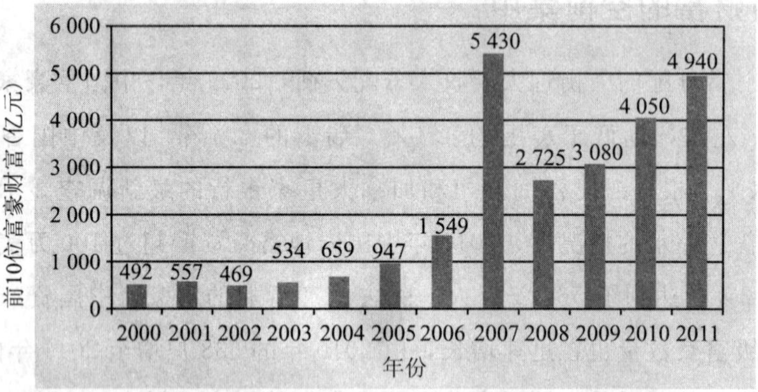

图3-8　历年前10位富豪财富

财富向富人集中的程度在加剧。如表3-7所示，中国前400位富人的财富占GDP的比重在2010年就已达10.45%，所占比重已超过2011年美国前400位富人的财富占美国GDP的比重。美国前400位富豪占GDP的比重到2011年才超过10%。这表明中国财富集中的程度已经超过世界经济最发达国家，令世界上最富有的国家“自叹不如”。

表 3-7　　美国与中国前 400 位富豪的财富及占 GDP 比重对比

年份	美国 GDP（亿元）	美国 GDP（亿美元）	400 富豪的财富（亿美元）	400 富豪占 GPD 比例(%)	中国 GDP（亿元）	400 富豪的财富（亿元）	400 富豪占 GPD 比例(%)
2009	963 342.8	141 190	12 680.1	8.82	314 045.4	28 751	9.16
2010	974 743.7	146 600	13 689.0	9.70	340 902.8	35 625	10.45
2011	1 001 630.9	159 241.8	15 251.5	10.40	401 202.0	42 014	10.47

注：富豪榜是年中发布的，富豪财富占 GDP 比率是指当年发布的富豪榜数据与去年 GDP 总值之比。

专栏 3-1　中国大富豪人数骤增，财富排名直逼美国

根据《2011 雅居乐海南清水湾胡润百富榜》，2011 年中国富豪人数继续快速扩大。百亿富豪达到 127 人，比 2010 年增加三成，比 2009 年翻了近一倍；十亿美金富豪达到 271 人，比 2010 年增加四成多。又据《2012 胡润财富报告》显示，截至 2011 年年底，除中国香港、澳门、台湾地区之外的 31 个省、市、自治区中，千万富翁人数达到 102 万人，每 1 300 人中就有一个千万富翁，而亿万富翁人数则达到 6.35 万人。在全球金融危机背景下，中国企业家的财富增长仍然很快。上榜企业家共 1 000 人，平均财富 59 亿元。

中国前 1 000 名富豪平均财富比 2008 年增加了 97.63%，比 2010 年增加了 12.86%。其中前 10 名的平均财富上升最快，比 2000 年增加了将近 10 倍，比两年前增长了 60%，比 2010 年增长了 22%。2011 年富豪榜上前十名富豪财富总量，比 2010 年贵州、甘肃、海南、宁夏、青海和西藏一年的 GDP 总量还要高；比 2011 年全国农村人口纯收入多出近 400 亿元。2011 年中国首富比西藏 2010 年的 GDP 总量多出近 200 亿元。

根据《2011 胡润全球白手起家女富豪榜》，全球 28 位拥有 10 亿美金的白手起家的女富豪中，有 18 位来自中国，占 2/3。状元和榜眼都是大陆人，前 5 位中除了 Zara 的创始人之外，全部都是大陆人。共有 156 位女富豪登上百富榜 1 000人总榜，占 15.5%，为历年最高。根据最新发布的 2012 年胡润全球富豪榜，

登上世界富豪榜的中国富豪财富排名第四，仅次于美国、俄罗斯和德国。

资料来源：根据《2011雅居乐海南清水湾胡润百富榜》、《2011胡润全球白手起家女富豪榜》、《2012胡润财富报告》等相关资料整理。

劳动者报酬相对收入急剧下降。我国劳动收入占国民收入的份额不断减少，巨额的收入落入少数企业主的口袋中。2009中国私营企业调查报告的数据表明，私营企业的资本额增加迅速，达到48.41%的年增长率，这种增长基本上依靠剩余价值积累；企业利润、企业盈余过多挤占职工收入，2009年中国企业主个人年收入平均值为20.2万元，雇工全年平均工资加奖金加部分分红总数是8 033元，企业主的平均收入为雇工收入的25.15倍，如与工资最低的行业相比，企业主与雇工的收入差距为33.66倍，如按千万级私有企业业主与雇工的收入计算，则相差251.87倍。

另据中华全国总工会的数据显示，居民劳动报酬、工资增长与高速发展的经济脱节，资本收益压低劳动报酬。中国居民劳动报酬占GDP的比重，1983年为56.5%，2005年为36.7%，22年间下降了近20个百分点；而从1978年到2005年，资本报酬占GDP的比重上升了20个百分点。可见，财富集中的根本是私营企业主惊人的收入和巨大财富与普通劳动者收入和财产的差别导致的结果。机会的不平等带来了财富的不平等，财富的不平等又带来了机会的不平等，这样形成了一个恶性循环，分化越来越大，财富鸿沟越来越深。

>> 三、中国收入鸿沟产生的原因 <<

中国收入鸿沟加深令人担忧，究其最终原因，在于市场化改革不彻底所致。改革开放促进了中国经济发展，但改革并没有彻底解决深层的制度机制问题，权力仍然在市场化中指手画脚，使得上下阶层垂直流动板结，横向流动加速。对于低收入者，不但在财富占有上处于弱势，在社会资本、权力资本占有上更被边缘化，因而获得的上升空间狭小。因此，只有加强市场化改革，打破既有利益集团的垄断状态，促使上下阶层更为通畅的流动，为人们提供更多平等的上行机会，才有可能扭转日益扩大的收入差距。

(一)城乡分割的二元经济结构

长期以来，中国实行城乡分割的二元政策，农产品的低价收购政策、对农民的税收政策、城市居民的福利补贴政策、农村农业人口与城市人口实行差别很大的户籍管理制度，以及由此带来的子女就学、享受公共服务等待遇不同，阻碍了劳动力的流动，以致农村人口上升和发展的空间比城市居民狭窄得多。农村劳动力大量剩余，但由于城乡之间要素不能自由流动，大量的农村劳动力被束缚在土地上，不易通过自由迁移来改变身份和分享整个经济增长的成果，即使少部分流入城市打工，他们在付出同等劳动的前提下，薪金和福利一般也低于城市工人。与此形成鲜明对比的是城镇居民比农村居民享受更多的福利待遇，国家政策保护了城市劳动力的就业，城市劳动力就业相对更为充分，实际就业状况与收入状况呈现直接的相关关系；加上城市下岗职工增多，给农村劳动力在城市就业增加了困难，一些城市采取排挤农村劳动力转移的方法，农民在农村以外寻求就业的形势越发不利，劳务收入的增长自然会受到影响。这是城乡收入差距存在的根本原因。

(二)地区经济发展差距

在地区收入差距上，由于区位环境、历史文化、基础条件、人口素质、生产力水平等资源禀赋上的差距，以及国家曾经实行的一些倾斜的政策措施等因素，使得中国区域经济发展明显地呈现出东、中、西阶梯型发展的不平衡格局。在行业收入差距上，过去存在的许多影响收入分配的不合理现象并没有从根本上得到纠正，有的行业甚至利用其垄断地位，进一步拉大了收入分配差距。在改革步骤的差异上，有的地区、行业先放开、先搞活、先得到实惠；有的后放开、后搞活、后得到实惠；有的甚至还没有放开、搞活，因而没有得到实惠。这使得东、中、西部地区居民收入差距进一步加大。东部地区占有更多的高端要素，经济发展势头更猛，而中、西部欠发达地区则只占有低端要素，无法促进经济的高质量发展，地区之间经济发展差距加剧了区域之间的收入鸿沟。

(三)市场价格机制被扭曲

收入鸿沟的产生的另一个原因是市场价格机制被扭曲。中国要素价格改革滞后，没有形成土地资源、水资源、能源矿产资源、生态环境容量以及利率、汇率等要素良性价格机制，资本、土地和劳动力要素人为定价，使得这些基本生产要素价格被人为地扭曲性压低，要素价格未能反映市场供求与资源稀缺程度，扭曲了资本要素和劳动力之间的比价关系，在中国资本和劳动之间替代弹性总体为 1 的条件下降低了劳动者报酬占比，使劳动者在收入分配中相对地位恶化。[6]由此导致的低成本扩张阻碍了产业和经济结构升级，一定程度上阻碍了劳动力价格的提升，这是我国收入差距产生的最重要原因之一。

市场体系与机制不健全，也是收入鸿沟产生的重要原因。中国大部分垄断行业都是行政垄断，是因市场限制准入造成的垄断，诸如电力、电信、烟草、金融、保险、民航、铁路等垄断行业职工平均货币收入加实物分配等，比其他行业高出 5～15 倍，垄断行业的行政定价机制和收益分配原则导致垄断行业与其他行业收入差距的不断拉大。

专栏 3-2　行政垄断是收入鸿沟的根源

国家发改委的“促进形成合理的居民收入分配机制”调查揭示，2007 年，我国居民总体基尼系数已达到 0.454，比 1978 年上升了 46.5%(从国际比较角度，我国居民收入差距相对较大，扩大速度较快。据我们对一些国家的考察，即使处在转型期的中东欧国家，基尼系数也远低于我国，如 2006—2007 年间，波兰的基尼系数为 0.35，匈牙利为 0.27，捷克为 0.25)。

国家统计局最新数据显示，行业之间最高与最低工资差距越来越大，2003 年，行业之间最高最低工资差距为 24 013 元，2007 年扩大到 36 853 元。垄断行业分配机制问题是造成目前行业收入差距不合理扩大的根源性原因。过去我们倡导“企业自主、市场调节、政府监控”的企业分配制度改革思路，并未划分适用的企业类型。而在此改革思路下，相当多数的垄断性行业、企业，凭借其独占市场资源(国家资源)，能获取高额垄断利润，使其工资收入增长较快、水平过高；

政府却未起到监控作用。目前，尚缺乏有效的行业收入调节机制。

从企业就业人员劳动报酬与企业资本形成总额的比例变化情况看，1995年，企业就业人员劳动报酬与企业资本形成总额的比例是23.85%，到2004年连续下降到最低点15.41%；1995—2007年企业就业人员劳动报酬的年平均增长率为10.07%，而同期企业资本的年平均增长率为13.09%，工资的年平均增长率比资本的年平均增长率低3.02个百分点。

资料来源："促进形成合理的居民收入分配机制研究"课题组．促进形成合理的居民收入分配机制研究[J]．经济研究参考，2010(25)．

(四)二次分配机制的缺陷

任何实行市场经济体制的国家，初始收入分配的差距都是很大的，但是国家通过各种财政税收和福利保障政策，可以大大地缩小初始收入分配的差距。一个社会理想的分配状态应该是：市场对财富进行初次分配，然后政府和非政府组织再做二次分配，政府的社会保障和福利政策以及基于税收的转移支付能力，决定一个社会对某一特定的初始贫富差距承受能力的主要方面。但是中国因为税收机制存在的问题，二次分配没有起到"均贫富"的作用。

一是中国税制改革落后，这是导致贫富差距扩大的一个重要原因。在西方各国，个人所得税占财税总额的比例大约为40%，可是，2010年、2011年中国的个人所得税只占政府财税总额的6.61%、7.1%。绝大部分的财税收入来自向企业征收的增值税、交易税、销售税、企业所得税等。表面来看，向生产者征税和向消费者征税似乎差不多，实际上，在征收相同税负的前提下，向消费者征税要优于向生产者征税。向生产者征税容易造成市场扭曲，导致效率的绝对损失，不利于使用二次分配的杠杆来缩小贫富差距。世界银行在1995年的一份研究报告中指出，"个人所得税应当成为政府取得财政收入的重要税种，并具有广泛的税基"。在间接税为主体的税制结构下，低收入者承担了更多的税负，这不利于缩小贫富差距。二是税收调节不力。由于税制有诸多缺陷，高收入群体的"逃税"、"漏税"现象极为普遍，结果是既无法对高收入群体实施有效税收调节，也大大限制了政府对低收入群体的转移支付能力，相当多的贫困者难以获得有效保障。三是某些形式的再分配制度不合理，如住房、医疗等福利分配制度甚至存在“逆向调节”特征。四是个人所得税调节收入分配的作用未得到充分发挥，初次分配不规范，个人所得税法不完善，征管手段落后，税务机关收集获取个人收入情况的渠道不畅，难于掌握税源，对高收入群体税收征收管理乏力，等等。

(五)政府宏观调控乏力

一是政企不分，政府角色“错位”、“越位”现象普遍存在。该退出的没有退出，该市场化的没有充分市场化，不少权力因素仍然对资源配置及市场分配过程直接或间接地进行干预，人为分割市场，维护或制造垄断以及其他各种形式的寻租、设租等问题严重。在不少领域，政府各级行政人员将拥有的权力作为“权力资本”参与收入分配，传统计划体制下对行政人员的权力缺乏制约的情况至今改变不大，符合市场经济体制要求的分配规则的建立步履艰难。

二是该强化的政府服务职能没有强化。初次分配依靠市场，政府必须有效维护市场秩序。但是，很多基本的职能政府未能强化，凡是涉及公共管理范围内的个人或单位的事务，常常需要向相应的“权力资本”付费或行贿，才能顺利地将事情办成。这种向“权力资本”付费数额的多少因各地的“市场行情”而异；另外，想要获得一定“官位”的人员，也开始进行“权力资本”的货币投资，投入的资金越大则获得的行政权力越大。除了大量曝光的腐败案件显示出的“买官”和“卖官”行为之外，有的地方公开“以官引资”的行为则标明了“官位”的价格。占人口少数的官员和行政管理人员靠寻租和行贿活动获得高额收入，造成一种以权力为中心的收入集中化效应，这无疑加剧了收入分配的不平等。

四、收入鸿沟扩大挑战政府效率

(一)收入鸿沟扩大影响民众对政府的信赖

中国收入鸿沟的扩大，已经日益影响到人民的公平性和幸福感，许多不正之风扩大了这种差距。收入差距是构成贫富差距的主要组成部分，正是收入的不断累积从而构成了财富的积聚。当财富积累到一定程度，其影响力便会体现出来，很多“富二代”之所以能够被称为“富二代”，并不是因为他们每年能取得多少收入，能够与其他低收入阶层形成多大的收入差距，而更多是因为他们的家庭积聚了很多的财富，从而形成他们与低收入阶层之间巨大的贫富差距。由于即期的收入差距更多的是凭借自己能力的大小获得的，而贫富差距却往往是通过一些财富的累积，尤其是与市场经济背道而驰、水火不容的权力经济、非法经济和犯罪经济，使一部分人腐败和非法致富，这样就没有任何公平的前提可言，会使现实存在的贫富差距在大众心理上更加放大，并产生“示恶效应”和罚不责众的心理。贫富差距造成了低收入阶层的不满，从而引发一系列社会问题。而这种社会上对“为富、为官”者的不满，降低了很多人群对社会的信任，反过来又影响着经济的正常运行和社会的稳定发展，影响着政府的效率。一个社会中社会关系的质量建立在物质基础之上。收入不平等状况对人们之间的关系有着巨大影响。对所有人的心理健康造成最大影响的因素是不平等程度，而不是家庭、宗教、价值观、教育程度等其他因素。现代犯罪社会学理论认为，一个国家的贫富差距是导致犯罪产生的一个重要因素。该理论认为：“一个社会只是贫穷或者只是富裕均不产生犯罪，但一个社会贫富差别悬殊就会产生大量犯罪。”[7]对于有着长期“不患寡而患不均”文化传统的中国，贫富差距更易引发违法犯罪活动。经济学家通过研究也发现中国贫富差距问题已经成为经济犯罪率提高的一个原因；收入不平等对那些社会底层的人特别不利。美国人类学家奥斯卡·刘易斯(Oscar Lewis)首先提出了“贫困文化”的概念，他认为，贫困现象的持续加强和循环发生是贫困代际传递的原因和结果。也就是说，一个地区或社会的贫富差距容易形成代际相传，从而使贫者更贫，进而加剧贫富差距。“在发展中国家，财富的分配一般说来更为集中。当财富与政治影响相联系以后，这种不平等则又转化为政治资本，由此则可以为这种额外的机会打开一扇窗。”[8]因此，“在物质生活水平的继续提高对人类生活质量、幸福程度的进一步提高的贡献越来越小的时候，降低社会不平等程度是改善社会环境，从而真正提高每一个人生活质量的最佳途径。”[9]

因此，在经济发展初期要侧重强调提高效率，在经济发展到一定程度之后，要防止贫富差距恶化，重点帮助低收入群体，共同致富。有必要认真研究贫富差距的变化趋势，并且采取正确的政策，在促进经济发展的同时防止贫富差距扩大。

2012 年在人民网和人民日报政治文化部联合推出的“2012 年你最关注的十大热点问题调查”中，共有 137 347 人参与此项调查，“收入分配”在 20 个候选项中位列第二。调查显示，81.1%的人认为当前收入差距大，贫富分化严重；36%的人希望个税调整速度与人均收入增速保持一致，进一步提高个税起征点；76%的人认为现行最低工资线普遍过低。对于如何缩小收入差距，21.6%的网友认为应提高工资标准，并设立工资正常增长机制；20.9%的网友认为应切实查处贪污腐败等行为；20%的网友认为应加大对高收入者的征税，此三项措施投票数最高。此外，61.9%的网友认为，公务员不应该涨工资。回顾近年来的两会调查，“收入分配”的关注度一直位于前五位，且呈上升趋势。在社会心态方面，必须关注居民的承受能力。贫富差距的扩大，影响一个地区或国家的幸福感的形成，人们心理上所感受到的贫富差距会将事实上的贫富差距进一步放大。

(二)收入鸿沟使政府经济调控陷入两难境地

从经济发展角度看，贫富差距过大的后果日益明显。一方面抑制消费需求，影响经济良性循环。不同的收入阶层消费倾向存在明显的差异，一般来说，高收入阶层的边际消费倾向低，低收入阶层边际消费倾向较高。收入分配悬殊，势必影响市场有效需求。正如有关专家的研究表明，中国居民边际消费倾向和目前的基尼系数之间有着极强的负相关性，贫富差距过大通过影响居民的边际消费倾向而抑制消费需求的扩张。另一方面严重阻碍经济效率的提高。贫富差距过大不仅使更多的人加重不公平感从而可能在更大程度上挫伤个人这种基本微观经济主体的积极性，而且使有效需求不足成为长期制约中国经济增长的瓶颈，阻碍宏观经济的增长。

中国市场有效需求不足的障碍主要有三个：一是有消费愿望但没有消费能力的问题；二是有消费能力但不愿消费的问题；三是有消费能力而且有消费愿望但无法实现他们所渴望的消费方式，中国少数企业家、金融投资家、高薪收入的精英阶层就属此类，正是他们旺盛的消费能力使中国今天攀上了世界奢侈品第二消费大国的宝座，使房地产价格狂涨，这种富人消费结构把生活环境的成本越推越高，整个社会的和谐受到巨大挑战，对于政府，建立经济与环境和谐发展的社会和用以环境为代价来刺激富人消费是一个两难选择。

(三)严重的贫富差距是割裂社会的危险信号

高经济增长、高效率并不能保证缩小贫富差距，也不能保证长期的社会稳定，只不过在高经济增长期，低收入群体的生活水平略有改善，社会矛盾不突出。一旦经济增长速度放慢，贫富差距可能进一步放大，从而激化社会矛盾，出现动荡和对抗。

托达罗等经济学家分析了43个发展中国家的数据之后指出，经济增长的好处不会自动流向极端贫穷的群体。在许多国家，尽管经济发展了，穷人的绝对收入和相对收入却均有所下降。美国前联邦储备委员会主席、耶鲁大学经济学教授亨利·瓦利克曾说："经济增长是收入平等的替代。只要有增长就有希望，从而使得巨大的收入差距变得可以忍受。""金融崩溃把人们的注意力转移到了破裂的经济上，如同人们通常把社会的破裂怪罪于穷人一样，经济的破裂被认为是富人导致的。为了追求更高的薪资和资格，那些掌管着一些最受人们信赖的金融机构的人将谨慎置于脑后，搭建起了许多只有在风险极低的投机泡沫中才能支撑下去的纸房子。但真相是，破裂的社会和破裂的经济都是不平等现象加重的产物。"[10]中国社会科学院社会学所研究员陆学艺说，财富分配的不平等历来是社会不稳定的潜在根源。拉丁美洲的巴西、阿根廷、墨西哥等国家，曾经于20世纪六七十年代取得世界上最快的经济发展速度，但是由于城乡差别急剧扩大，规模最大的农民阶层利益受到损害，普遍处于贫困状态，而少数权势阶层则大发横财，政府没有及时采取相应的对策，从而引发了许多社会问题，乃至引发社会动荡和暴动。同样，严重的贫富差距将泰国民众分裂成针锋相对的两大集团：红衫军与黄衫军只不过是被推到前头的代表，贫富差距割裂了泰国。[11]

众所周知，贫富差距恶化是滋生民粹主义的土壤，民粹主义就是讨好小市民，拿眼前利益说事，忽视社会的长远利益；其常常表现为对贫富差距不满，不相信政府与精英。民粹主义的鼓吹者以个人利益为中心，要求平等和改善自身福利，他们缺乏思辨能力，不关心理论，不关心国家。民粹主义的典型特征就是仇官、仇富、仇外甚至仇恨知识；一句话，民粹主义就是以市民的眼前利益取代国家整体的、长远的发展。在贫富差距非常显著的社会中，民粹主义具有很大的号召力，近年来，中国国内贫富差距持续恶化，社会不公平非常严重，老百姓怨气越积越深，民粹主义很快在中国找到了滋生的土壤，发生裂变反应，急剧泛滥起来。以民粹主义为指导的工会运动把拉美带入歧途，拉美不仅经济发展迟缓，还成为世界上贫富差距最大、两极分化最严重的地区。中国千万不要走这条路。[12]因此，在经济发展初期要侧重强调提高效率，在经济发展到一定程度之后，一定要针对收入鸿沟产生的原因，采取对策弥补鸿沟。正如社会学家陆学艺所说，“社会主义市场经济应该是公平与效率的有机结合，效率主要通过市场来实现，公平则需要靠政府来创造”。2010年两位诺贝尔经济学奖得主克里斯托弗·皮萨里德斯和戴尔·莫滕森在给中国的建议中，都认为政府在经济发展过程中应该更加重视社会公平。

第四章　阶层鸿沟：社会的疏离与断裂

>> 一、阶层鸿沟及其表现 <<

阶层是指按照一定的标准区分的社会群体。自 20 世纪 80 年代以来，中国社会改革开放不断深化，社会结构转型步伐加快，在一系列政策调整及体制改革的过程中，一些新型的社会职业应运而生，也不断分化出一些具有财产关系的地位群体。阶层分化是社会协调的过程。阶层流动的增强，特别是普遍的向上流动趋势的形成，具有化解社会紧张和社会冲突的作用。因为一种向上流动的机制，代表了一个社会发展的希望，也塑造了人们对未来的憧憬，其结果有利于社会过程的多样性和稳定性。但近年来，阶层分化的速度趋缓，社会开始呈现疏离与隔阂趋势，中国的阶层鸿沟开始出现，使社会流动不畅，阻碍着现代化社会阶层结构的形成。

具体来说，中国的阶层鸿沟是指在目前社会尚未形成稳定的橄榄型社会结构的前提下，在分化还不充分且尚未定型的情况下，阶层之间的疏离与断裂呈日趋扩大的趋势。集中体现为社会纵向流动通道日渐狭窄，下层社会向上流动受阻；社会结构调整远未像预设的逻辑有效展开，其速度变慢，制度变革与调整的动力减弱；中国中间阶层的发育迟缓，总体比例依然较小；大量刚刚摆脱贫困状态的阶层，面临着难以共享发展成果的窘迫境地。[1]对于中国的这种阶层鸿沟，从中国社会阶层实际的分析来看，当前主要表现为三个方面：底层碎片化、社会断裂化、利益集团化。

第一，底层碎片化。自改革开放以来，中国社会的利益主体逐渐分化，包括社会群体的分化、阶级的分化、产业的分化、地域的分化等，中国从一致性社会变为多元社会。[2]这种分化又与行政领域的分权交织在一起，形成共振，使中国底层社会结构发生了合力切割，致使社会底层被切割为无数片断，社会结构由此碎片化。碎片化的底层社会的利益关系不再扭结，彼此利益不能进行有效的整合，呈现无序原子化状态。

第二，社会断裂化。进入21世纪以后，中国从传统社会向现代社会转变的同时衍生出一种新的社会发展趋向——社会断裂。城乡互动表现出不同的特点且逐渐陷入了断裂的困境。其中在社会等级与分层结构上，一部分人被甩到社会结构之外，不同的阶层和群体之间缺乏有效的整合机制。地区之间、城乡之间出现断裂，贫富差距拉大。

专栏4-1　断裂社会与多元社会

“多元社会”是20世纪60年代在西方兴起的一个概念，后来被人们广泛用于指称西方现代社会的特征。在文献中，大体不外如下三种含义。第一，在社会结构分化的基础上形成的不同的利益群体，承认每个群体的利益都是正当的。这里特别要强调的一点是，这意味着对于“少数群体”利益的承认和尊重，少数人的利益也是正当的。这种利益的多元性表现在政治和社会的层面上，就是代表不同利益群体的各种“压力群体”的存在。第二，就政治制度而言，形成的是一种以自主而多元的政治力量为基础的政治框架，不同政治力量的组织形式就是政党。其政治哲学的基础是：一个政党不可能代表所有人的利益和要求。第三，是多样性的社会方式、价值观念和文化的存在。也就是说，并不存在“唯一正确”或“唯一正当”的社会方式、价值观念和文化。

而断裂的社会，从表面上看来好像也是一种多元的社会。至少从表面上看起来，似乎有着更强的多样性。但其实，这两种社会有着根本的不同。概括地说，在多元社会中，尽管社会结构分化深刻、各种社会力量并存、不同的价值甚至互相对立，但这些不同的部分基本是处于同一个时代的，社会的各个部分能够形成一个整体的社会。但在断裂的社会中，情况却截然不同。在断裂的社会中，其不同的部分几乎是处于完全不同的时代，他们之间也无法形成一个整体的社会。也就是说，整个社会是分裂的(不是在政治的意义上，而是在社会的意义上)。

资料来源：孙立平. 转型与断裂：改革以来中国社会结构的变迁[M]. 北京：清华大学出版社，2004：115-116.

第三，利益集团化。改革就是一个利益格局重新调整的过程。改革开放以来，中国从社会分化度低、同质性高的社会，逐步演变为一个利益主体多元、社会分化度高的社会，传统的利益格局不断被打破和重建，新的利益主体不断呈现。近年来，新的利益集团日趋固化，强势集体已经形成了一种比较稳定的利益结盟，并且通过这种利益结盟对中国公共政策制定和执行产生影响，同时形成自己的话语权力并对公共舆论产生影响。个别利益集团，凭借种种体制性壁垒，人为制造了种种资源配置的失衡，借此获取超额的经济收益。

>> 二、阶层鸿沟的形成原因 <<

从社会学角度来看，个人或社会群体在不同社会经济地位之间的变动，称为社会阶层流动。但当前中国社会结构出现了疏离与断裂，各团体日趋固化，阶层鸿沟正日趋明显。其原因主要表现为：

第一，阶层鸿沟的关键源于社会权利失衡。阶层鸿沟的出现，其关键的问题是当下社会中不同社会群体在社会权利上的高度失衡，由此导致不同群体在表达和追求自己利益的能力上存在巨大差异。参加“萝卜招考”的公务员考生可能是官员子女，企业家子女有更多的机会进入大企业，而普通工人、农民的子女可能仍然成为工人、农民或者“二代民工”，即使考上大学，也可能很难改变命运。换言之，改革开放以来中国新生成的社会不平等结构开始代际转移或者传承，上一代的社会地位、物质财富和文化资源在向下一代传递的过程中，出现了某种阶层垄断倾向。这种阶层垄断的背后是不同群体在表达和追求自己利益的能力上失衡的结果，而不同群体在表达和追求自己利益能力上的失衡又是他们之间社会权利失衡的结果。

第二，权力和资本联手，固化阶层流动。权力和资本介入加剧了特权对公义的侵蚀，进一步固化了下层社会阶层。政府政策向资本的倾斜，加剧了社会阶层的不平等，人为导致了社会疏离。“权力市场经济”使部分中上层职位为拥有权力、财富和声望的家族所垄断，导致中国下层民众的上升空间缩减，父母可以利用掌握的资源给子女提供进入自己所在优势领域的“通行证”，还可以通过交换，为他们进入其他优势领域提供方便。因而要优化中国的社会阶层，必须实现向上流动机会的均等。

第三，教育体制无力承载阶层流动的职能。从古至今，通过教育实现向上流动，是社会底层群体改变命运的主要方式。1978 年恢复高考，打破了“出身论”与“血统论”对人的桎梏，众多贫寒子弟就通过高考跻身社会上层，这不但为社会发展提供了持续的动力和智力支撑，也成就了中国当今的生机和繁荣。但近年来，越来越多的人感到社会阶层在日趋固化，阶层鸿沟日趋加大。一个人如果没有家庭背景和社会资源，想通过教育改变命运的道路渐显狭仄。竞争激烈的就业环境导致就业过程中“拼爹”替代了品学兼优现象的出现，并使得世袭贫穷成为人们不得不面对的现实。当下教育体系很难为如此庞大的社会群体提供足够的资源和制度平台以保障上下流动的渠道畅通。

>> 三、半城市化与社会断裂 <<

2011 年，中国城市化率第一次超过 50%。一些其他数据也印证了中国快速的城市化进程。以城市化率来衡量，1978 年中国城市化率为 17.9%，至 2011 年，中国城市化率首次突破 50%。中国社会结构由此进入了一个新的转折时期。

城市化为经济持续发展提供了强劲持久的动力。2001 年诺贝尔经济学奖获得者、前世界银行副行长斯蒂格利茨曾指出，中国的城市化与美国的高科技发展将是影响 21 世纪人类社会发展进程的两件大事。[3] 中国的城市化将是区域经济增长的火车头，将会产生最重要的经济效益。

研究表明，城市化率每提高一个百分点，可以替代出口 10 万亿元。按照现有城市化速度，社会消费的总水平可以从现在的 10 万亿级上升到 20 万亿级，年均20万亿元以上的投资规模会维持20年。扩大内需，就要通过城市化把农民变成市民，通过创业把就业者变成创富者，通过经济服务化培植大量的“白领阶层”，努力扩大中等收入者的比重。

但中国的城市化不同于其他市场经济国家以家庭为主导的人口迁移，发端于20世纪80年代的中国城市化进程也呈现出迥然不同的中国路径。农民在城市工作，但却难于融入城市。大量进城农村人口虽然统计意义上被认定为城市人口，但并不代表其人口城市化过程的完成。许多农民虽然实现了职业的转变和地域的转移，但仍然游离于城市体制之外；虽然常年外出，但又“移而不迁”；虽进入了城市，但又不被城市社会所认同，仍保留着制度限定的农民身份。由此导致中国社会发展中的“半城市化”现象，中国社会发展的这种“半城市化”，实际上是一种未完成的城市化。由此也积聚了一定的社会风险，城市化隐患也随之产生。

(一)制度性的社会不公

城市化是社会经济变化过程，本质上是经济社会结构的变革。加快城市化进程并不是到处出现城市，而是要使全体国民享受现代城市的一切城市化成果，实现生活方式、生活观念、文化教育素质等的转变。它要求参与这一进程的社会成员在城市社会生活的各个领域达到权利和义务的均衡，这也是社会公正的基本内涵。但中国城市化是在中国独特的二元化户籍管理制度下进行的。农民工为城市建设做出了巨大贡献，但却不能与市民同等享受城市提供的公共服务与公共产品。在享受社会发展成果和城市文明的过程中，农民工必须要面对与市民的差别待遇，处于与城市市民不平等的地位。从社会公正的起点公平、过程公平、结果公平看，农民工与市民不仅不是在同一起跑线上，而且还经受着不平等的发展过程，也受到了不公平的国民待遇。[4]

这种“半城市化”的形成并不是市场竞争选择的结果，而是人为设计的不公平竞争机制的后果。“半城市化”的制度性差异，主要表现为城市对进城农民工经济制度上的接纳和在社会制度上的排斥。这一制度差异导致了中国城市化进程中巨大的制度性不公，亦对社会公正原则和理念构成了极大破坏。

(二)人为的社会排斥

在“半城市化”格局下，外来劳动力和城市居民面临着二元分割的劳动力市场。由于劳动力流入地对农民工的歧视性政策和掠夺性使用，农民工进城后基本属于次等公民，他们获得的是比正规经济要低得多的报酬，多数在达不到标准甚至在不人道的工作条件下工作，并且无法享有正规职工所享有的法律和福利保障，对此，黄宗智将其称为“非正规经济”。现行城市二元管理体制是以“户籍属地”为管理依据，将城市户籍人口和外来流动人口置于不同的管理体系，管理内涵、管理方式、管理手段各不相同。对流入地的非户籍人口，主要由公安机关出面，提供以治安管理为主的控制和防范性管理，对农村流动人口形成事实上的社会排斥。

这种社会排斥表现在就业、生活、交往多个方面。在农民工聚集区，在行业分工、职业分布、娱乐消费、居住方式和社会心理等多个方面，农民工与城市居民形成了两个不同的系统。在实际操作中对流动人口管理的目标和手段，都体现出了城市管理部门对流动人口尤其是农民工的不信任，使农民工难于融入当地社会。[5]目前的城市社区建设成了一个排斥外来人口、“封闭性”极强的“内部性”工作，与构建互信、互助的社区人际关系的社区建设的本质相差甚远。由此导致在同一社区中存在两个差异较大的社会群体，造成了社会紧张。

(三)城市农民工的认同危机

城市社会中市民与农民的不平等导致了二者各自形成鲜明的群体意识，即彼此都将对方视为完全不同的群体，虽然处于同一空间，但二者之间却没有形成一致的认同。[6]这种心理层面的分化对进城农民的负面影响尤为显著，表现为进城农民对城市市民存在的疏离感，难以形成对城市主体社会的认同。虽然农民工是从农业文明向工业文明的跨越者，但乡村与城市的二元分割，使农民的生活方式以及与之相适应的思维方式、行为方式都带有比较多的传统色彩。生活在“宿舍劳动体制”之下或者城乡结合部的农民工，在物质和精神层面都面临着城市的排斥，由于工资收入微薄，加上缺乏住房、教育、医疗、社会保障等各种制度性的支持，他们越努力地追求城市生活，越会发现这个目标的遥不可及。从社会交往看，进城农民工对自身能否在城市立稳脚跟直至融入城市生活持一种怀疑态度，他们很少与城市市民来往，主要与工友、同乡联系，形成脱离主体社会的亚文化。一旦确定了自己的主体文化，这种文化意识便会内化成集体潜意识，主动按照与文化身份相符的形象和话语来进行自我表征。换言之，对文化认同生产者加诸其身上的形象、话语的认同和接受，使得一种文化身份最终得到归属，形成新的社会文化关系秩序。于是，农民工的主体性身份在遭遇诸多相互渗透、犬牙交错的文化冲突中，面临着严重的身份认同危机。

(四)社会矛盾的潜在诱因

大量进城农村人口虽然在统计意义上被认定为城市人口，但并不代表其人口城市化过程的完成。许多农民虽然实现了职业的转变和地域的转移，但缺乏身份的转变、生活方式的转变，处于就业非正规化、居住边缘化、生活孤岛化、发展能力弱化的状态，在福利、公共服务、社会保障等方面还享受不到市民的待遇，即处于"半城市化"状态。巨大的城乡差距使农民工一方面不愿回归农民身份；另一方面，他们成为城市人的道路又被堵死，在城市看不到希望，生活变得极端没有意义，会有一种非常强烈的彷徨感。这背后暴露的"社会病"，如果不被正视，不改变这种制度性歧视，未来各种问题会以各种形式暴发出来。

在现有的政治格局下，农民工遭受"非国民待遇"，他们正常的利益表达渠道不畅，利益受损后往往会投诉无门，再加上各种社会排斥，使他们在心理上遭受到巨大的压力，从而处于都市的"边缘化"生存状态，往往容易萌生对城市文明和城里人的反感情绪。一旦这类对社会的不满演变成敌视态度，极容易导致社会环境的动荡，并最终危及全体社会成员的福利。

>> 四、市民社会阶层鸿沟彰显 <<

20 世纪 90 年代以来市民社会的建构是一个世界范围内的事件。从 19 世纪开始，市民社会被用来专指从中世纪封建社会的种种政治性支配下获得解放的近代市民阶层之间的关系。在我国，英文"Civil Society"被译为"市民社会"、

“公民社会”和“民间社会”，某些论者在使用相关译名时潜在地注入了自身的主体性倾向。但是在这三大译名中，市民社会是最流行的术语，是最经典的译名，它大体上是指相对独立于政治国家、有一定自主性或自治权的社会共同体。

始于20世纪80年代的中国市场化改革，推动着社会结构的转型和新的社会群体的形成。国家与社会开始分化，这期间虽然很难说一个与西方相类似的市民社会已经形成，但一个相对独立自主的社会确实在形成过程中。对此，有学者认为，随着改革开放的进程，在今天的中国，一个相对自主的市民社会正在开始形成，这个力量将会对今后中国的整个社会生活产生极其深远的影响。[7]市民社会主体发展了自主自治、自我对话协调的机制，致力于通过和平的、理性的方式解决彼此间的利益冲突，市民社会的理性自律精神使得它本身具有调节矛盾冲突、实现社会稳定的功能和作用。市民社会的出现及由此带来的公民对社会生活的积极参与，在国家与分散的社会公众之间形成了一种中介力量，使我国的社会生活增加了一个弹性因素，它具有社会吸收的功能，能在广泛的社会动员的情况下，迅速吸收社会所释放的能量，吸纳各种社会力量和角色群体。

专栏 4-2：中国市民社会兴起的原因

有研究认为，关于中国市民社会兴起的原因，主要包括以下三点。

第一，市场经济的发展。市场体制下社会需求的多元化使公民形成了多元的、世俗化和个性化的独立思想意识。市场经济的发展使企业的自主性增加，导致某些行业组织有可能脱离政府成为独立的民间组织；此外，市场经济增加了企业的风险程度，为了保护自身利益，各种行业性组织正在不断兴起。同时，巨大的经济效益为人们参与各种社会组织以及公民社会组织自身的发展提供了经济基础。

第二，政治体制改革。改革开放后，一方面，中国政府开始强调法制和法治，公民结社自由的权利得到了相当程度的保障，公民申请成立非政治性社团不再受到限制；另一方面，政府不断深入体制改革，政府权力转移以及政企分开、政社分开推动了民间组织的形成。另外，政府职能由以管为主向以服务监督为主的转变为一个相对独立的公民社会的产生奠定了政治基础。

第三，全球化进程加快。全球公民社会有组织的跨国社会运动对国内公民社会的发育和运作产生重大的影响。中国在参与全球竞争的过程中，必须积极参与国际公民社会组织并形成自己的民间组织。

资料来源：刘振江．中国市民社会理论研究综述[J]．当代世界与社会主义，2007(4)．

同时，我们也应该看到，中国在市民社会培育和发展过程中，改革以来原由国家直接控制和支配的某些社会资源开始分散与转移，这使得社会群体及其地位结构发生了明显的变化，正因为这种利益分配格局的变化，导致了中国整体利益关系的重组与再协调。市民社会的利益分化，主要表现为在原有制度结构之外产生出新的社会群体，而且这些新生群体占有的资源明显上升，如个体经营者、自由职业者、合资、外资或私营企业中的高级雇员、企业家等。同时，原有制度结构中居不同地位群体的地位状况开始变化。如党政机关干部、工人、专业人员等群体，在改革后出现了内部分化，其地位特征也发生了很大变化。

现阶段社会结构中有几个主要社会群体，无论是原有的，还是新生的，其地位利益的演化都和中国社会结构的走势有直接关系。由此，改革前的城乡二元等级界限开始拓展，阶层分化不再局限于城乡二元社会，开始覆盖整个社会，各群体之间的经济收入差距拉大。也就是说，改革开放以来，随着经济和社会的发展，在市民社会内部的阶层鸿沟也日趋明显，这主要表现为以下几点。

（一）收入分配不合理导致社会阶层鸿沟

中国收入分配改革制度的滞后不仅导致一次分配不合理，二次分配也因为基本公共服务不均而产生逆向调节，收入分配进一步扭曲而带来更深层次的问题，社会结构逐渐板结，社会流动渠道不畅，社会阶层之间的鸿沟正在加深。改革开放以来，国民收入的增长速度较长时期落后于经济增长速度，广大人民群众从经济增长中得到的实惠和他们所付出的贡献难以匹配。2000 年，中国劳动者报酬占GDP的比重为51.4%，2007年下降为39.74%，而劳动报酬中，工资总额占GDP的比重从1980年的17%逐年下降到近年来的11%。住房、教育、医疗、养老等民生问题变得日益突出，贫富差距、城乡差距、区域差距持续扩大，社会利益群体矛盾日益激化。

20世纪90年代中后期，在我国的许多地区和城市，已经形成了明显的富人区。从理论上，任何公民在自己的国家内都有工作、迁移、居住的自由和权利，但是要真正实现自己的权利，经济状况仍然是基础中的基础。因此，一个街区和街区文化形成的过程，也可看做是一个具有相近收入、相同兴趣的居民逐渐聚集的过程。当一个街区逐渐被具有较高收入水平的人"选择"之后，"富人区"也就出现了，而那些被遗弃的街区则留给了尚不具有较大选择能力的"新移民"，等而下之者，往往被称作"穷人区"。从全国来说，中国的富人区主要集中在北京、上海、广州、深圳等大城市。[8]

在"富人区"，往往基础设施、文化氛围都比较好，而"穷人区"则不仅与之相反，而且基本都会伴随着治安状况的恶化。随着城市的发展，这两种区域之间的落差往往会越来越大，两种街区的文化也就越来越难于沟通，落后街区里的不安情绪就会加深社会阶层鸿沟。在中国，城市化飞速发展的时期，基尼系数也同时达到了警戒线，城市群落的分化正处在一个微妙而又危险的关键时期。如果说，贫富差距导致人们情绪的不满，那么，"贫富隔离"就会导致群体间的对抗和冲突，正如"种族隔离"曾带给世界的动荡一样。

(二)阶层固化使正常的社会代际流动受阻

社会学把由于经济、政治、社会等多种原因而形成的，在社会的层次结构中处于不同地位的社会群体称为社会阶层。阶层固化是指社会纵向流动的通道日渐狭窄，下层社会向上流动受阻，社会结构调整速度变慢，制度变革与调整的动力减弱；大量刚刚摆脱贫困状态的阶层，面临着难以共享发展成果的窘迫境地。阶层固化意味着社会成员在不同阶层之间的地位流动受阻，个人的后天努力无法改变自己的命运，底层群体向上流动的通道被堵塞，不同社会阶层的成员构成趋于稳定，社会不平等结构被原样复制。

竞争和分层都是正常的社会现象，由于社会成员个体能力的差异，一部分人在竞争中势必处于优势，并享受相对较多的社会产品，因为这部分人凭借能力创造了更多的社会财富，且为社会的发展作出了更多的贡献，在这样的逻辑下，社会结构和阶层之间的流动是正向的，只有竞争和创造得到了鼓励，社会才能发展。中国改革开放的30多年所取得的成就，是过去任何时代都不能比拟的，但当下政治领域改革的停滞甚至退步，使得目前的中国社会结构被悬置于一种失衡的衍化状态中。权力的垄断和市场资源形成联姻，由此造就了一个阶层两极剧烈分化的，阶层之间缺乏公平流动机制的社会结构。

一方面是社会强势集团，位于上层的利益既得者在权力和财产权上占据着垄断地位，他们千方百计地让自己的后代承袭着权力和财富，“官者”利用自身资源优势让子女接受更好的教育、享受更多的就业机会，“富者”通过财富的传递，让自己的孩子过上富足的生活；另一方面是社会弱势群体，不仅在政治、经济和文化领域都被边缘化，缺乏改变自身命运的机会和机制。例如，本希望通过教育跳龙门的“寒门贵子”，在教育资源本就分布欠均衡以及在大学生就业难的大背景下，反而成为“毕业即失业”的“啃老族”；本希望结婚生子安稳过日子，高房价让他们成为“蚁族”和“房奴”；本指望自己的孩子出人头地，但高额的育子成本让一般民众望而生畏，等等。

当下，家庭背景成为就业过程中一道不断升高的“隐形门槛”，社会成员一出生就被烙上“穷人”、“富人”的印记，家庭背景和人脉关系而非个人能力可能决定其一生的成败。普通人家的子弟，因为其父母没有金钱和权力，或许难以进入社会上升通道，而有着强大社会资源的富有家庭的孩子，则可能轻松获得体面的工作、较高的收入以及更广阔的发展空间。这种状况不仅影响就业公平，在当今就业形势严峻的情况下，进一步加剧由社会底层向中间阶层以及更上阶层流动的难度。

分层并不可怕。是“分层差异”产生的动力，让人们为了向上层流动而努力奋斗，让人们不断创造物质财富和精神文明，并获得社会的认可与“擢升”。如果随着社会的发展，每个人都有向上流动的机会和希望，那么整个社会就会充满活力、充满希望。但阶层的固化则是可怕的。社会阶层固化就会带来两大恶果：一是整个社会流动陷入僵化，长久下去这个社会将失去生机和活力甚至出现断裂；二是对立情绪日益激化，如果矛盾不能及时有效地化解，社会关系随时可能擦出火花。

阶层固化与权力世袭的社会没有赢家，社会也必将付出惨痛的代价。底层民众向上流动的路越走越窄，希望破灭，这对整个社会来说，无疑是危险的。当底层民众失去改变命运的希望，当富裕被垄断，贫困被世袭，社会情绪的对立与仇视就难以调和，社会的稳定便难以维持。

专栏 4-3 权力世袭固始县成“故事县”

河南省固始县在 2008 年全县选拔正科级干部和县局级干部任用中，最后确定的 12 名乡长大多是当地官员亲属，难免给人“继承”之感。固始县委常委、组织部长回应，情况属实，“但是他们都是符合程序，经过大范围的公选后出来的，他们具备了当选的条件，难道官员之后就无权当选了么?”

固始县真会讲故事，这样的回应充分表现了权力的霸道。是的，官员之后有权当选，问题是，确定的 12 名乡长大都是官员之后，难道就只有官员之后才会当官? 全县那么多人口，官员能占几何，难道说在固始县真的存在“龙生龙凤生凤”，只有“官二代”才会当官，而“民二代”只能做百姓?

应该说，公选是对传统干部提拔任用制度的有效创新。传统的制度，显然可以“暗室”形容之，在固有模式下，到底什么人该上，什么人不该上，这里面的偶然因素、人为因素太多，而且“官一代”在其中的影响很大，甚至不排除其中有权力交易，互为方便的可能。因而，传统的模式也更容易造成“官二代”上、“民二代”让的格局。正是出于打破传统官弊的希望，这才有了公选制度的登场，而这显然凝聚了更多的民意期待。

公选公选，顾名思义，不仅要公开而且要公平公正。从人口概率来讲，一个县的官员尤其是曾经或者正担任重要职务的，其数量终究是有限的，体现在最终的当选结果上，他们的子女可以有当选的，但肯定不会成为主流，更不会占绝大多数。固始县 12 名乡长，最后居然大多是官员亲属，显然是不正常的。这样的公选结果，明显有违公选制度设置的初衷。

一个良性的制度为何也出现这么多的问题? 这到底是制度设置不够完善，还是执行环节出现了问题? 按照“故事县”组织部长所说，“只要符合条件就能自荐，这些领导干部的亲属，在岗位上也是有足够的资历”。姑且将其当真，但让人狐疑的是，难道就只有"官二代"符合条件？当然也不无可能，与"民二代"相比，"官二代"们毕竟有着太多的机会进入官场，有着更多的机会脱颖而出。而这，显然就是网友所诟的权力继承之本质。

公选之下，"固始县"竟然成了"故事县"。显然，这样的公选难以服众，而组织部长的回应，也是徒增笑耳。只是这样的笑，苦中含涩，过于沉重，有关部门当深思之。

资料来源：http://news.xinhuanet.com/comments/2009-08/26/content_11941285.htm.

(三)阶层自我认同偏下引发社会结构紧张

从个体的角度看，人们不仅是客观地存在于某一阶层位置之中，而且还会自我标签、自我认同自己的阶级归属或社会地位归属。阶层认同，指的是个人对自身在社会阶层结构中所处的位置、地位的主观认识及其所形成的归属感。作为阶层认同的判断，它是个人对自我存在、他人存在以及社会存在等不同参照物的比较而形成。阶层认同是与阶层边界彼此关联的。目前，在各行业、职业中人们正是从这种边界中萌发了"我们"或"他们"的阶层意识。而"我们感"与"他们感"是群体或阶层自我认同的基本因素。

对此，中国社会科学院社会学研究所所长李培林指出，前几年的调查显示，我国认为自己属于中层的还不到40%，认为自己属于中下层、下层的占了将近55%，全世界都没有像我国这样的调查结果。从世界范围看，日本在所有发达国家中，收入分配差距一直是比较小的，日本有将近60%的人认为自己属于中层。巴西的收入差距比我国还大，但也有将近60%的人认为自己是中层。这种现象概括为"阶层认同偏下"。与此形成对照的是，印度收入差距也很大，在印度孟买、新德里，如同纸糊的贫民窟和高高矗立的玻璃大楼并存，即便如此，还有60%的人认为自己是中层。[9]冯仕政以"中国综合社会调查"(Chinese General Social Survey，简称CGSS)所获取的数据为基础，也得出了同样的结论。调查结果显示，自认为属于"下层"或"中下层"的比例出奇的高。不管是关于个人地位的认同，还是关于家庭地位的认同，不管是城乡分计还是城乡合计，这个比例都在50%以上，最高的达到69.9%，并且这个比例还逐年攀升。[10]

一些人没有将自己归入匹配的阶层当中，这种“阶层认同偏下”的出现，其背后有一定的经济、社会原因。其一是贫富差距日益拉大，人们对于不平等程度的忍耐力减弱；其二是中产阶层显露出真实的脆弱性；其三是在权力与资本勾兑出的财富光圈面前，许多局外人自感个体的渺小，乃至陷于自卑。

目前社会资源的分配仍欠公正，部分行业的行政垄断还很严重，特别是一些地方政府和有关部门，不合理地将利益地方化、部门化，使本该被更多人分享的成果集中在少数人手里。在强势群体面前，很多人都感觉到自己的无助与弱小。同时，当前居高不下的房价、教育及医疗领域不菲的费用，加上物价压力等诸多原因，再叠加阶层固化导致的底层向上流通的渠道阻塞，使得很多人对其发展前景不抱乐观态度。

“阶层认同偏下”正是社会结构不尽合理，以及社会结构的现代化滞后于经济结构现代化的一个表现。目前，一些既得利益群体的力量还正在试图固化现有的社会结构。经济领域的转型已经不易，社会领域的建设更显得“跛腿”。一个稳定的社会必然是“橄榄形社会”，而不是“金字塔形社会”或“倒丁字形生活”。

这种由于“阶层认同偏下”导致的“金字塔形社会”或“倒丁字形生活”社会结构，由于其下层群体过大，而且下层与其他群体之间属于一种两极式连接方式，因而导致社会群体之间以致整个社会处于一种“结构紧张”状态。[11]在这种状态下，社会矛盾比较容易激化，社会问题和社会危机比较容易发生。对中国的稳定和发展来说，“底层认同”的扩大是一个值得注意的警讯。

>> 五、农民工与城市居民的鸿沟藩篱 <<

农民变市民，是城市化过程的必然现象。自从农民工问题成为中国社会的大问题以来，让农民工融入城市生活、拉近农民工与城市居民之间的心理距离和社会距离，就成为政府和全社会共同努力的目标。2004 年中央“一号文件”首次提出“进城就业的农村劳动力已经成为产业工人的重要组成部分”，把农民工正式列入了产业工人的队伍。2006 年颁布的《国务院关于解决农民工问题的若干意见》，形成了较为完整的农民工工作政策体系。各地也因地制宜，在推进农民工市民化方面进行了很多有益探索，取得了很大的成效。

但根据中国青年报社会调查中心对 7 688 人进行的一项在线调查显示，79.5%的受访者坦言当下城市中农民工与城市居民间的区隔依然严重。其中，20.6%的人认为“非常严重”，58.9%的人觉得“比较严重”，另有 16.2%的人选择“不太严重”或“不严重”。农民工与城市居民间的区隔具体表现在哪些方面？调查中，71.7%的受访者选择“文化程度”，65.7%的人认为是“消费水平”，65.6%的人选择“居住条件”，57.2%的人选择“文化生活”，46.3%的人觉得是“身份地位”。为何农民工与城市居民间存在区隔？调查中，排在首位的是“大多数农民工从事的工作受到歧视”(60.7%)，其他还有“农民工受教育程度较低”(58.9%)，“文化习惯不同”(57.1%)，“双方享有的权利不平等”(56.8%)，“城市居民的包容度不够”(43.1%)，“政府对农民工的扶持和照顾不够”(40.0%)。[12] 可见，总的来看，目前，保护农民工合法权益的机制还没有形成，农民工管理制度还受制于城市二元体制的影响，农民工与城市居民间还存在系列鸿沟。

(一)制度安排阻滞农民工融入城市

随着我国城镇化、工业化的不断发展，越来越多的新生代农民工进入城市，成为我国产业工人的主体。而城市还没有完全做好接纳他们的准备：在户籍管理、社会福利、就业安排等方面仍然存在诸多制度门槛。可以说，制度不完善、不公平是当前制约农民工融入城市的首要因素。

农民工融入城市面临的制度鸿沟首先来自城乡二元的户籍管理制度。以户籍制度为核心的城乡二元体制长期以来是我国社会结构的主要特征。改革开放以后，城乡二元体制受到了冲击和弱化，但户籍制度及与之相关的社会保障、劳动就业、教育和社会福利制度依然存在，直接限制了农村人口成为永久性城镇居民。[13]

户籍制度使进城农民工难以获得与城镇市民平等的就业、居住权利，分享教育、医疗、社保、公共服务或福利的权利，以及参与社会管理的权利。一些政府管理者只把农民工看作为城市做贡献的廉价劳动力，不像对待具有城市户口的居民那样，重视他们的权益保护，相反尽量减少为他们服务的社会成本。

其次，劳动力市场制度是农民工融入城市面临的另一制度鸿沟。城乡分割的劳动力市场制度使进城农民工必须办理城市暂住证、就业证、计划生育证、外来务工证等证明。这些证件的办理无疑增加了农民工经济成本，也人为地造成城乡用工隔阂。目前中国劳动力市场城乡分割的存在主要不是经济的原因，而主要是制度、政策的隔离。一些城市对劳动力户籍、从业行业、雇用数量等都做出硬性规定，农民工只能从事那些工作稳定性差、劳动强度大、收入低、无保障、无福利的边缘性职业和岗位，绝大多数在非正规经济部门就业。与城市职工相比，他们的工作环境、工资待遇明显低于城市职工的总体水平，大部分缺失必要的劳动保护，为了工作加班加点。农村流动劳动力的就业限制和歧视，在短时间内还难以消除。它使我国劳动力市场规模难以通过无障碍流动而迅速扩大，也不可能使劳动力在市场竞争中获得平均价格。其结果是农民工很难融入城市，人为导致城乡隔离。

(二)社会歧视使农民工与城市社会产生隔阂

社会排斥概念发源于欧洲，其中一个重要的原因是欧洲历史上面临社会分化的危机，今天，社会排斥越来越强调社会连接的断裂。社会排斥概念指向一个社会中存在社会层级的危机，或者它表明了社会分化在经济之外的意义，包括社会连接的断裂、社会层级的危机、福利依赖层的重新组合等。

长期存在的城乡二元社会不仅在社会结构、制度层面阻碍了农民工的实现身份和观念转变，而且也导致了城市市民对农民工在心理、行为等日常生活中的社会排斥。可以说，今天中国对农民工社会性歧视既是既定制度设计的衍生物，也是当下城市心理的一种自我建构，它是社会群体因素、制度因素和网络因素综合影响的产物。城乡分割的二元社会体制的存在，使城市居民享受到各种优惠政策的眷顾，也就形成了城市居民自身的城市优越感，认为城市人是“一等公民”，而农民工是“二等公民”。在城市居民的观念中，城市是城里人的城市，不是乡下人的城市。与当下的制度安排相对应，许多城市居民在宏观层面上对农民工对城市所作的贡献视而不见，看到的都是微观层面上农民工的负面行为。在日常生活中，城市居民在农民面前也多以城里人自居，而用“乡下人”“乡巴佬”等带有歧视性的词语称呼农民工，歧视农民工现象时有发生，而且认为农民工素质低下，将城市治安、市容问题以及城市失业问题归于农民工的存在，这些社会性排斥的存在妨碍了市民化战略的推进。

农民工就其职业而言，他们是实实在在的工人，并且已经成为中国产业工人的主要群体；农民工就其工作生活空间而言，是城市发展不可缺少的一部分。但职业身份与社会身份的错位，角色转换和身份转换的分离以及城乡文化上的差异造成农民工自身身份认同的不明确。农民工在城市中缺乏可靠的能为自己提供帮助的亲属邻里关系和其他社会关系网络，没有可以利用的稀缺资源或特殊等价物参与到城市更广泛的社会交换中，再加之受教育的程度低、对陌生的城市生活的心理准备不足，这些都弱化了农民工对城市生活的认同感和归属感。而社会性歧视进一步催化和强化了农村流动人口的“流动性”，甚至形成“游民化”的社会认同，导致了农民工在城市中的过客心理，因为不必对城市负责，农民工在城市中感到孤独和无助，产生认同危机，使农民工市民化陷入困境。农民工在城市中很容易产生行为失范和越轨行为，从而引发城市社会的不稳定，导致反社会情绪和失范行为取向。

(三)社会管理体制滞后制约农民工的市民化进程

社会管理是新形势下政府职能的重要内容。当前我国政府社会管理行为和社会管理措施陈旧，一些地方领导干部只重视经济增长，对社会民生建设缺乏兴趣和热情，对常规化和科学化的社会管理研究不多。在理念上重视强势群体权利、轻弱势群体权利保障的现象仍然存在。在社会管理中也就有意无意地把服务和执法的天平倾向了强势群体一边。目前的社会管理实践中，城市社会对农民工的态度基本上不是主动欢迎，而是被动应对，城市对农民的开放领域和程度都有着明显的应急性特征，突出表现在对农民工的社会管理制度创新滞后，从本质上仍未摆脱防范为主的管理理念。

当前我国正处于工业化、城镇化快速发展的阶段，城乡经济结构、人口结构、社会结构快速调整期，而我国的社会管理体制不适应这种变革的需要，社会管理方式还不够灵活，公民对社会管理的参与还不够社会。

中央明确提出要构建“党委领导、政府负责、公众参与、社会协同”的社会管理新格局。但是很多地方政府仍然是社会管理的唯一主体，社会组织管理体制滞后，社区建设和管理体制改革进展缓慢。社会管理的具体问题表现在：

一是社会组织不发达，现有的大多数社会组织带有较浓的官办色彩，缺乏能够代表农民工利益的社会团体，大量的城市外来人口特别是农民工基本上游离于社会组织之外，成为“漂泊的社会人”；二是社区组织作用有限，社区治理主体单一化、行政化，社区自治功能难以有效发挥；三是城市管理、社会治安、流动人口管理等体制不适应大规模人口流动的需要；四是利益表达和矛盾调处机制有缺陷，有效的利益表达机制和矛盾调处机制尚未完全建立，农民工的利益表达渠道阻滞，社会强势群体掌握着较强的话语权，影响政府对农民工的政策走向，政府措施难以反映农民工的意见和呼声。这些问题相互交织，不断扩大，严重阻碍着农民工融入城市的进程。

第五章　数字鸿沟：加剧社会鸿沟

当今时代，信息化浪潮震荡着人类社会生活的每一个层面，引发了前所未有的社会转型。以互联网为特征的信息化的勃兴正在打破传统社会的政治、经济和文化障碍，极大地提升了社会生产力，引起了社会政治经济的革命性变化，促进了民主政治的发展。但是，随着信息化进程的不断深入，数字鸿沟日益凸显，成为产生新的社会不平等的引擎，成为各国政府、国际组织以及其他社会力量关注的焦点。

>> 一、数字鸿沟及其特征 <<

对于什么是数字鸿沟，有几种比较典型的看法：美国国家远程通信和信息管理局在 1999 年《在网络中落伍：定义数字鸿沟》报告中指出，数字鸿沟是信息富有者与信息贫困者之间的两极化趋势，即信息分配与有效使用的资源在不同人类群体之间的"实质性不对称"，有效获取知识与信息方面存在着"技术上的差距"。两极化趋势的后果则是发达国家与发展中国家之间，国家内部、区域之间以及不同人群之间产生事实上的不平等。美国社会学家阿方索·莫利纳认为，数字鸿沟是指人们在接触信息与通信技术上所表现出来的一种绝对可以量化的差距，或者说，它是不断加深的相对贫困与社会排斥问题内在固有的因素和后果。诺里斯认为，数字鸿沟包括三个层面，首先是"全球鸿沟"，指的是工业化国家和后进国家之间在网络接入上存在的差距；其次是"社会鸿沟"，关注的是在每个国家内部信息富有者和信息贫穷者之间存在的差距，着重于人们在信息分配和使用上的不平等性；最后是“民主鸿沟”，强调的是人们在是否使用数字技术参与公共生活方面的差距。国内学者胡鞍钢认为，互联网在全球范围内的普及是一种极不平衡的扩张，出现了国家之间以及一个国家内部不同地区的普及差距，这就是数字鸿沟。胡延平认为，数字鸿沟是在全球数字化进程中，不同国家、地区、行业、企业、人群之间，由于对信息、网络技术的占有和应用程度不同所造成的“信息落差”、“知识分隔”和“贫富分化”问题。本报告认为，数字鸿沟是指在全球数字化进程中，不同国家、地区、社会群体、企业及个人因拥有信息工具和运用信息工具的能力上存在差距，从而导致在发展机遇上的落差，综合反映了经济社会中一系列经济、社会、政治和文化问题。

数字是指以传真、计算机、移动电话和国际互联网为代表的新兴信息工具，最初用来衡量的主要技术对象是互联网，后来不少学者逐步加入电话、彩色电视机、有线电视、电脑、传真机等现代信息技术。传统信息工具(包括收音机、电视、电话、有线电视等)则不在数字鸿沟考察范围之内。在信息通信技术高歌猛进的推动下，电脑、互联网等新兴信息通信工具高速成长，并快速渗入到经济、技术、社会、政治、法律等领域，促使这些领域日益数字化，被称为数字鸿沟产生的背景。由于各国(地区)及其内部经济发展水平差异在信息时代的延续，经济发展水平高的国家和地区，相应的人均GDP、技术水平和教育水平等也高，从而具有较高的信息工具普及率和信息技术应用能力，并因此成为数字鸿沟产生的原因。因此，数字鸿沟的本质，是以国际互联网为代表的新兴信息通信技术在普及和应用方面的不平衡现象。这种不平衡不仅存在于不同地理区域、不同国家之间，同时也存在于一国内部不同地区和不同人群之间。

数字鸿沟具有下列几个属性：一是数字鸿沟具有多样性和普遍性。数字鸿沟不仅存在于不同的国家之间——国家之间的数字鸿沟，而且存在于同一国家的不同地区之间——国家内部的数字鸿沟(根据考察对象不同，又有城乡数字鸿沟、地区数字鸿沟、年龄数字鸿沟、性别数字鸿沟、种族数字鸿沟、收入数字鸿沟、教育数字鸿沟、企业数字鸿沟、行业数字鸿沟等)；不仅存在于信息技术的开发领域，也存在于网络数字信息技术的应用领域。二是数字鸿沟具有综合性。从技术层面来看，数字鸿沟是技术鸿沟，信息通信技术本身的特点影响其普及和扩散；从社会层面看，数字鸿沟就是社会鸿沟，是传统社会分化现象在信息网络时代的延续；从经济层面看，数字鸿沟是经济鸿沟，不仅仅是各主体之间经济水平的不平等和不平衡在网络经济中的体现，同时也造成贫富差距的进一步恶化；从知识层面看，数字鸿沟是知识鸿沟，是不同群体在获取和利用知识的能力上存在的差距。

数字鸿沟的形成和发展，对社会政治、经济产生重要后果，信息工具普及率低的国家、企业及个人将在信息时代处于不利地位。就欠发达国家而言，它将再次错失追赶发达国家的机会，从而加剧旧的南北差距，形成新的南北问题；就企业而言，它将不能适应新的生产经营环境，最终会被残酷的市场竞争所淘汰；就个人而言，它限制了一部分教育机会、就业机会、民主参与机会，即限制了一部分人的基本权利，强化了社会不公。

专栏 5-1　数字鸿沟溯源

数字鸿沟，英文表述为“digital divide”、“digital gap”或者“digital division”，本义是数字距离、数字差距或者数字分裂，有人还译为“知识沟”、“数字分化”、“信息鸿沟”、“知识分化”、“信息分化”、“数码沟”、“数位落差”或“数位隔离”。

“数字鸿沟”这个概念可以追溯到 20 世纪 30 年代，当时欧美发达国家对电话的使用日渐增多，同时各国国内不同地区、不同阶层、不同人群电话普及程度的分化也随之扩大。电话的普及和使用程度的差别对人们工作、生活的影响日益明显，这迫使西方国家采取措施推广和普及电话，努力消除“电话鸿沟”(Telephone Gap)现象。

早在 1980 年，联合国教科文组织的 Mc Bride 的报告就阐述了计算机信息应用能力以及国家与国家、人和人之间可能出现的信息富有和信息贫穷问题。1990 年，美国著名未来学家 A. Toffler 在《权力的转移》一书中，提出了“电子鸿沟”的概念。此后，美国 Markle 基金会前总裁 Lloyd Morrisett、美国前副总统戈尔、Dinty Moore 等人都在不同场合与文献中提到相关的概念，还有学者认为“数字鸿沟”的概念正式提出于 2000 年 7 月在日本冲绳八国集团首脑会议通过的《全球信息社会冲绳宪章》。

比较统一的认识是，“数字鸿沟”出现于1995年后美国国家远程通信和信息管理局(NTIA)发表的《在网络中落伍》(*Falling Through The Net*)的系列报告，即1995年的《在网络中落伍之一——一项对美国城市和乡村中的未曾拥有者的调查》，1998年的《在网络中落伍之二——数字鸿沟的新数据》，1999年的《在网络中落伍之三——定义数字鸿沟》，2000年的《在网络中落伍之四——走向数字化》。可以肯定的一点是，正是由于NTIA这四份重要的报告，引起了国际社会对数字鸿沟问题的重视。2001年11月，联合国秘书长安南宣布成立信息与通信技术工作组，其主要任务就是研究缩小数字鸿沟的对策。随后，在多次联合国召开的有关会议中就这个问题进行了讨论，并拿出了相关措施。

资料来源：根据相关资料整理。

数字鸿沟具有以下特征：

第一，经济属性。地区间的经济发展不平衡造成了地区间推进信息化经济条件的巨大差异和不同地区居民之间接触数字新媒体机会的严重不均。因此，一个国家内的不同阶层、不同地区间经济水平的差异是造成一个国家内部数字鸿沟的重要原因。经济属性是数字鸿沟的首要特征。

在美国，贫富差距自1973年以来已经达到创纪录的水平，信息化进一步推动财富在信息技术所有者、企业家和金融家中的高速聚集，比尔·盖茨等网络巨子富可敌国，无缘或不能掌握网络技术的公民极易沦为赤贫或堕入社会底层。位于鸿沟的不幸一方，就意味着更难于参与以信息为基础的新经济。在这种新经济中，更多的工作与计算机相关，这同时意味着获得较少机会参与教育、培训、娱乐、购物和交流的人可以在线得到这类机会。所以要消除一国内部的数字鸿沟，必须和经济发展联系起来，以消除经济发展的不平衡来缩小国内的数字鸿沟问题。

第二，技术属性。不同的技术在各个主体之间的差距表现出明显的差异。电报、电话、传真等传统信息工具的应用和普及方面的差距随着科技的发展而不断缩小，但是以国际互联网为代表的新兴信息传播技术的差距不断出现。一种技术上的不平等在减少，另一种技术上的不平等就会出现，比如互联网的速度和带宽的发展，当大多数人最后都能够通过电话线上网时，精英们可能已经进入了较高的网络空间。另外，互联网传输技术越灵活，不同的速度可以提供给不同的用途和用户，越容易实现以价格为基础的市场细分，这扩大了以互联网为基础的不平等。因此，数字鸿沟在很大程度上是由于技术的不断创新造成的。

第三，社会属性。不同年龄、不同种族、不同地理位置、不同性别、不同职业的个体和群体是否能够访问和使用互联网等信息通信技术，表现出社会的公平性，体现了社会包容和数字民主，数字鸿沟的存在无疑导致了部分弱势群体的边缘化。造成数字鸿沟的社会因素包括：①传播技能上的差异；②已有知识存储量的差异；③社交范围的差异；④信息的选择性接触、选择性理解和选择性记忆的因素；⑤大众传播媒介的性质。

1998年，克林顿政府提出了Closing Digital Divide（消除数字鸿沟）的发展目标，试图通过大众媒介和其他手段来普及计算机和互联网知识，改善低收入人群的受教育条件，然而并不成功。因为克林顿政府普及计算机和互联网知识的努力，的确在低收入和文化程度不高的群体产生了传播效果，但是对大众传媒中传播的计算机、互联网知识接触和利用最多的还是那些相对富裕的和受过高等教育的人群，以缓解受教育不平等为目的的大众传播活动，实际结果却是扩大了两者之间的数字鸿沟。这些都表现出数字鸿沟强烈的社会属性。

专栏5-2　莫德斯托乡镇的数字鸿沟

要了解其中的原因，就必须研究我所说的数字生产鸿沟，生产障碍不仅仅是能否上网的问题，即使在网民中，网上活动也存在着明显的阶级差别，甚至可以解释其他人口因素。据调查，距美国旧金山90英里的莫德斯托乡镇，网民的民族和种族都无法解释数字内容产生的差别。该乡镇中公民新闻记者偏少，与多数居民的教育程度和收入偏低有关。微薄的收入减少了人们接触数字工具和网络内容生产设备的机会。而且，受过大学教育的网民比高中毕业的网民在网上发视频和照片的可能性大1倍。博客作家中拥有大学学位的人比只有高中文凭者多1.5倍。

在新闻媒体的这次转型中损失最大的是工人阶级。一方面，像其他调查性深度报道一样，对他们的报道大幅度减少了；另一方面，他们自己还无法适应和参与公民报道的新形式。

任何旨在缩小这种差距的办法都必须处理数字穷人和数字富人之间的社会经济鸿沟问题。像莫德斯托这样的城镇，提高公民上网和参与的能力或许建立在它处理贫富差距这个棘手问题的能力之上。否则，主导云计算的精英阶层将持续淹没边缘化人群的声音。

资料来源：[美]简·什拉迪. 技术并不会消除数字鸿沟[EB/OL]. 吴万伟译. 2012-01-06，http://qnjz.dzwww.com/gjmj/201201/t20120106_6855161.htm. 在原资料基础上整理而成。

>> 二、数字鸿沟的表现及其成因 <<

(一)数字鸿沟的表现

数字鸿沟存在于不同的国家之间，形成国家之间的数字鸿沟。数字鸿沟存在于同一国家的不同社会群体之间，形成国家内部数字鸿沟；根据考察对象不同，又有城乡数字鸿沟、区域数字鸿沟、年龄数字鸿沟、性别数字鸿沟、收入数字鸿沟、教育数字鸿沟、企业数字鸿沟、行业数字鸿沟等。

城乡差距、区域差距是现阶段中国数字鸿沟研究关注的重点，其原因在于，城乡、区域发展不平衡是中国发展面临的突出矛盾；城乡、区域数字鸿沟既是发展不平衡的结果和表现，同时也有可能成为进一步加剧其他已有矛盾的诱因；努力缩小数字鸿沟，有利于减缓乃至缩小城乡、区域间的发展差距[7]。为此，2006 年发布的《2006—2020 年国家信息化发展战略》明确提出要优先制订和实施的战略行动计划之一就是“缩小数字鸿沟计划”：“坚持政府主导、社会参与，缩小区域之间、城乡之间和不同社会群体之间信息技术应用水平的差距，创造机会均等、协调发展的社会环境。”

1. 城乡数字鸿沟

城乡数字鸿沟是指在城市居民与农村居民之间拥有和使用信息技术方面所表现的差距。从互联网、计算机、固定电话、移动电话和彩电 5 个指标进行考量。

2011年，农村网民规模为1.36亿人，比2010年增加了1 113万，占整体网民比例为26.5%。与2010年相比，农村网民占比下降0.8个百分点，其增幅依然低于城镇。近年来，中国农村网民比例在低位徘徊，其中有中国城市化进程加快、大量农村人口涌入城市等整体人口结构变动因素的作用，但农村居民自身缺乏电脑和网络使用技能是制约农村地区互联网发展的重要障碍。2011年有57.8%的农村非网民表示“不懂电脑/网络”是其不上网的原因，这一比例在城镇非网民中为45.7%。在大力改善农村地区互联网接入条件的同时，提升农民网络使用技能和意识也是缩小互联网城乡发展差距的重要手段(见表5-1)。

表5-1　互联网普及率差距与城乡结构

年份	2007	2008	2009	2010	2011
城镇网民(%)	74.9	71.6	72.2	72.7	73.5
农村网民(%)	25.1	28.4	27.8	27.3	26.5

数据来源：中国互联网络信息中心(CNNIC). 第29次中国互联网络发展状况统计报告.

专栏5-3　指尖触碰世界

过去十年，在不经意中互联网成为中国最为重要的基础设施之一，在国民经济和社会各领域中的影响和地位日益突出。中国互联网络信息中心此前发布的《第29次中国互联网络发展状况统计报告》显示，截至2011年12月底，我国网民规模达5.13亿，与2011年年底的3 370万相比将近翻了四倍，IPv4地址数量为3.3亿，互联网普及率达38.3%。

用指尖触碰世界——互联网的发展让世界更多地了解中国，也让中国更好地融入世界舞台。神九飞天、蛟龙入海等通过网络向海外直播，让全球震撼；应对金融危机、破解民生难题，中国的成功经验也通过网络让世界了解和借鉴。

用指尖触碰生活——互联网的发展融入衣食住行各行各业，极大地丰富和便捷了社会生活。敲敲键盘，个人理财、航班办理等各种信息悉数掌握；点击鼠标，吃饭购物、交通旅行等各种服务一应俱全。数据显示，截至2011年年底，我国网络购物用户规模达1.94亿人，网上支付、网上银行使用率也增长至32.5%和32.4%。

用指尖触碰心灵——互联网的发展让舆论变得更加自由，交流更加畅通。以微博为例，从“微博打拐”到“最美司机”，百余字的“微言”蕴藏着不可小觑的力量，互联网成了反映现实、弘扬社会真善美、共同抵制假丑恶的集结地。数据显示，截至 2011 年年底，我国微博用户数达到 2.5 亿，较上一年增长了 296.0%，网民使用率为 48.7%。互联网让民众拥有了一个发表意见的平台，找到了作为社会主角的感觉。它的影响正从民间走向更高层。

资料来源：用指尖触碰世界：我国互联网十年实现跨越式发展[EB/OL]，2012-07-13，http://www.miit.gov.cn/n11293472/n11293832/n11293907/n11368277/14698238.html.

2010 年中国城镇居民家庭每百户拥有计算机 71.2 台，比上年增加 5.4 台，增长 8.9%。农村居民家庭每百户拥有计算机 10.4 台，比上年增加 2.9 台，增长近 3.9%。从绝对差距看，2010 年城镇家庭每百户计算机拥有量比农村多 60.8 台，差距比上年扩大 2.6 台(见图 5-1)。

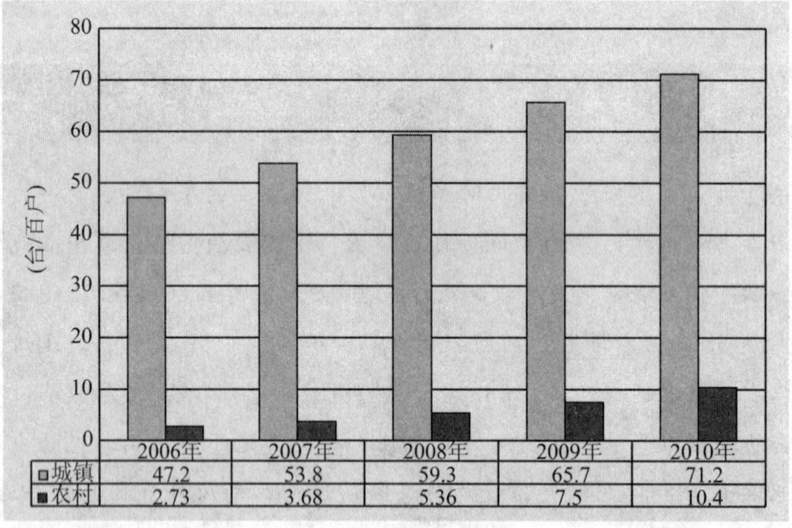

	2006年	2007年	2008年	2009年	2010年
城镇	47.2	53.8	59.3	65.7	71.2
农村	2.73	3.68	5.36	7.5	10.4

图 5-1　2006—2010 年我国城乡百户居民家庭计算机拥有量

数据来源：根据《中国统计年鉴》(2007、2008、2009、2010、2011)，国家信息中心“中国数字鸿沟研究”课题组《2010 中国数字鸿沟报告》整理计算得到。

从相对差距看，2010 年城乡计算机相对差距指数为 0.85(即农村落后于城市 85%)，表明城乡之间仍然存在非常明显的差距。从变化趋势看，城乡计算机相对差距从 2006 年的 0.94(即农村落后于城市 94%)下降到 2010 年的 0.85(即农村落后于城市 85%)，但下降速度缓慢，表明农村与城镇之间在计算机应用上仍然存在巨大的数字鸿沟。从变化趋势看，2006 年以来城乡计算机相对差距有缩小的迹象(见图 5-2)。

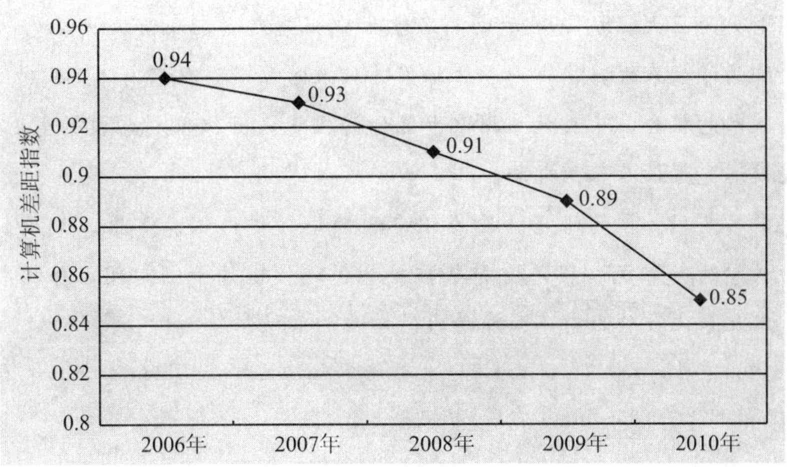

图 5-2　2006—2010 年我国城乡计算机相对差距指数

数据来源：根据《中国统计年鉴》(2007、2008、2009、2010、2011)，国家信息中心“中国数字鸿沟研究”课题组《2010 中国数字鸿沟报告》整理计算得到。

专栏 5-4　中国城乡教育信息化差距全世界最大

中国农村孩子在学习成绩上普遍差于城市学生，已成为不争的事实。2012 年 3 月 22 日，在由北京大学斯坦福中心举行的“用科技托起贫困地区儿童明天的梦想”国际研讨会上，农村教育行动计划(REAP)提出，电脑辅助教学乃是一条有效的路径。

REAP 团队曾对北京公立学校学生和陕西农村学校学生进行标准化数学测试，结果发现，农村学生的学业水平落后于城市学生两年。斯坦福学者 Scott Rozelle 提出，改善学生营养健康状况、提高师资质量、提供信息化的教学手段等，都是提高农村学生学业表现的可用方法。在其他发展中国家开展的评估调查显示，在贫困地区或是缺乏优质教学设备的环境中，装有优质学习软件的电脑能够显著地提高学生学习成绩。而中国城乡教育的信息化差距却是全世界最大的。

从学校电脑普及率来看，城乡差距在20%左右。农村学校要么没有电脑设备，要么有电脑，设备也常常是陈旧破损的。而这些电脑中，只有1/3安装了学习软件，但其中没有一款是与国家教学大纲配套的软件。家庭电脑普及率的城乡差距则更为巨大。调查显示，十名学生中买得起电脑的不足一人。而对这些拥有电脑的学生来说，很少一部分曾用电脑来学习，而且只有不到3%的学生有使用互联网的机会。中央计划用以十亿计的投资来升级农村学校的电脑设施，以实现校校通宽带，人人用电脑。

REAP希望用科学的研究结果为相应的政策提供依据。其第二期项目正将电脑辅助教学纳入常规课程，增加电脑数量、延长项目干预时间，并扩展了干预对象，以此来比较项目对不同年龄段的学生的效果。

资料来源：中国城乡教育信息化差距全世界最大[EB/OL]. 2012-03-22. http://finance.qq.com/a/20120322/006959.htm. 在原资料基础上整理而成。

2010年全国城乡固定电话用户进一步减少，城镇居民家庭固定电话普及率为80.9%，比上年减少1%；农村居民家庭固定电话普及率为60.8%，比上年减少1.9%(见图5-3)。

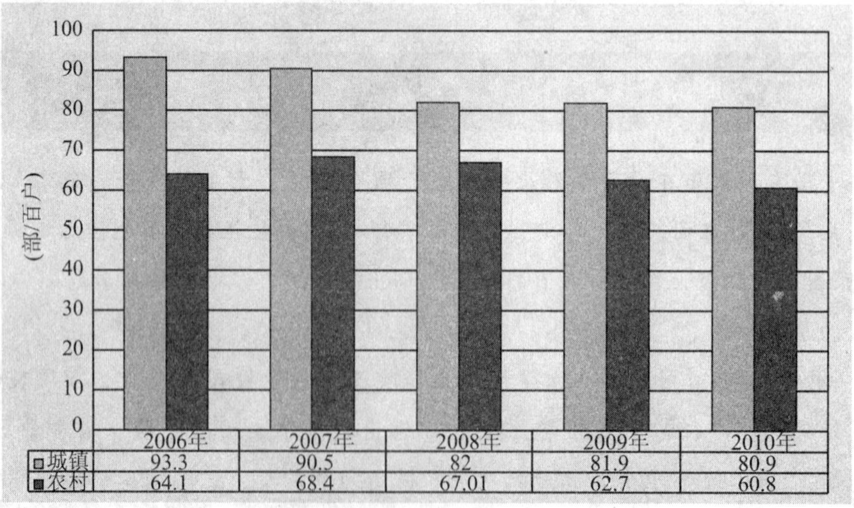

图5-3　2006—2010年我国城乡固定电话普及率

数据来源：根据《中国统计年鉴》(2007、2008、2009、2010、2011)，国家信息中心“中国数字鸿沟研究”课题组《2010中国数字鸿沟报告》整理计算得到。

从绝对差距看，2010 年城乡固定电话普及率绝对差距为 20.1%，比上年增加 0.9%，增加幅度达到 4.7%。城乡固定电话绝对差距从 2006 年的 29.2%一直下降到 2008 年的 14.99%，之后 2009 年、2010 年出现连续两年上升。城乡固定电话绝对差距加大。

从相对差距看，2010 年城乡固定电话相对差距指数为 0.25(即农村落后于城市 25%)，表明城乡之间仍然存在差距。从变化趋势看，城乡固定电话相对差距从 2006 年的 0.31(即农村落后于城市 31%)快速下降到 2008 年的 0.18(即农村落后于城市 18%)，之后呈现扩大趋势(见图 5-4)。

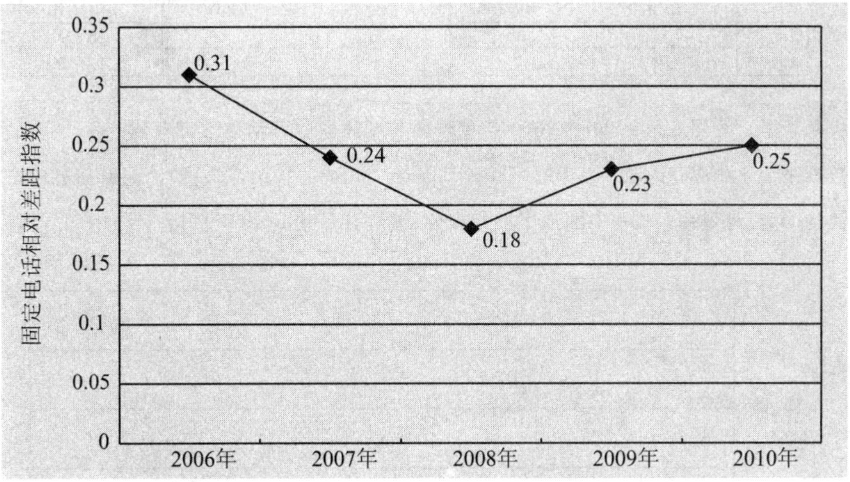

图 5-4　2006—2010 年我国城乡固定电话相对差距指数

数据来源：根据《中国统计年鉴》(2007、2008、2009、2010、2011)，国家信息中心“中国数字鸿沟研究”课题组《2010 中国数字鸿沟报告》整理计算得到。

2010 年城市居民家庭每百户拥有移动电话 188.9 部，比上年增加 7.9 部，增长 4.3%。农村居民家庭每百户拥有移动电话 136.5 部，比上年增加 21.3 部，增长 18.5%。从绝对差距看，2010 年城市居民家庭每百户拥有移动电话量高出农村 52.4 部，差距比上年缩小 13.4 部，表明城乡绝对差距呈缩小趋势(见图 5-5)。

从相对差距看，城乡移动电话相对差距指数从 2006 年的 0.59(即农村落后于城市 59%)一直在快速下降，到 2010 年下降为 0.28%(即农村落后于城市 28%)(见图 5-6)。

2010 年城镇居民家庭每百户彩电拥有量为 137.4 台，比上年增加 1.7 台，增长 1.25%，农村居民家庭每百户拥有彩电 111.8 台，比上年增加 2.9 台，增

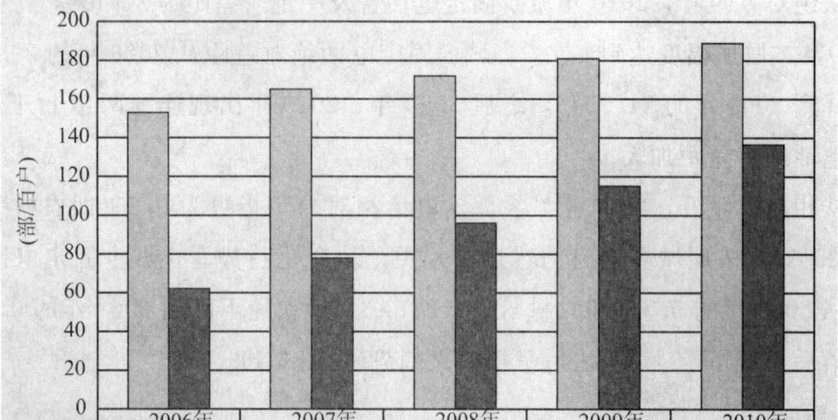

	2006年	2007年	2008年	2009年	2010年
□城镇	152.9	165.2	172	181	188.9
■农村	62.1	77.8	96.1	115.2	136.5

图 5-5　2006—2010 年我国城乡居民家庭移动电话拥有量

数据来源：根据《中国统计年鉴》(2007、2008、2009、2010、2011)，国家信息中心"中国数字鸿沟研究"课题组《2010 中国数字鸿沟报告》整理计算得到。

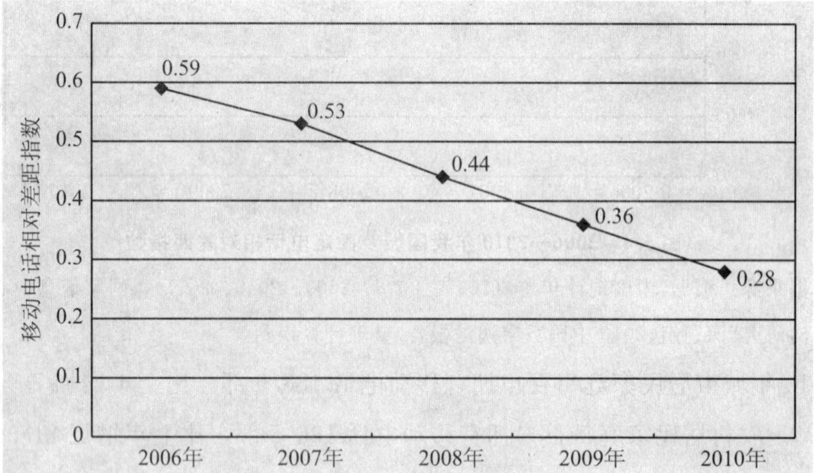

图 5-6　2006—2010 年我国城乡移动电话相对差距指数

数据来源：根据《中国统计年鉴》(2007、2008、2009、2010、2011)，国家信息中心"中国数字鸿沟研究"课题组《2010 中国数字鸿沟报告》整理计算得到。

长 2.67%。整体上看，中国城市彩电市场已基本饱和，而农村彩电市场比城市有更大的增长空间。受家电下乡政策的激励，近年来农民居民购买彩电的积极性趋高，城乡差距进一步缩小。从绝对差距看，2010 年城镇居民百户家庭彩电拥有量高出农村 25.6 台，比上年减少 1.6 台，差距有所减小(见图 5-7)。

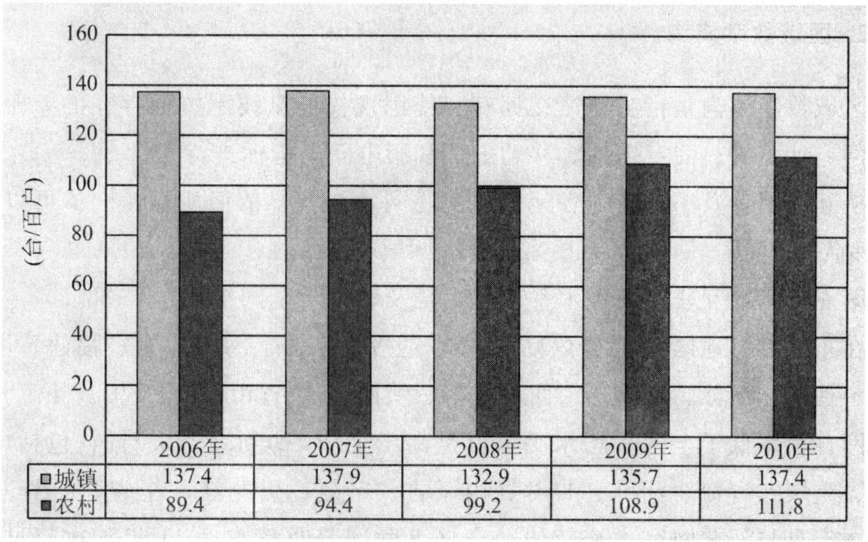

图 5-7　2006—2010 年我国城乡居民家庭彩电拥有量

数据来源：根据《中国统计年鉴》(2007、2008、2009、2010、2011)中国统计年鉴，国家信息中心“中国数字鸿沟研究”课题组《2010 中国数字鸿沟报告》整理计算得到。

从相对差距看，2006 年城乡居民彩电拥有量相对差距指数是 0.35(即农村落后于城镇 35%)，然后这一差距一直缩小，到 2009 年进入徘徊期，2010 年则相对差距指数为 0.19(即农村落后于城镇 19%)(见图 5-8)。

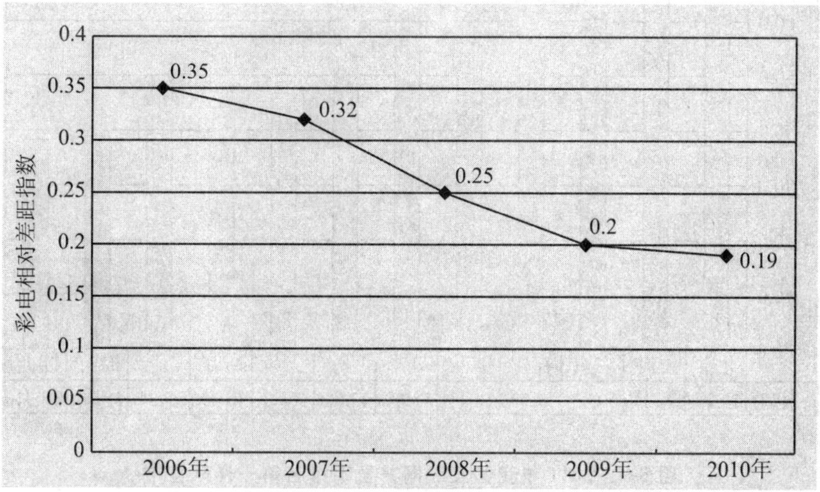

图 5-8　2006—2010 年我国城乡彩电相对差距指数

数据来源：根据《中国统计年鉴》(2007、2008、2009、2010、2011)，国家信息中心“中国数字鸿沟研究”课题组《2010 中国数字鸿沟报告》整理计算得到。

2. 区域数字鸿沟

区域数字鸿沟是指各地区在拥有和使用现代信息技术方面存在的差距。从互联网、计算机、固定电话、移动电话和彩电 5 个指标进行考量。

从互联网普及率上看，各地区的互联网发展差异依旧明显，大体可以分为 3 个梯队。

第一梯队：互联网发展水平较好，普及率高于全国平均水平 38.3%，主要集中在东部沿海地区和部分内陆省份，包括北京、上海、广东、福建、浙江、天津、辽宁、江苏、新疆、山西、海南、陕西 12 个省市(见图 5-9)。第二梯队：互联网普及率低于全国平均水平，但是高于全球平均水平 30.2%，包括山东、湖北、重庆、青海、河北、吉林、内蒙古、宁夏、黑龙江 9 个省(见图 5-10)。其中，宁夏与河北网民增速较快，宁夏互联网普及率在 2011 年首次超过全球平均水平。第三梯队：互联网发展水平较为滞后，网络普及率低于全球平均水平，集中在西南部各省和中部地区，包括西藏、湖南、广西、四川、河南、甘肃、安徽、云南、江西、贵州 10 个省市(见图 5-11)。

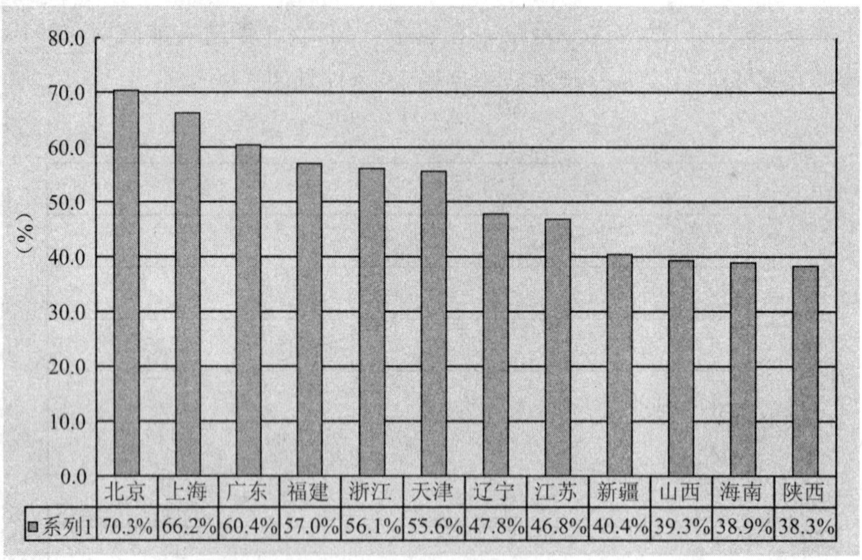

	北京	上海	广东	福建	浙江	天津	辽宁	江苏	新疆	山西	海南	陕西
系列1	70.3%	66.2%	60.4%	57.0%	56.1%	55.6%	47.8%	46.8%	40.4%	39.3%	38.9%	38.3%

图 5-9　2011 年我国互联网普及率排名第一梯队省市

数据来源：根据中国互联网络信息中心(CNNIC)《第 29 次中国互联网络发展状况统计报告》、国家信息中心“中国数字鸿沟研究”课题组《2010 中国数字鸿沟报告》整理计算得到。

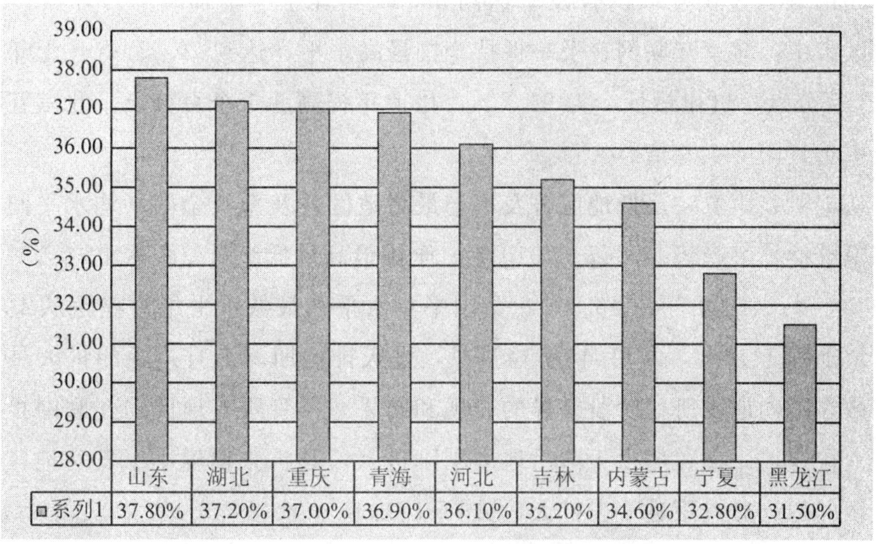

图 5-10　2011 年我国互联网普及率排名第二梯队省市区

数据来源：根据中国互联网络信息中心（CNNIC）《第 29 次中国互联网络发展状况统计报告》、国家信息中心“中国数字鸿沟研究”课题组《2010 中国数字鸿沟报告》整理计算得到。

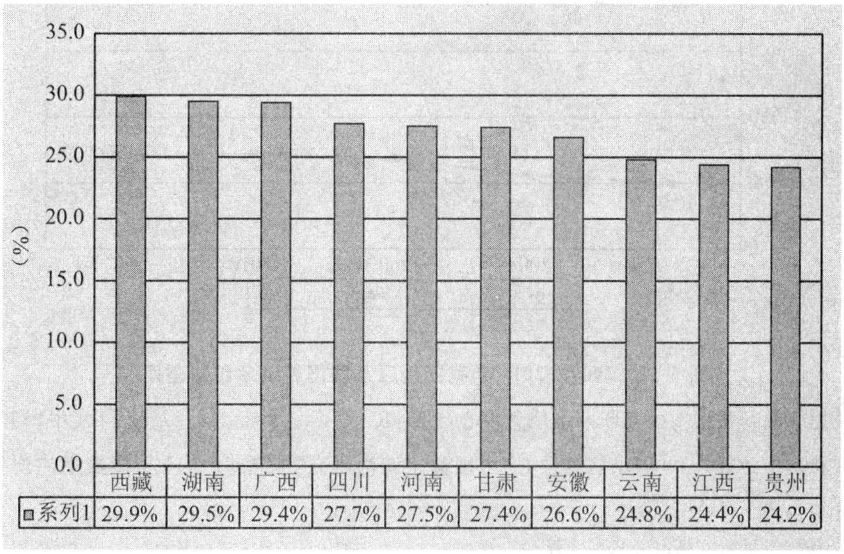

图 5-11　2011 年中国地区互联网普及率排名第三梯队省份

数据来源：根据中国互联网络信息中心（CNNIC）《第 29 次中国互联网络发展状况统计报告》、国家信息中心“中国数字鸿沟研究”课题组《2010 中国数字鸿沟报告》整理计算得到。

2011 年，全国互联网普及率达到 38.3%，比上年增加 4 个百分点。在 31 个省区市中，北京互联网普及率保持全国最高水平，达到 70.3%，比上年提高 0.9 个百分点；贵州最低，为 24.2%，比上年提高 9.1 个百分点。北京互联网普及率是贵州的 2.9 倍。

从绝对差距看，最低地区普及率与最高地区普及率及全国平均水平间的差距都呈继续扩大趋势。2007—2010 年，全国最高最低绝对差距从 40.6%一直增加到 50.5%，2011 年为 46.1%；全国平均水平和最低水平绝对差距从 10.0%一直增加到 14.5%，2011 年为 14.1%，进入徘徊期。绝对差距的扩大是互联网扩散在不同地区所处阶段差异的表现和结果。尽管所有地区的互联网扩散都已进入快速扩张期，但由于落后地区刚刚进入，其扩张幅度小于发达地区，致使地区间的绝对差距进一步扩大(见图 5-12)。

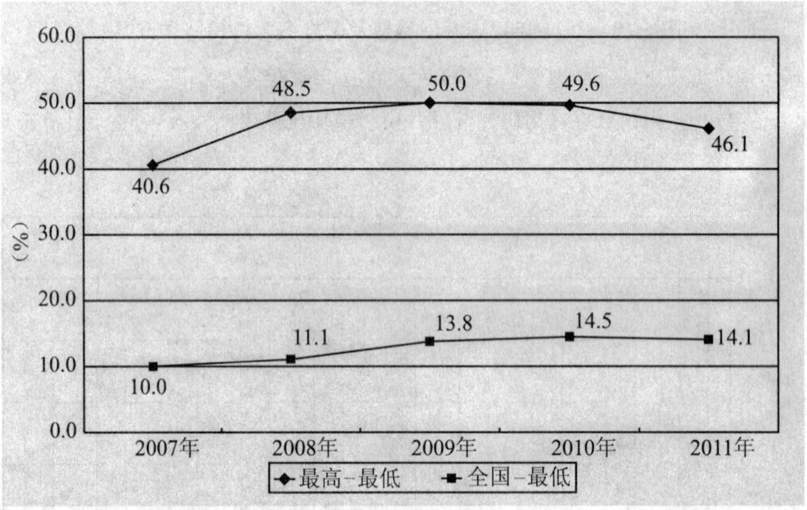

图 5-12　2007—2011 年我国地区互联网普及率绝对差距

数据来源：根据中国互联网络信息中心(CNNIC)第 21、23、25、27、29 次《中国互联网络发展状况统计报告》、国家信息中心"中国数字鸿沟研究"课题组《2010 中国数字鸿沟报告》整理计算得到。

区域互联网普及率相对差距出现一定幅度下降。2011 年地区互联网普及率全国平均水平与最低水平相对差距指数为 0.37(即最低地区落后于全国平均水平 37%)，比上年下降 5%。全国最高水平与全国最低水平相对差距指数为 0.66(即最低地区落后于最高地区 66%)，比上年下降 5%(见图 5-13)。

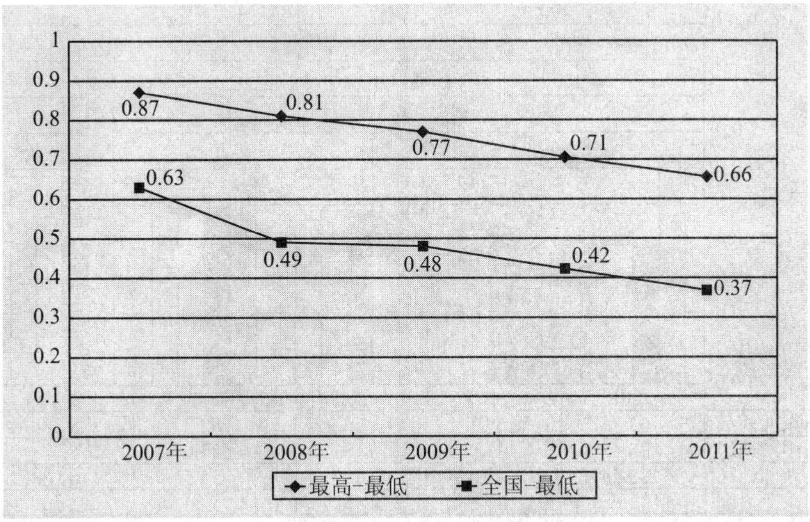

图 5-13 2007—2011 年我国地区互联网相对差距指数

数据来源：根据中国互联网络信息中心(CNNIC)第 21、23、25、27、29 次《中国互联网络发展状况统计报告》、国家信息中心“中国数字鸿沟研究”课题组《2010 中国数字鸿沟报告》整理计算得到。

受区域经济发展水平、家庭收入、教育水平等多种因素影响，地区间计算机普及率存在很大的差距。2010 年上海城镇家庭计算机拥有率同 2009 年一样保持最高，每百户居民拥有计算机 128.2 台(比上年增加 5.0 台)；西藏城镇家庭电脑拥有率全国最低，每百户居民拥有计算机 39.1 台(增加近 4.0 台)；最高地区城镇家庭计算机拥有量是最低地区的 3.3 倍(2000 年这一数据为 32 倍)。

东部、中部、西部、东北部城镇、农村计算机普及率都在增加，西部地区城镇和东北地区城镇增加速度较快，这是由于我国加快西部大开发和振兴东北老工业基地的成果。中部地区城镇增长一直缓慢。东北农村地区计算机普及率增长快于中部和西部地区，农村西部地区绝对量远远低于其他三个区域，说明西部农村地区经济发展水平、教育等远远落后于城镇地区，国家在加快西部开发力度的同时，应该兼顾城镇和农村的协调发展。总的趋势是，在城镇，计算机普及率在全国呈现从东部、西部、中部、东北部逐渐递减的趋势；在农村，计算机普及率在全国呈现从东部、东北部、中部、西部逐渐递减的趋势(见图 5-14、图 5-15)。

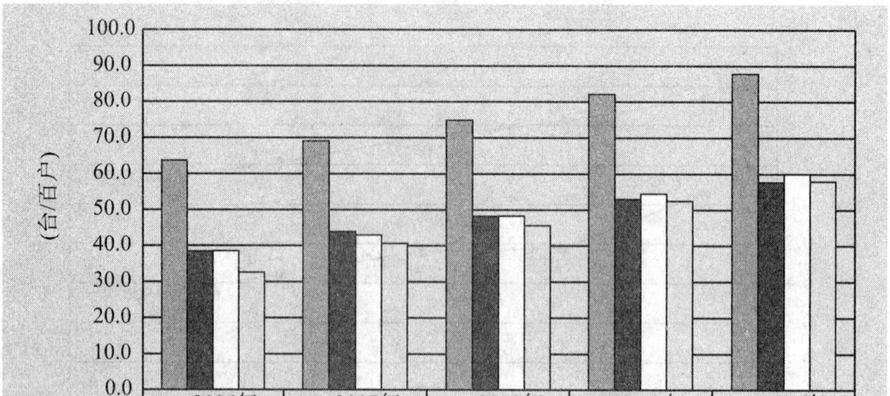

	2006年	2007年	2008年	2009年	2010年
东部地区	63.7	69.1	74.9	82.2	87.8
中部地区	38.4	43.9	48.2	53.0	57.7
西部地区	38.5	43.0	48.3	54.5	60.0
东北地区	32.6	40.6	45.7	52.5	58.0

图 5-14 2006—2010 年我国东部、中部、西部、东北部城镇家庭计算机拥有量

数据来源：根据《中国统计年鉴》(2007、2008、2009、2010、2011)，国家信息中心“中国数字鸿沟研究”课题组《2010 中国数字鸿沟报告》整理计算得到。

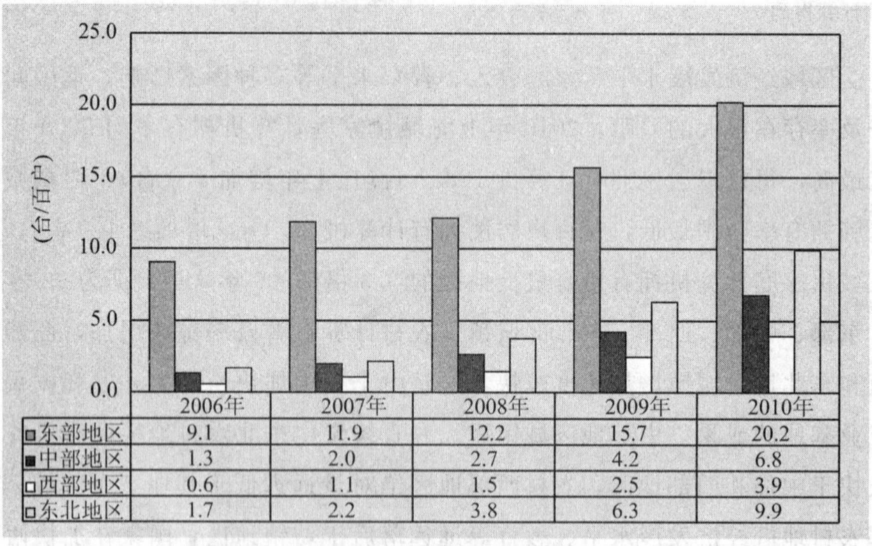

	2006年	2007年	2008年	2009年	2010年
东部地区	9.1	11.9	12.2	15.7	20.2
中部地区	1.3	2.0	2.7	4.2	6.8
西部地区	0.6	1.1	1.5	2.5	3.9
东北地区	1.7	2.2	3.8	6.3	9.9

图 5-15 2006—2010 年我国东部、中部、西部、东北部农村家庭计算机拥有量

数据来源：根据《中国统计年鉴》(2007、2008、2009、2010、2011)，国家信息中心“中国数字鸿沟研究”课题组《2010 中国数字鸿沟报告》整理计算得到。

在区域电话占有率上，截至 2011 年 11 月底，东部、中部、西部地区固定电话用户减少数量均有所下降。电话用户排名前十名的省份分别是广东、江苏、浙江、山东、四川、辽宁、河南、河北、安徽和湖南。其中广东位居第一名，用户数是 3 065 万户。排名前十名的省份中，也存在着鸿沟，即广东、江苏、浙江、山东东部沿海省份与其他 6 个中部省份之间的鸿沟(见图 5-16、图 5-17)。

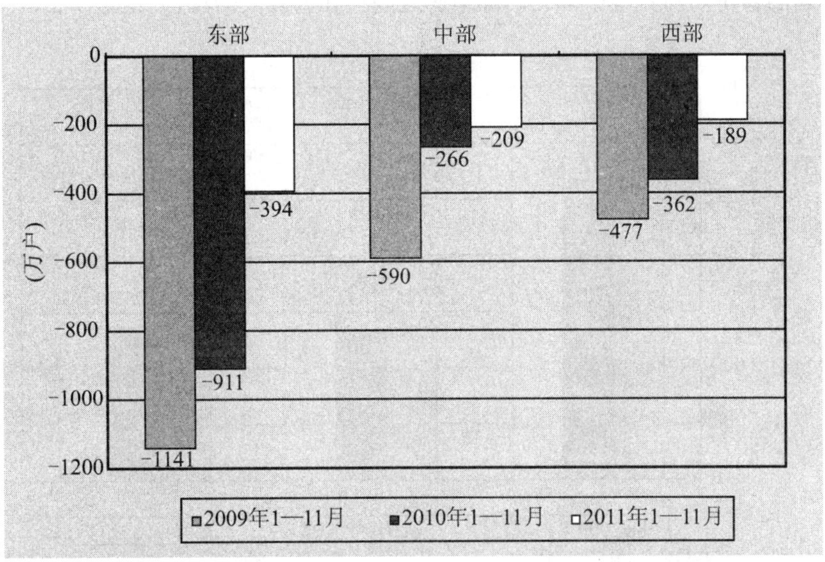

图 5-16　2009—2011 年我国东部、中部、西部净增固定电话用户

数据来源：2011 年 11 月通信业运行状况[EB/OL]. 2011-12-21. http://www.miit.gov.cn/n11293472/n11293832/n11294132/n12858447/14394833.html.

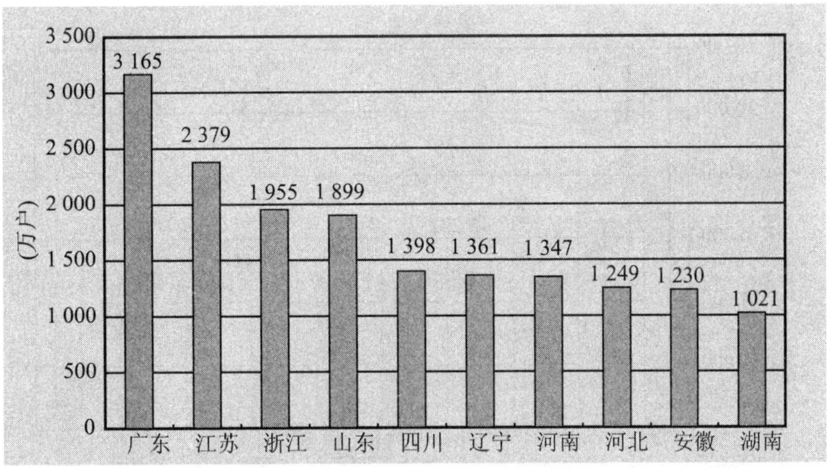

图 5-17　2011 年 11 月我国固定电话用户排名前十名的省份

数据来源：2011 年 11 月通信业运行状况. 2011-12-21. http://www.miit.gov.cn/n11293472/n11293832/n11294132/n12858447/14394833.html.

区域移动电话也存在差距，截至 2011 年 11 月底，东部、中部、西部地区净增移动电话用户进一步上升，东部地区最为明显。移动电话用户排名前十名的省份分别是广东、山东、江苏、浙江、河北、河南、四川、湖北、辽宁和湖南。其中广东省位居第一名，用户数是 10 693 万户。广东、山东、江苏、浙江东部沿海省份是排名前十名的省份，与其他中部、西部地区之间存在着较大的鸿沟(见图 5-18、图 5-19)。

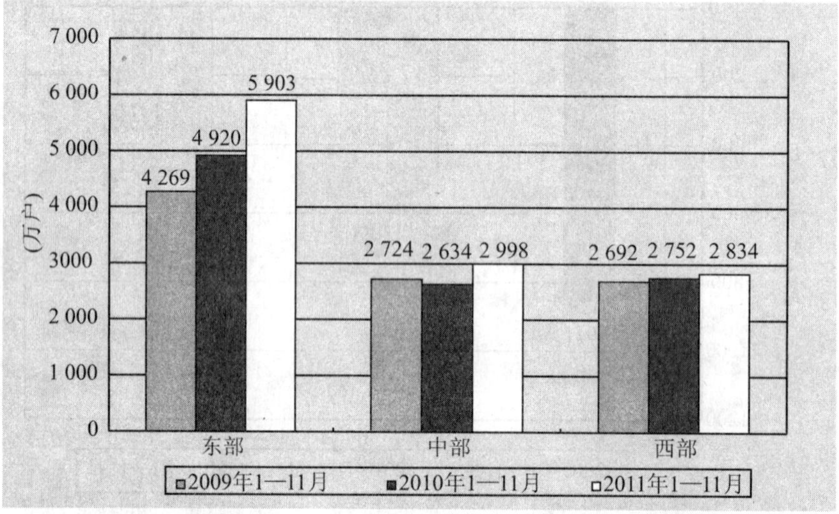

图 5-18　2009—2011 年我国东部、中部、西部净增移动电话用户

数据来源：2011 年 11 月通信业运行状况[EB/OL]. 2011-12-21. http://www.miit.gov.cn/n11293472/n11293832/n11294132/n12858447/14394833.html.

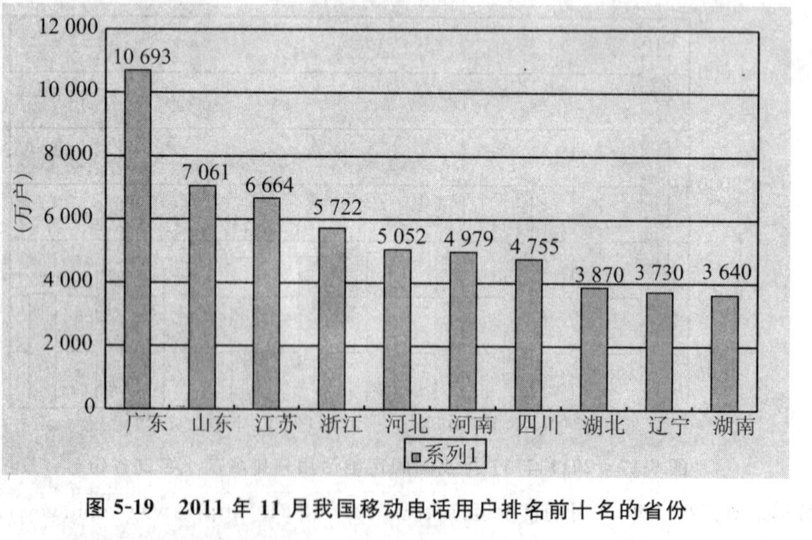

图 5-19　2011 年 11 月我国移动电话用户排名前十名的省份

数据来源：2011 年 11 月通信业运行状况[EB/OL]. 2011-12-21. http://www.miit.gov.cn/n11293472/n11293832/n11294132/n12858447/14394833.html.

在彩电的拥有率上，2010年上海城镇家庭彩电拥有率最高，为187.5台，宁夏城镇彩电拥有率全国最低，每百户居民拥有彩电105.2台；最高地区城镇家庭彩电拥有量是最低地区的1.78倍(2000年这一数据为32倍)。2010年农村家庭彩电拥有率最高的是上海，达到198.0台；西藏农村则在全国最低，每百户居民拥有彩电74.0台。

总的趋势是，在城镇，彩电普及率在全国呈现从东部、中部、西部、东北部逐渐递减的趋势(见图5-20)；在农村，彩电普及率在全国呈现从东部、东北部、中部、西部逐渐递减的趋势(见图5-21)。

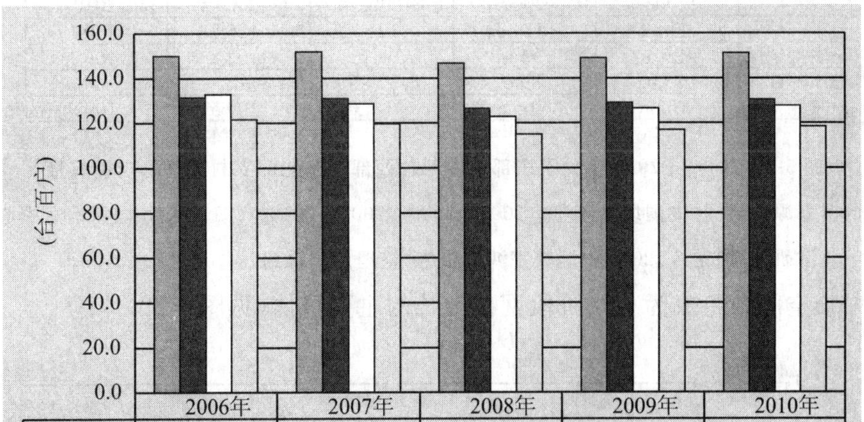

	2006年	2007年	2008年	2009年	2010年
东部地区	149.9	151.8	146.6	149.0	151.2
中部地区	131.5	131.0	126.4	129.2	130.5
西部地区	132.9	128.7	122.8	126.5	127.7
东北地区	121.5	119.7	115.0	116.9	118.4

图5-20　2006—2010年我国东部、中部、西部、东北部城镇家庭彩电拥有量

数据来源：根据《中国统计年鉴》(2007、2008、2009、2010、2011年)，国家信息中心“中国数字鸿沟研究”课题组《2010中国数字鸿沟报告》整理计算得到。

3. 互联网普及率差距与年龄

2011年网民中30～39岁人群占比明显提升，较2010年上升了2.3个百分点，达到25.7%，近两年来该年龄段占比持续上升。40～49岁网民增长速度较慢，因而在网民中的占比出现下降。10～19岁、20～29岁网民比例与2010年年底相比基本保持稳定。过去五年内10～29岁群体互联网使用率保持高速增长，目前已接近高位，未来这一人群的提升空间有限；而50岁以上人群的互联网使用率变化幅度很小；30～39岁群体的互联网使用率逐步攀升，目前还有

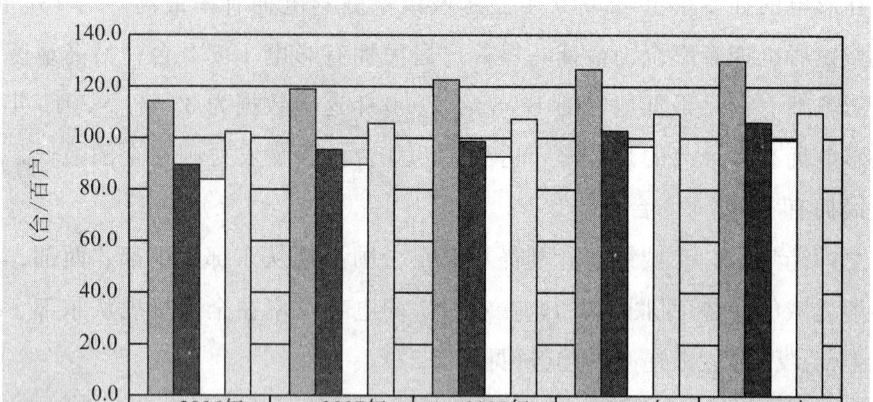

	2006年	2007年	2008年	2009年	2010年
东部地区	114.2	119.0	122.7	126.7	130.1
中部地区	89.6	95.4	98.73	102.8	106.1
西部地区	83.9	89.6	92.87	96.7	99.3
东北地区	102.5	105.6	107.38	109.5	109.9

图 5-21　2006—2010 年我国东部、中部、西部、东北部农村家庭彩电拥有量

数据来源：根据《中国统计年鉴》(2007、2008、2009、2010、2011 年)，国家信息中心“中国数字鸿沟研究”课题组《2010 中国数字鸿沟报告》整理计算得到。

一定增长空间，将成为下一阶段网民增长的主要群体(见图 5-22)。

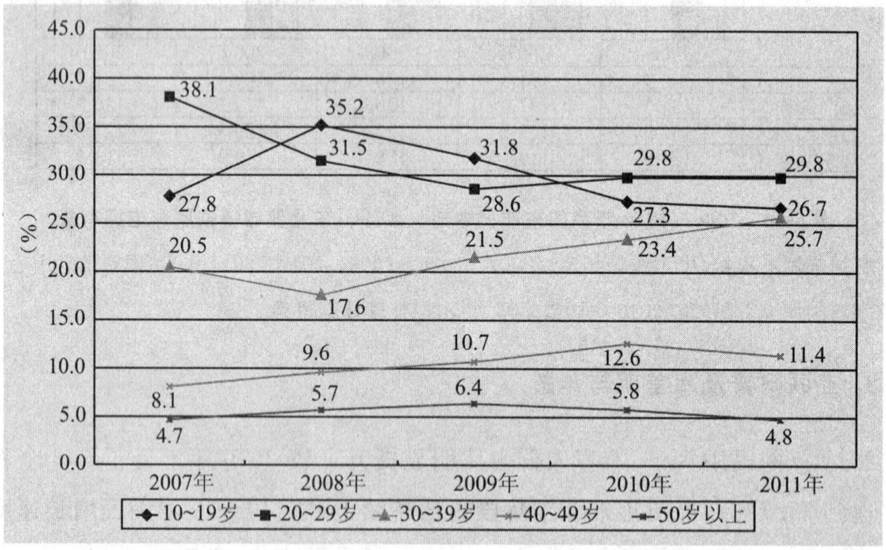

图 5-22　2007—2011 年互联网普及率差异与年龄

数据来源：根据中国互联网络信息中心(CNNIC)《第 29 次中国互联网络发展状况统计报告》整理得到。

由此可见，鼓励高龄人群等新技术的晚期接受者尝试使用互联网工具，将是下一阶段推动我国网民规模进一步扩大的重要条件。

4. 互联网普及率差距与文化程度

网民继续向低学历人群扩散。2011 年，我国网民中初中学历人群延续了 2010 年的增长势头，由 32.8%上升至 35.7%，该学历人群互联网渗透率较低，未来网民比例将进一步提升。高中、大专以上学历网民的比例继续下降。大专及以上学历人群中互联网使用率在 2011 年已达 96.1%，目前基本饱和；过去五年内初中学历人群的渗透率增长最为明显，2011 年网民比重也已经超过九成，达到 90.9%；而在小学及以下学历人群中，互联网渗透率增长始终缓慢。总之，过去五年内助推网民的规模快速增长的几类人群中，互联网普及率即将触顶，而其他年龄段和教育水平的人群对互联网的接受速度很难达到年轻和高学历群体的水平，未来中国整体网民规模的增速会进入平台期(见表 5-2)。

表 5-2　　互联网差距与文化程度　　单位：%

年份	2007	2008	2009	2010	2011
10 岁以下	0.8	0.4	1.1	1.1	1.7
10～19 岁	27.8	35.2	31.8	27.3	26.7
20～29 岁	38.1	31.5	28.6	29.8	29.8
30～39 岁	20.5	17.6	21.5	23.4	25.7
40～49 岁	8.1	9.6	10.7	12.6	11.4
50～59 岁	3.3	4.2	4.5	3.9	4.1
60 岁以上	1.4	1.5	1.9	1.9	0.7

数据来源：根据中国互联网络信息中心(CNNIC)第 21、23、25、27、29 次《中国互联网络发展状况统计报告》整理得到。

由此可见，降低互联网接入和使用门槛，鼓励低学历人群等新技术的晚期接受者尝试使用互联网工具，将是下一阶段推动我国网民规模进一步扩大的重要条件。

5. 互联网普及率差距与性别

2011 年我国网民中男性比例为 55.9%，比女性高出 11.8 个百分点，网民性别比例与 2010 年相比基本保持稳定。近五年来，只有 2008 年男女网民普及率差距有所缩小，2009 年、2010 年有所扩大至 2007 年的水平，然后 2011 年基本维持在 2010 年的水平(见图 5-23)。

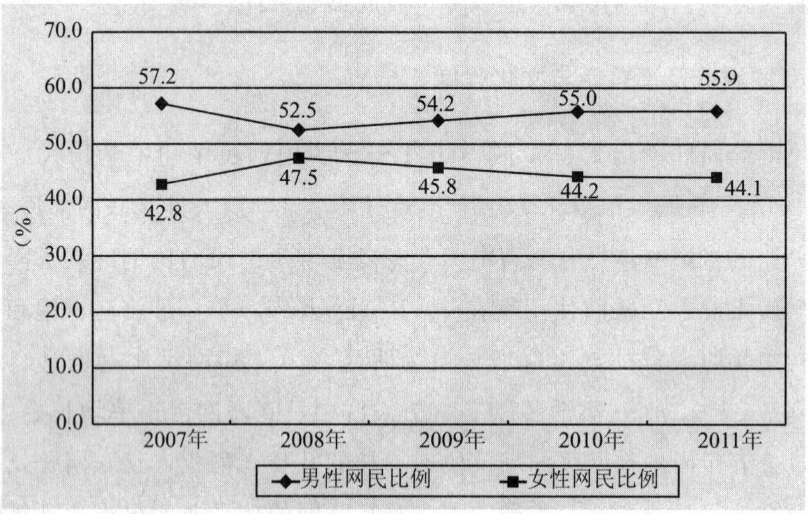

图 5-23　互联网差距与性别

数据来源：根据中国互联网络信息中心(CNNIC)第 21、23、25、27、29 次《中国互联网络发展状况统计报告》整理得到。

6. 互联网差距与职业

2011 年我国学生仍然是网民中规模最大的群体，占比为 30.2%，与 2010 年基本持平。其次个体户/自由职业者占比为 16.0%，比 2010 年增长 1.1%，而且过去五年来一直处于上升趋势。公司企业中，高层管理人员占整体网民的 0.8%，中层管理人员占 3.2%，一般职员占 9.9%。党政机关事业单位中，领导干部和一般职员分别占整体网民的 0.7%和 5.2%。另外，专业技术人员占比为 8.3%(见图 5-24)。

通过近五年来的数据可以发现，12 种不同职业状态的群体互联网普及率的数字鸿沟至少体现在三个组别的职业群体之间。一是“无业/下岗/失业、其他”群体与其他群体之间始终存在互联网普及率的鸿沟。二是农林牧副渔、农村外出务工人员与其他群体之间的鸿沟，其中“农村外出务工人员”群体与互联网普及率最高的“学生”群体相差 27.2%。三是“学生”、“个体户/自由职业者”群体与其他群体之间的鸿沟，其中鸿沟最大者是“其他”群体与“学生”群体的鸿沟，相差 28.9%。

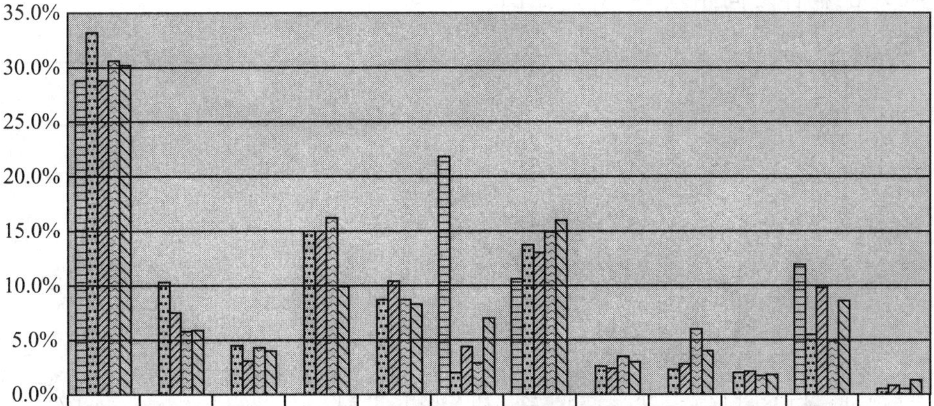

	学生	党政机关事业工作者	企业/公司管理者	企业/公司一般职员	专业技术人员	产业、服务业工人	个体户/自由职业者	农村外出务工人员	农林牧渔劳动者	退休	无业/下岗/失业	其他
2007年	28.8%					21.8%	10.6%				11.9%	
2008年	33.2%	10.3%	4.5%	15.0%	8.7%	2.0%	13.7%	2.6%	2.3%	2.0%	5.5%	0.5%
2009年	28.8%	7.5%	3.1%	15.0%	10.4%	4.4%	13.0%	2.4%	2.8%	2.1%	9.8%	0.8%
2010年	30.6%	5.8%	4.3%	16.2%	8.7%	2.9%	14.9%	3.5%	6.0%	1.7%	4.9%	0.5%
2011年	30.2%	5.9%	4.0%	9.9%	8.3%	7.0%	16.0%	3.0%	4.0%	1.8%	8.6%	1.3%

图 5-24　互联网差距与职业

注：2007 年这一行有数据空白处，这是因为中国互联网络信息中心在 2007 年的数据测算中没有这几个职业分类。

数据来源：根据中国互联网络信息中心(CNNIC)第 27、29 次《中国互联网络发展状况统计报告》整理得到。

7. 互联网差距与收入

2011 年，中国网民个人月收入在 2 000 元以上的网民群体占比明显上升，从 2010 年的 33.3%上升至 40.2%。同时，无收入群体网民占比从 4.6%上升至 7.9%。

通过近五年来的数据可以看出，9 种不同收入状态的群体互联网普及率的数字鸿沟至少体现在两个组别的职业群体之间。分析 2011 年的数据：一是“无收入”群体与其他 8 个群体之间的互联网普及率鸿沟，与最高的“2 001～3 000 元”群体之间相差 10%。二是 5 000 元以上的两个高收入群体与其他群体之间的互联网接入鸿沟，其中“8 000 元以上”群体的互联网普及率还不及“无收入”群体的一半，相差 4.1%；“8 000 元以上”群体的互联网普及率与最高的“2 001～

3 000元"群体之间相差14.1%(见图5-25)。

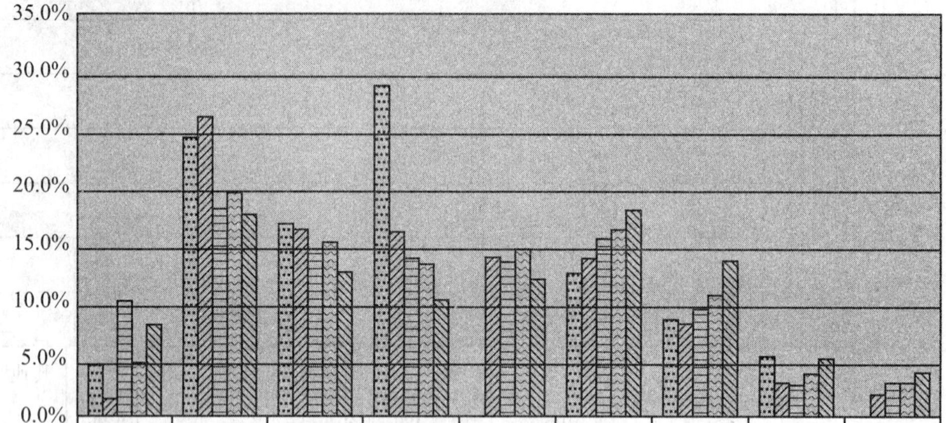

	无收入	500元以下	501～1 000元	1 001～1 500元	1 501～2 000元	2 001～3 000元	3 001～5 000元	5 001～8 000元	8 000元以上
2007年	4.4%	24.2%	16.7%	28.7%		12.4%	8.4%	5.2%	
2008年	1.5%	26.0%	16.2%	16.0%	13.8%	13.7%	8.0%	2.9%	1.9%
2009年	10.0%	18.0%	14.5%	13.7%	13.4%	15.4%	9.3%	2.7%	2.9%
2010年	4.6%	19.4%	15.1%	13.2%	14.5%	16.2%	10.5%	3.7%	2.9%
2011年	7.9%	17.5%	12.5%	10.1%	11.9%	17.9%	13.5%	5.0%	3.8%

图5-25　互联网普及率差距与个人月收入

数据来源：根据中国互联网络信息中心(CNNIC)第21、23、25、27、29次《中国互联网络发展状况统计报告》整理得到。

(二)数字鸿沟的成因

"数字鸿沟"是一个综合复杂的系统，最根本的原因是不同地区经济水平的差异导致对科教投入、信息资源和信息技术的差异，然后导致信息化素质的差异，这种差异反过来又引起经济水平的差异，形成恶性循环的怪圈。即区域经济发展水平越高，数字鸿沟越小，反过来促进区域经济水平的发展；反之，区域经济发展水平越低，数字鸿沟越大，反过来阻碍区域经济水平的发展。数字鸿沟产生机理如图5-26所示。人的信息化素质主要表现为获取信息资源的能力、信息技术使用能力、人均受教育年限。另外，信息化资源使用费用也是造成数字鸿沟的原因之一，但是这一因素可以隐含在经济发展水平的因素中，经济发展水平越高，相应的就会增加信息化资源付费能力。

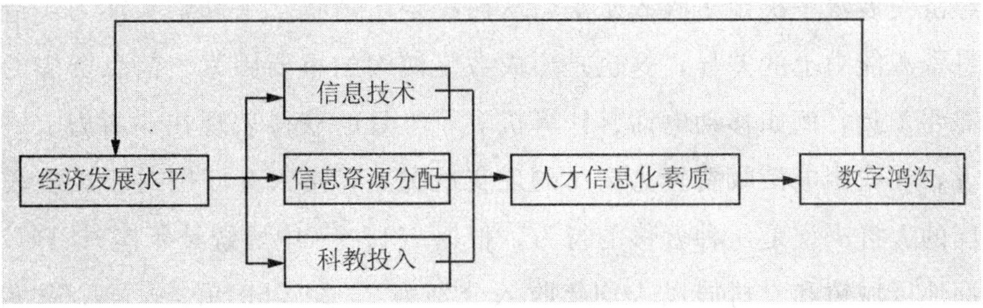

图 5-26　"数字鸿沟"产生机理

1. 经济发展水平不平衡

人均 GDP 是反映国内不同省份经济实力的最主要指标之一，是经济发展水平的根本体现。通过对 2010 年的互联网普及率与 2010 年地区人均 GDP 的对数进行曲线估计(见图 5-27)，从整体上定量地考察了两者的关系，结果显示，经济发展与数字鸿沟之间存在着较强的相关关系，数字鸿沟的发展跟我国 GDP 的发展几乎是同步的，人均 GDP 的对数值在增长，互联网普及率也在上升。反之，人均 GDP 的对数值降低，互联网普及率也在下降，如贵州人均 GDP 全国最低，其互联网普及率在全国同样最低。数字鸿沟受经济发展的影响明显。

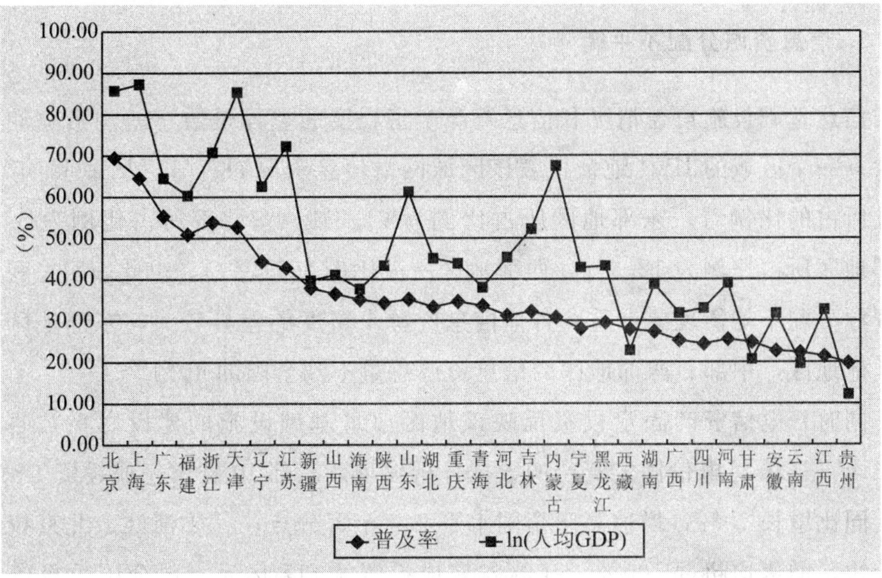

图 5-27　2010 年我国各地区互联网普及率及人均 GDP 关系图

数据来源：根据 2011 年《中国统计年鉴》的 2010 年各地区人口数和地区生产总值计算各地区人均 GDP。2010 年各地区互联网普及率数据来自于《第 27 次中国互联网络发展状况统计报告》。

经济发展水平决定了收入水平，从而决定了消费水平和购买能力，造成获取信息资源能力上的差异，这也是形成数字鸿沟的重要因素。信息资源的获得首先需要工具，例如移动电话、计算机等，工具的获得表现在购买力上。对个人来说，在我国电信收费较为高昂的现实情况下，接入互联网对于经济较为落后地区的人群来说是一种奢侈的行为。根据 2011 年《中国统计年鉴》计算，2010 年东部地区城镇和农村居民人均年收入分别为 23 297.63 元、9 127.67 元，东北部地区城镇和农村居民人均年收入分别为 15 660.19 元、6 452.03 元，中部地区城镇和农村居民人均年收入分别为 15 911.88 元、4 564.67 元，西部地区城镇和农村居民人均年收入分别为 15 389.2 元、4 392.42 元。不难看出，东部地区城镇和农村居民人均年收入分别是东北部、中部与西部城镇和农村居民人均年收入的 1.49 倍和 1.41 倍、1.46 倍和 1.67 倍、1.51 倍和 2.08 倍。各地区之间人均年收入的大小不等造成了各地居民获取信息资源能力上的差异，是形成城乡信息差别的重要原因。

经济发展不平衡致使各地推进信息化经济条件的巨大差异和居民接触互联网机会的严重不均。所以，消除一国内的数字鸿沟，必须注重发展经济，消除经济发展的不平衡。

2. 信息资源分配不平衡

信息基础设施覆盖情况和信息资源丰富程度的差异是数字鸿沟形成的重要因素。一个区域的 IPv4 地址代表该区域网络信息资源拥有量，从 2011 年 IPv4 地址所占的比例看，东部地区所占比例为 61.2%，东北部所占比例为 5.8%，中部地区所占比例为 12.3%，西部地区所占比例为 11.4%。由此表明，我国信息资源分配不均衡现象严重，各地信息资源丰富度的差异较大，东部地区远高于其他地区，中部、西部地区的信息资源总量不到全国的 40%。

同时，电信资产固定投资反映该地区信息基础设施的建设水平。通过对 2011 年 1—10 月电信固定资产的数据分析发现，东部 10 省市完成投资 4 328 亿元，同比增长 70%，增速高于全国水平 9.9 个百分点，其中浙江、北京投资上升较快，增速均超过 100%，江苏省完成投资 1 717 亿元，占全国总投资的近 1/4。中部 6 省完成投资 1 754 亿元，同比增长 56.7%，其中河南投资增长超过 100%，居全国第五位。西部 12 省市完成投资 980 亿元，同比增长 60.6%，其中四川投资403亿元，占西部地区的41%，同比增长90.6%。东北三省完成投资299亿元，同比下降7.5%，降幅比前三季度有所扩大。这就是说，东部地区平均电信资产投资分别是东北部的3.3倍、中部的2.5倍、西部的1.8倍。这充分表明东部、中部、西部基础设施存在明显差距，导致各地出现数字鸿沟。

3. 信息技术使用差异

信息技术使用存在差异也是构成数字鸿沟的重要原因。东部地区信息化建设条件优越，既有坚实的经济基础，又对信息化认识的敏感度较高。现代信息社会里，即使人人都“拥有”信息，也不是每个人都会“使用”信息。“拥有”和“使用”信息是两回事，有效使用信息往往比拥有信息复杂得多。基于信息通信技术的特点，使用信息不仅需要有软硬件的接入，而且需要具备一定的教育水平和信息素养。具备良好教育水平和信息素养的人往往都有较高的信息技能，可以更好地利用手中的计算机等信息硬件资源，通过互联网网站等信息软件资源，获取并使用更多的信息。例如，大部分人使用互联网只是进行玩游戏、听音乐等娱乐活动，而只有一部分人会利用互联网进行网络金融、信息检索、电子商务、网络教育等深层次的网络活动。这就是说，只有小部分人具备深层次使用互联网信息的技能，而那些只能在浅层次使用互联网信息的人与他们存在很大的使用技能差距。信息技能的差距有利于信息技术使用技能较高的人更好地使用信息，从而使不同区域或区域内部不同群体之间产生“信息落差”，导致区域“数字鸿沟”的形成。

4. 人均受教育年限不同

人均受教育年限不同也是形成数字鸿沟的重要因素。CNNIC（中国互联网络信息中心）发布的《第29次中国互联网络发展状况统计报告》表明，2008—2011年我国不同学历层次的网民简况：小学学历的网民占网民总数的比例分别为5.4%、8.8%、8.4%、8.5%，初中学历的网民占网民总数的比例分别为28.0%、26.8%、32.8%、35.7%，高中学历的网民占网民总数的比例分别为39.4%、40.2%、35.7%、33.3%，大专学历的网民占网民总数的比例分别为13.9%、12.2%、11.8%、10.5%，大学本科学历的网民占网民总数的比例分别为13.2%、12.1%、11.4%、11.9%。这些数据显示，首先我国网民中文化程度为高中(含中专)的比例最高；其次是本科和大专；最后，小学文化水平的网民所占比例最低，他们掌握和运用新技术的能力较差，学会使用互联网的时间不长，他们所从事的是技术含量低的工作，在日常工作中一般不会接触到互联网；另外，中学(含初、高中)文化水平的网民所占比例一直居高不下，其利用互联网的动机大多数是聊天与游戏；而大专及以上学历的网民使用互联网的目的是获取自己想要的信息等。可见，人均受教育年限的差异影响网民获取网络信息的动机、能力与效果。

三、数字鸿沟对政府效率的影响

政府效率包含两个内容：一是政府成本与政府收益的比率，即政府的支付包括直接的社会性支付和直接的政府自身耗费(比如政府管理中人力、财力、物力等各种要素资源的消耗)与政府的产出(即政府提供的"产品"如有形收益与无形收益)之比；二是目的与手段的正当性，它强调社会效益结果正当性的价值取向。因而，所谓政府高效，即是政府管理"用最低的成本获得最大的收益"(经济效率)与"用正确的手段实现正确的目标"(道德效率)的有机结合。下面就从经济效率和道德效率两个方面讨论数字鸿沟对政府效率的影响。

(一)数字鸿沟与政府民主化进程

政府与公众、国家与社会之间的良性互动关系是有效提升政府效率的途径之一。组成各种团体的公众参与到地方政府决策过程中，可以使处于不完全信息状态下的中央和地方博弈的风险损失减少；公众参与到地方政府垄断的公用事业部门，可以减少公用事业局和公用事业企业的合谋几率，提高公用产品供给的效率。因此，公众参与是提高政府效率的有效途径。

互联网则使得公众有更多的机会了解政府活动，并可以及时地表达自己的意见，参与决策过程，对传统的中央集权的方式形成有力冲击，增强人们参与国家和社会事务的能力。比如，让公众对政府财政收支的明细有知情权，让公众对各级政府财政收支有发言权，让公众的代表对各级政府财政收支有审核批准权。在公共财政领域，一个引申的表述就是，公共财政就应该让公众知道，让公众参与，这样才能让政府具有更高的效率，公众享有更大的福利。

但是如果公众接受、处理信息的能力较弱，公民参与和表达利益取向的费用较高，公众参与政务活动的可能性就会降低。另外如果网络普及率低和开放性差，公众便不容易对政府各部门的管理及服务进行价值分析和判断，也就不能够利用网络及时采取行动表达自己的意见和偏好。因此数字鸿沟会影响政府民主化进程。

(二)数字鸿沟与政府行政成本

如果政府提供公共管理时有效消除数字鸿沟，建立高效的电子政务，就会大大减少政府行政成本，提高政府效率。电子政务使传统的部门组织朝着网络组织方向发展，打破了地域、层级、部门的限制，促使政府组织和职能的整合，从而简化了行政审批手续和花费。

首先，电子政务运用数据挖掘技术、批处理技术以及实时通信技术，使得一站式行政服务得以实现，电子化的政府采购、税收征管、企业登记、养老金发放等已经取得很好的效果。不仅节约了开支，而且避免了暗箱操作，有效防止官僚主义和腐败现象，建立公开、公平、公正的秩序。因此，可以有效减少政府防腐败成本，减缓政府与民众的矛盾，构建和谐社会。在美国，联邦政府和州政府几乎全部提供网上服务，政府的 200 个局确立了 3 000 条服务标准，简化了 3 万多项规章，作废了 1.6 万多页行政法规。在 1992—1996 年的五年中，联邦政府对电子政府的投资约 1 000 亿美元，但却节省行政开支 1 180 亿美元。

其次，对于各种数据库的充分利用，减少了信息的浪费。在社会专业化分工发展的过程中，政府信息资源的公开与共享将会在社会资源配置中发挥更大的作用。这个作用一旦发生，它就如同投入流通的新发货币一样，具有乘数效应，会使社会各行业的效率有所提高。因此，可以肯定地说，在社会经济发展的前提下，政府信息公开或共享将使政府信息资源管理的收益增加。

有数据表明，政府掌握了 80%以上的信息，但因公开的途径和效率问题，许多信息得不到充分利用，导致信息资源的严重浪费。电子政务系统的建立使得政府掌握的各大数据库除去涉及国防以及必须保密的机密数据以外，都能及时发布到网络上，使得社会公众能随时方便地查询到其所希望了解的信息，从而达到对信息的充分利用，使“死库”变成了“活库”。在任何给定的社会经济发展水平与信息技术条件下，信息共享条件下政府信息资源管理的收益成本比率大于一般状态和信息垄断状态的比率。

但是，我国群众数字资源利用效率低下已成为困扰政府推行电子政务提高效率的症结之一。这种低效率从行政个体来看，表现为行政人员工作积极性不高，责任心不强，缺乏自律性；从政府组织来看，表现为组织创新意识不强，缺乏活力，信息流通渠道不畅，反馈机制弱化，行政人员不能很好地贯彻落实上级的决策和计划等。

专栏 5-5　高昂的行政成本

根据 2012 年 7 月公布的中央政府各部门“三公”支出情况，90 多个部门共计花费 94. 7 亿用于公务出国、公务用车和公务招待。除了审计署之外，其他部委无一例外都遭到公众的广泛质疑。

审计署用了 3 个表格和 1 000 多字，不仅公布了总额，更有出国次数、人数、事由，买了多少车、平均每辆车的运行维护费用多少等详细信息。而其他部委则几乎全部只给出了总额，最典型的莫过于科技部，只有一句话。而且，很多事项的数额甚至有悖于常理，比如近日备受关注的红十字会总会，2011 年公务招待预算居然只有 3 万元，而住房与城乡建设部作为一个庞大部委，2010 年公务接待费仅为 26. 07 万元，国家人口和计生委 470 多万的出国经费更是饱受质疑。

当地方政府的“三公”支出公布完毕后，全国各级政府机构“三公”支出的总额一定会是一个备受关注的数字，但从目前的情况来看，这个数字与真实的情况很可能相去甚远。据专家研究，我国每年用于公款吃喝、公费出国和公车的费用总额高达 9 000 亿人民币。这个数据虽然不是官方正式公布，但却一直被媒体广泛引用。2008 年，《中国向何处去》的作者，搜集计算了 2007 年中国社会总体的政府机构供养规模和国民的税费负担，其中行政事业公车、公招和公出三项费用为 7 690 亿元。2010 年的各项财政支出比国防开支多 3 700 亿，相当于全部教育支出的 3/4，是全部科技财政投入的 3 倍，相当于财政的社会保障和就业全部支出，是环保支出的近 4 倍，比农林水支出多 1 000 亿。

从总额角度而言，中国现行政治体制行政成本显然是太高了。目前政府全部收入占 GDP 的比例高达 34%左右，而行政公务支出比例占全部政府支出的比例高达 38%左右，其中“三公”支出是一个重要的成因。从世界范围内看，日本行政公务开支占全部预算大约 2. 5%，美国在 15%左右，从纳税人承担的行政公务花费上讲，中国政府可能是世界各国中比较昂贵的一个。

资料来源：政府收入占 GDP 比例达 34%　行政成本改革刻不容缓[EB/OL]. 2012-07-13. http://news. ifeng. com/shendu/nfc/detail_2011_09/01/8852635_0. shtml. 在原资料基础上整理而成。

(三)数字鸿沟与政府收益

政府效益包括三方面的内容：首先，从方向上看，行政活动必须符合公众利益和社会发展要求。其次，从数量上看，在一定时期内达到尽可能多的行政目标，满足公众对公共服务的需要。最后，从质量上看，必须要保证政策的落实和公众真正的实惠，注重社会效应和反馈。

政府收益是指政府在公共管理活动中提供的政府公共服务、公共物品。信息基础设施和服务是政府公共服务、公共物品之一。提高政府收益，就要提升政府提供的信息基础设施和服务的数量和质量，这在一定程度上会弥合数字鸿沟。要缩小“数字鸿沟”，政府应将信息基础设施建设作为最主要的事情来抓，使公共设施投资领域能够优先发展，让其成为信息沟通的主要渠道。使落后地区的人们能够低成本地获取外部的各类信息和资料，并以此带动该地区的经济发展，缩小我国不同地区之间、城乡之间的公共服务水平和信息基础设施的差距，真正实现人人都能充分享有信息方面的基本公共服务。

(四)数字鸿沟与政府行政的时间效益

仍以政府电子政务为例。政府要提供高速、高效、优质的行政活动，就要为政府工作人员配备现代化的办公手段和应用工具，降低信息传输的时间和人力成本，节约原来靠人工处理文件所消耗的大量时间和精力，将政府工作人员从常规的事务性工作中解脱出来。此外，应建立政府机关的广域网络和部门之间的电子文件交换系统，会使信息流程更顺畅，以使政府对外界变化反应更及时。最后，信息化促进行政手续的便捷化，网上办公、远程会议、虚拟机关的产生，打破了政府工作的时空界限，使公众不必走进政府机关即可获取丰富的信息；公众只需在单一机关办事，问题可随问随答；若公民申办事情涉及多个机关，则政府机关可在一处办理，全程服务；从而使公众能享受到“单一窗口”、“跨机关”、“24 小时”、“自助式”的“一站式”公共服务。

总之，信息化促使政府不断创新服务方式，使政府服务更为快捷、方便、直接，从而大大提升政府效率。

反之，如果存在数字鸿沟，行政人员的信息化素质较低，接受电子政务服务的公众信息化素质较低，落后地区的政府缺乏高效的互联网，上述快捷、方便的服务便无从谈起。

四、效率悖论导致数字鸿沟

(一)数字鸿沟与政府支出的利润最大化

公共产品也是受边际消费倾向递减规律和边际收益递减规律制约的。公共产品供给过度，会使其收益减少，也会影响政府效率的提高。一般而言，弥合数字鸿沟的理想状态是数字化工具如互联网、计算机等的投入成本等于收益，即可实现利润最大化。即，只要边际收益大于其边际成本，就有进一步追求较小的数字鸿沟的动力和必要性。当边际成本等于边际收益时，就消除了数字鸿沟。突破这一均衡点之后，为缩小数字鸿沟而投入的边际成本大于其边际收益，再继续追求最小化的数字鸿沟就会得不偿失。

整体上我国的“数字鸿沟”按照西部、中部、东部依次排列，呈现西高东低的阶梯状分布，城市与乡村之间也存在着巨大的数字鸿沟。经济发展水平的差距是我国不同省份互联网普及的数字鸿沟产生的最主要原因。而我国的贫富差距在逐渐拉大，因此有可能会使经济发达地区信息基础设施供给相对过度，边际收益减少，影响政府效率。

(二)数字鸿沟与政府公共支出规模

我国城乡之间、区域之间以及不同社会阶层之间的数字鸿沟逐渐成为学者们关注的焦点。当前我国的发展出现了以国富与民生关系失衡为本质特征的增长失衡，政府应及时改善这种失衡，比如调整支出结构，增加社会性支出，在提供公共产品与服务方面发挥基础性作用，使低收入人群也能获得均等化的信息化服务。但是更为公平地提供公众所需要的信息化产品和服务，意味着社会信息资源总量的扩大，也意味着政府用于管理社会的信息量增加。由于政府部门与府际之间的信息交流总量会有较大的增加，政府与外界的信息交流总量也会有较大的增加，因此政府信息资源管理的总成本会有所增加，意味着政府公共支出规模的扩大。

政府公共支出规模扩张更容易造成低效率。政府机制先天就存在效率症结。所以，政府为了弥合数字鸿沟做出努力，结果却是政府效率的下降。

(三)数字鸿沟与贫富差距

库兹涅茨效应指出，在经济发展过程中，收入分配差别的长期变化轨迹是“先恶化，后改进”，即收入分配不平等的长期趋势可以假设为在前工业文明向工业文明过度的经济增长早期迅速扩大，而后是短暂的稳定，然后是在增长的后期逐渐缩小。

但是，20 世纪 90 年代的数据表明，目前国际贫富差距仍然呈扩大趋势。数字鸿沟是导致劳动者之间的收入差距加大的重要原因之一。首先，信息化的发展直接促成了产业结构的调整。其次，由于在企业投资应用过程中需要有一定信息化技能和知识的人，但是这类人才供不应求，导致信息化人才的收入远高于传统劳动者。最终结果是部分信息通信技术普及的部门(例如证券、银行)的劳动者和其他行业劳动者的工资差距越来越大。因此，信息化正在成为新的财富源泉，数字鸿沟导致信息时代财富创造能力的差距拉大。

第六章 测度社会鸿沟

社会鸿沟主要表现为制度鸿沟、收入鸿沟、数字鸿沟、区域发展鸿沟及基本公共服务非均等化。本报告遵循代表性、独立性、科学性、可操作性及系统性原则，以科学的指标体系，分别对我国 31 个省级地方政府的社会鸿沟进行测度。

>> 一、社会鸿沟测度指标与方法 <<

(一)测度指标及权重选取原则

测度社会鸿沟的指标选取遵循以下原则。代表性原则，是指有关测度指标能够较好地反映我国各省级政府社会鸿沟现状，具有一定的典型性与代表性；独立性原则，是指所选取的一级指标及其所含的二级指标具有相对独立性，相互不重复；科学性原则，是指选取的测度指标内涵符合有关鸿沟的定义，遵循基本逻辑规律，能够客观反映我国各省级地方政府的社会鸿沟；可操作性原则，是指选取的测度指标概念明确、定义清楚、名称简单规范，便于数据梳理与测度分析；系统性原则，是指所选取指标之间的相互联系和制约，既存在纵横联系，又具有相对独立性，整体上构成一个有机系统。

在对多层次、多目标进行评价时，研究文献大多用层次分析法进行权重分配，即根据每一层次指标的相对重要性，给每一层次的每一个指标一个权重，每一级指标的权重之和为 1，一级指标下的二级指标之和等于该一级指标的权重，所有二级指标的权重之和也为 1。综合国内外学者权重分配的原则和方法，本报告在各社会鸿沟测度指标权重分配时主要基于三个原则：一是平均原则，即一般情况下给予各指标相同的权重；二是相对重要性原则，即对测度结果影响较大的指标赋予较大的权重；三是指标数量大小原则，即一级指标所含二级指标数量的多少，二级指标数量较多的，其一级指标被赋予的权重较大。

(二)测度方法及数据处理

本报告采用综合指数法测度社会鸿沟。综合指数法是指在确定一套合理的社会鸿沟测度指标体系的基础上，对各项二级指标的指数进行加权平均，从而计算出相关指标指数的综合值。这种方法可以将一组相同或者不同的指标原始值经过处理后，使不同单位的指标值标准化，从而便于比较与计算。

该测度方法的基本思路是：利用层次分析法计算的权重和无量纲化取得的数值进行累乘，然后相加，最后计算出各鸿沟测度指标的综合指数，并据此进行排序。综合指数值越大，排名越在前面，表明该省级地方政府在制度、收入、数字化、区域发展及基本公共服务均等化等方面条件越好，其他省级政府与之相比的差距越大，即社会鸿沟的排名反映其他地区与该省级政府相比形成的社会鸿沟大小。

这种测度方法具有较强的可操作性，它可以直观反映各地社会鸿沟状况，能够根据测度结果进行排序与分析，有助于各省级地方政府优化发展环境，提高政府效率，缩小与其他地区之间的鸿沟。

测度社会鸿沟的具体路径是：首先对测度社会鸿沟指标体系中的各个二级指标的原始数据进行无量纲化处理；然后根据每个二级指标对指标体系的影响程度大小给予不同的权重，再与二级指标指数进行累乘；最后将所有二级指标的指数值加总得到各省级地方政府有关鸿沟测度的综合指数值。

数据无量纲化也称作数据的标准化、规格化，是一种通过数学变换来消除原始变量量纲影响的方法。在多指标综合评价中，由于各指标存在量纲上的差异，指标的无量纲化处理是解决这一问题的主要手段。常见的无量纲化处理方法主要有均值化、极值化等方法。本报告对有关社会鸿沟测度指标原始数据的无量纲化处理采用均值化进行标准化处理，即用每一变量值除以该变量的平均值。标准化后各变量的平均值都为1，标准差为原始变量的变异系数。

这用公式表示为：

$$A'_{ij}=\frac{A_{ij}}{\overline{A}_{ij}}(i=1, 2, 3; j=1, 2, 3, 4, 5)$$

其中，A_{ij}指第i个一级指标下的第j个二级指标的各项数值，$\overline{A}_{ij}$指第i个一级指标下的第j个二级指标的各项数值的平均值，A'_{ij}指无量纲化后各项二级指标的标准化值，即均值化值；i代表所属的第i个一级指标，j代表所属的第j个二级指标($i=1, 2, 3; j=1, 2, 3, 4, 5$)。

该方法在消除量纲和数量级影响的同时，保留了各变量取值差异程度上的信息，差异程度越大的变量对综合分析的影响也越大。

另外，对选取测度制度鸿沟的有些二级指标数据的无量纲化进行了适当调整。比如城镇职工养老保险覆盖率和新型农村社会养老保险覆盖率是形成对应关系的，为了方便在测度时进行城乡之间的比较，本报告在对这两个指标原始数据无量纲化处理时进行一些调整，具体的做法是：每一变量除以相关两个变量和的平均值，即

$$A'_{3j}=\frac{A_{3j}}{\overline{A}_{31}+\overline{A}_{32}}(j=1, 2)$$

其中，$\overline{A}_{31}$和$\overline{A}_{32}$分别代表城镇职工养老保险覆盖率和新型农村社会养老保险覆盖率指标的平均值，A_{3j}代表城镇职工养老保险覆盖率(或新型农村社会养老保险覆盖率)指标的数据，A'_{3j}代表城镇职工养老保险覆盖率(或新型农村社会养老保险覆盖率)指标的无量纲化后的均值化指数值。

这种调整后的均值化无量纲化方法在保留原始变量变异程度信息时，也就同时保证了保留变量变异程度信息及其数据的可比性问题，使相关两个变量间的指数比较更有意义。

本次测度指标体系中，所有指标都为正指标(逆指标已经被转化为正指标)，因此，通过均值化后得到的指标指数值能够按照大小进行降序排名，即指数值越大表明该省级地方政府在制度、收入、数字化、区域发展、基本公共服务等方面条件越好，在社会发展相关方面的差异越小，而其他地区与之相比形成的社会鸿沟越大。

二、制度鸿沟测度

(一)制度鸿沟测度指标

学术界考察我国制度鸿沟多数基于定性研究，定量研究较少。本报告构建一套科学的指标体系，通过定量评估省级地方政府实施制度红利来间接反映各地的制度鸿沟，它由3个一级指标及其所含的10个二级指标组成(见表6-1)。

首先，测度制度鸿沟的3个一级指标为：优惠政策、非国有企业贡献和国民待遇。其选取原因在于：第一，由于政策是制度的集中体现，而国家给予各地的优惠政策对一个地区发展具有重大影响。好的政策会促进地区发展，而不合时宜的政策会阻碍地区发展。这是形成制度鸿沟的重要因素。第二，非国有企业贡献，与该地区实行的某些制度或政策紧密相关。非国有企业主要包括民营及外资企业等。非国有企业在中国处于转型阶段的制度环境中，所表现出的活力与贡献较大。因为这一阶段由于市场经济体制有待完善，因此，非国有企业和外资企业往往享有的制度优惠较多，对社会贡献较大。比如，我国外资企业、非国有制企业(特别是民营企业)发展较好的地区，制度往往比较健全，地区经济外向型明显，市场开放程度较高，对辖区的经济社会发展贡献较大。换句话说，非国有企业贡献越大，当地制度环境越好。第三，市场经济体制及WTO规则要求一国公民或者组织享受同样的国民待遇。但是，实际上，我国不同地区、不同居民，乃至不同组织(含企业)因面临的制度环境不同而没有享受相同的国民待遇。比如，同一地区的城乡居民不能享受同样的社会福利与保障、同一单位的员工经常出现同工不同酬现象等。一般说来，省级地方政府如果注重国民待遇或者国民待遇落实比较好，那么其辖区的经济社会发展较好、制度环境优良、制度鸿沟较小。

其次，相关二级指标主要涉及以下方面。优惠政策一级指标所含的5个二级指标是：计划单列城市(副省级城市)个数、经济特区个数、国家级经济技术开发区个数、国家战略个数、北京大学各地每万人招生比率；非国有企业贡献率所含的2个二级指标是非国有企业贡献率和外资企业贡献率；国民待遇包括了3个二级指标，即城镇职工养老保险覆盖率、新型农村社会养老保险覆盖率、各省级地方政府辖区最低标准工资。

表6-1　　省级地方政府制度鸿沟测度指标

指标	一级指标(3个)	二级指标(10个)
制度鸿沟	优惠政策(A1)	1. 计划单列城市(副省级城市)个数(A11)
		2. 经济特区个数(A12)
		3. 国家级经济技术开发区个数(A13)
		4. 国家战略个数(A14)
		5. 北京大学各地每万人招生比率(A15)
	非国有企业贡献(A2)	1. 非国有企业贡献率(A21)
		2. 外资企业贡献率(A22)
	国民待遇(A3)	1. 城镇职工养老保险覆盖率(A31)
		2. 新型农村社会养老保险覆盖率(A32)
		3. 最低标准工资金额(A33)

注：有关制度鸿沟测度的指标名称及测度原始数据来自2011年《中国统计年鉴》、2012年6月中国各政府或者政府部门网站，然后经过梳理与统计而得；由于北京大学是国内高校的典型代表，但是各地高考考生不能享有相同的被北京大学录取的机会，这是高考招生制度及政策带来的歧视与差异造成的，因此，本报告选用北京大学各地每万人招生比率来反映各省在教育制度方面的红利或者鸿沟状况。

(二)制度鸿沟测度指标权重

在制度鸿沟测度一级指标体系中，由于优惠政策对测度结果的影响较大，能较好反映各地区的制度鸿沟情况，并且包含的二级指标数量较多(包括5个二级指标数量，占了整个二级指标总数的一半)，所以被给予51%的权重。同时，比较国民待遇与非国有企业贡献两个指标，国民待遇包含的二级指标多1个，且国民待遇中的二级指标受制度影响较大，而非国有企业贡献所含的二级指标非国有企业贡献率和外资企业贡献率除了受制度影响外还受一些其他的因素影响，所以分别赋予非国有企业贡献和国家待遇20%和29%的权重。

本测度指标体系所含的10个二级指标权重设置时主要基于以下考虑。首先，由于每个指标的平均权重是10%，所以在设定权重时，对于一般性的指标，其权重就等于平均权重；对测度结果影响较大的指标，其权重就稍高于平均权重；对测度结果影响较小的指标，其权重就稍低于平均权重。因此，这10个指标中，经济特区个数、国家级经济技术开发区个数和国家战略个数对测度结果影响较大，而经济特区这项制度政策普及面窄，它是形成不同地区制度鸿沟的主要原因，因此，其权重设置最高，为11%；而国家级经济技术开发区个数和国家战略个数的权重则都设为10.5%。其次，计划单列城市(副省级城市)个数、北京大学各地每万人招生比率、城镇职工养老保险覆盖率和新型农村社会养老保险覆盖率4个指标，与前面3个指标相比，对测度结果影响稍小一些，因此其权重都被设为9.5%。另外，非国有企业贡献率、外资企业贡献率和最低标准工资金额3项指标测度的影响一般，因此都设为平均权重(见表6-2)。

表6-2　制度鸿沟测度指标及其权重

指标	制度鸿沟									
一级指标	优惠政策(A1)					非国有企业贡献(A2)		国民待遇(A3)		
权重	51%					20%		29%		
二级指标	计划单列城市(副省级城市)个数(A11)	经济特区个数(A12)	国家级经济技术开发区个数(A13)	国家战略个数(A14)	北京大学各地每万人招生比率(A15)	非国有企业贡献率(A21)	外资企业贡献率(A22)	城镇职工养老保险覆盖率(A31)	新型农村社会养老保险覆盖率(A32)	最低标准工资金额(A33)
权重	9.5%	11%	10.5%	10.5%	9.5%	10%	10%	9.5%	9.5%	10%

(三)制度鸿沟测度结果与比较

1.2012年中国省级政府制度鸿沟测度指数排名及比较(见附录1：表6-3)

制度鸿沟排名靠前，表明该省级地方政府的制度环境较好，享受的制度红利较大，形成的制度鸿沟较小，其他地区与之相比形成的制度差距较大。分析、比较附录1的表6-3和图6-1的制度鸿沟指数排名和分布，不难发现我国省级地方政府制度鸿沟所具有的两个显著特征。

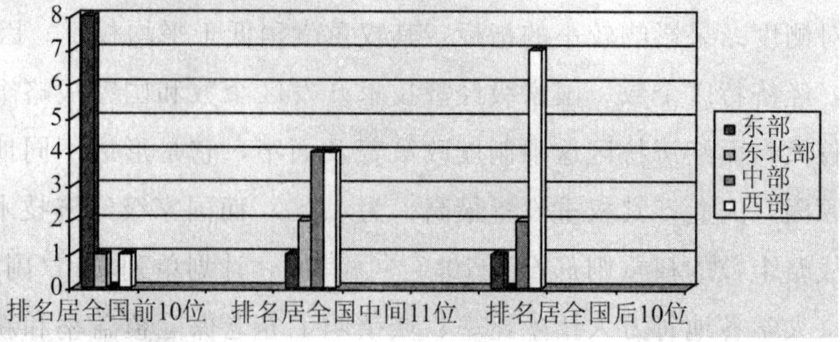

图 6-1　2012 年我国制度鸿沟指数区域分布图

第一，省级地方制度鸿沟指数排名区域集中度较高。按照指数由高到低，制度鸿沟大致呈现出“东部—东北部—中部—西部”由强渐弱的阶梯型分布趋势。制度鸿沟排名前十位的 10 个省级政府中，东部 8 个、东北部 1 个、西部 1 个；排名在第 11 位到第 21 位，包括东部 1 个、东北部 2 个、中部 4 个、西部 4 个，其中东部地区的天津排名第 11 位，吉林和黑龙江（东北地区）分别排名为第 12 位和第 17 位；排名在后 10 位的省级政府中，除第 23 位是东部的河北、第 22 位和第 24 位来自中部的江西和山西外，其余 7 个来自西部地区，其中内蒙古的制度鸿沟指数最小，排名最后。这种趋势与我国实施的某些区域发展战略，比如“向东倾斜，梯度推进”战略，“鼓励一部分地区、一部分企业和一部分人先富起来”的政策以及“加快沿海地区经济发展战略”具有直接相关性。

第二，在阶梯型分布总体趋势下，少数省级政府制度鸿沟指数排名呈现与所在区域总体位次趋势不一致的情形。有的省级政府制度鸿沟明显强于区域平均水平，如西部的新疆进入全国前 10 名，排名第 8 位；有的省级政府排名又大大落后于同区域的其他省级政府排名，如河北排名第 23 位，远远逊色于东部其他省级政府的制度鸿沟排名。

2. 2012 年省级政府制度鸿沟指数区域比较（见附录 1：表 6-4）

根据附录 1 的表 6-4，比较分析我国东部、东北部、中部、西部四大区域制度鸿沟，大致得出以下结论。

第一，东部地区整体上制度鸿沟指数排名居前，其他地区制度与之相比差别巨大。东部地区 10 个省级政府中有 9 个排在前 11 位，只有河北制度鸿沟排名相对靠后，排在第 23 位。这可能与国家在东部地区实施的系列优惠政策有关。从优惠政策指标排名看，制度鸿沟指数综合排名与优惠政策指数排名几乎一致。另外，值得注意的是，河北与东部地区其他省级政府相比，其制度鸿沟各个指标排名都比较靠后，因此，河北应注意提供与争取相关优惠政策，重视提高制度效率，缩小其制度鸿沟。

第二，东北部地区制度鸿沟指数排名比较靠前。东北地区的辽宁、吉林、黑龙江三省的指数排名分别为第 7 位、第 12 位和第 17 位。吉林的非国有企业贡献比较突出，其排名全国第 1 位，这说明当地企业的非国有化和开放程度比较高。另外，东北三省在优惠政策和国民待遇方面也表现不错，位居全国中游。

第三，中部地区制度鸿沟排名状况一般。中部 6 省制度鸿沟指数排名在第 14 位到第 24 位之间，湖北稍好一些，排名第 14 位，而江西和山西两省排名位于全国后 10 位，分别为第 22 位和第 24 位。

第四，西部地区制度鸿沟排名比较靠后。在制度鸿沟指数排名后 10 位中，有 7 个是西部地区的省级政府。但也存在例外，比如新疆的制度鸿沟排名不错，位于全国第 8 位。总体上看，西部地区制度鸿沟排名情况不佳，其经济社会发展滞后的主要原因可能与其落后及不完善的制度相关。

3. 2012 年省级政府制度鸿沟测度指标优惠政策指数排名(见附录 1：表 6-5)

分析表附录 1 的表 6-5 可知，优惠政策测度指标指数排名体现一定的规律性。

首先，优惠政策指数排名总体呈阶梯状分布，东部地区的大部分省级政府指数较高，排名靠前，然而西部许多省级政府指数较低，排名靠后。比如，在前 10 位的排名中，有 8 个省级政府来自东部，其中广东排名第一；在后 10 位的排名中，来自西部的省级政府却有 8 个，其中内蒙古排名最好。排名第一的广东省指数(2. 405 0)是排名最后的内蒙古指数(0. 061 3)的 40 余倍。这充分说明东西部地区在政策优惠方面存大很大差距，彰显东西部之间存在明显的制度鸿沟。

其次，从计划单列城市(副省级城市)个数来看，少数省级政府排名相同，这说明相关省级政府的计划单列城市(副省级城市)个数是相同的，但是，广东、山东、辽宁排名最前。

再次，与计划单列城市(副省级城市)个数指标一样，经济特区个数、国家级经济技术开发区个数指标和国家战略个数由于部分省级政府没有这些指标，或是该指标个数相同，所以很多省级政府在这些指标上出现了并列排名。但是由于这些指标的权重较大，各省级政府对应的指标个数相差较大，无量纲化后的综合指数值相差甚大。因此，优惠政策及其所属的二级指标排名显著影响了制度鸿沟排名。

另外，国内顶尖大学(以北京大学为例)在各省级政府辖区的招生比率大小也是制度鸿沟的主要表征，因为这是各地高校招生政策不同造成的。从北京大学在各地每万人招生比率来看，北京大学所在地北京招生比率最高，测度指数最大，而在相对落后的中西部地区招生比率较低，测度指数较小。

最后，优惠政策指数排名基本类似制度鸿沟测度结果排名，因此，优惠政策是影响我国省级政府制度鸿沟的最主要因素，改善优惠政策供给有利于弥合制度鸿沟。

4. 2012 年省级政府制度最鸿沟测度指标非国有企业贡献指数排名(见附录 1：表 6-6)

从附录 1 的表 6-6 非国有企业贡献指数及表 6-3 制度鸿沟综合指数排名分析，可以得出以下两个论断：

第一，非国有企业贡献指标排名与制度鸿沟综合指数排名并不一致，这说明前者对后者影响较小。其原因是，一方面，由于各省级政府在企业非国有化贡献所含二级指标数量少于优惠政策所含二级指标数量，并且非国有企业贡献所属二级指标指数值相互差距较小；另一方面，由于非国有企业贡献指标难以较好地直接反映制度鸿沟，其权重也较小。

第二，分析非国有企业贡献率、外企投资贡献率和非国有企业贡献三个指标的指数排名情况，不难发现，外企投资贡献率指数的排名与非国有企业贡献指数排名基本一致，这说明非国有化企业贡献率指数排名对各省级政府制度鸿沟的排名影响较小。

5. 2012 年省级政府制度鸿沟测度指标国民待遇指数排名(见附录 1：表 6-7)

根据附录 1 的表 6-7 分析，国民待遇指数排名并没有很强的区域分布特征，从排名前 10 位的省级政府看，东部地区有 5 个、东北地区 1 个、西部地区 3 个、中部地区 1 个。因此，仅凭国民待遇指标排名难以揭示各省级政府的制度鸿沟规律性。

但是，国民待遇所含指标也能部分反映各地社会保障制度的差异。透过城镇职工养老保险覆盖率、新型农村社会保险试点覆盖率两个指标排名，可以看出，少数省级政府的城镇职工养老保险覆盖率高于新型农村社会保险试点覆盖率，如上海，两者的指数比例大约为 2∶1；而少数省级政府新型农村社会保险试点覆盖率却高于城镇职工养老保险覆盖率，比如，北京的两个指标指数比例约为 2∶1；也有少数省级政府这两个指标的指数值相当，如内蒙古和湖南。

因此，我国社会保障制度上的国民待遇差别明显，即使在同一个省级政府辖区也表现出一定的非均等化，这从侧面体现了我国城乡二元体制上的差异性。在相对发达地区，城镇职工养老保险覆盖率与新型农村社会保险试点覆盖率指数相对高些，比如，北京这两个指标指数值最高，这说明北京市政府的社保制度相对完善，当地制度鸿沟较小，其他地区与之相比的制度鸿沟较大。

另外，最低标准工资金额指标指数排名具有较强的区域集中性。东部地区最低工资最高、中部次之、西部地区最低。这与制度鸿沟综合指数排名基本类似，因此，最低标准工资金额指标体现了东西部地区之间存在的巨大制度差异。

>> 三、收入鸿沟测度 <<

改革开放以来，我国实施“阶梯式”区域发展战略，即优先发展沿海地区经济，然后向中、西部地区推进，最后实现“共同发展”。这一战略使中国经济迅速发展，综合国力大幅提升，人民生活水平明显提高，但同时造成了日益严重的贫富分化问题。世界银行研究报告指出，改革开放 30 多年来，中国已迅速缩小了同世界发达国家的经济社会发展差距，但中国的收入分配差距越来越大，特别是城乡收入差距、地区发展差距扩大令人关注。要消除这种差距，首先需要研究城乡收入鸿沟，因此，测度各省级政府的城乡收入鸿沟意义重大，它不仅有助于消除社会鸿沟，而且有利于破解效率悖论。

(一)收入鸿沟测度指标

已有文献定量探讨了我国收入差距，制定了系统指标体系测度居民收入差距。这些指标主要包括城镇居民人均可支配收入、城镇居民人均消费支出、城市居民总收入、城乡居民人均储蓄存款余额、农村居民人均纯收入、农村居民人均消费支出、农村居民总收入、城乡居民恩格尔系数等。

根据收入鸿沟指标选取原则、参考有关收入鸿沟研究文献、结合我国各地区和城乡的收入差距特征，本报告建立了一套科学测度各省级政府收入鸿沟的指标体系，具体包括3个一级指标和6个二级指标(见表6-10)。一级指标有：居民收入、居民消费和1－恩格尔系数；二级指标是：城镇居民人均可支配收入、农村居民人均纯收入、城镇居民人均消费支出、农村居民人均消费支出、城镇居民人均消费支出、1－城镇恩格尔系数和1－农村居民恩格尔系数。由于恩格尔系数是食品支出占个人消费总支出的比率，系数越小越好，是逆指标，因此，本报告测度时已经采用1－城镇恩格尔系数、1－农村恩格尔系数等方法将恩格尔系数一级指标及其所含二级指标都转化为正指标，以便能够与其他指标进行比较。本报告的收入鸿沟测度指标实际上反映了各省级政府辖区居民生活水平，因此，收入鸿沟测度指数越大，表明当地居民生活水平越高；收入鸿沟测度指数越小，表明当地居民生活水平越低。

表6-10　我国收入鸿沟测度指标

指标	一级指标	二级指标
收入鸿沟	居民收入(A1)	1. 城镇居民可支配收入(A11)
		2. 农村居民人均纯收入(A12)
	居民消费(A2)	1. 城镇居民人均消费支出(A21)
		2. 农村居民人均消费支出(A22)
	1-恩格尔系数(A3)	1. 1－城镇居民恩格尔系数(A31)
		2. 1－农村居民恩格尔系数(A32)

(二)收入鸿沟测度指标权重

首先，在收入鸿沟测度一级指标体系中，居民收入指标相对于居民消费指标和恩格尔系数指标对测度结果影响较大，因此被赋予40%的权重，高于平均权重33.3%，而居民消费和恩格尔系数两个指标对测度结果的影响程度相似，因此都被赋予较低的权重，为30%。其次，由于每个一级指标都含两个二级指标，按照指标权重平均原则，因此，6个二级指标中，给予城镇居民人均可支配收入、农村居民人均纯收入各20%的权重；而给予城镇居民人均消费支出、农村居民人均消费支出、城镇居民人均消费支出、1－城镇恩格尔系数和1－农村居民恩格尔系数4个指标各15%的权重(见表6-11)。

表6-11　　我国收入鸿沟测度指标及其权重

指标	收入鸿沟					
一级指标	居民收入(A1)		居民消费(A2)		1－恩格尔系数(A3)	
权重	40%		30%		30%	
二级指标	城镇居民人均可支配收入(A11)	农村居民人均纯收入(A12)	城镇居民人均消费支出(A21)	农村居民人民消费支出(A22)	1－城镇居民恩格尔系数(A31)	1－农村居民恩格尔系数(A32)
权重	20%	20%	15%	15%	15%	15%

(三)收入鸿沟测度结果与比较

1. 2012年中国省级政府收入鸿沟测度指数排名及比较(见附录1：表6-12)

附录1的表6-12和图6-2反映了我国收入鸿沟的三个显著特征。

第一，省级政府收入鸿沟指数排名区域集中度较高。按照指数由高到低，收入鸿沟大致呈现出“东部—东北部—中部—西部”由强渐弱的阶梯型分布趋势。收入鸿沟排名前10位的省级政府中，除了东北的辽宁省(排名第8位)和西部的内蒙古(排名第10位)外，其余8个都来自东部地区，其中，上海排名全国首位，表明上海收入水平最高，其他地区与之相比的收入差距最大。收入鸿沟排名从第11位到第21位中的10个省级政府中，有1个来自东部、2个来自东

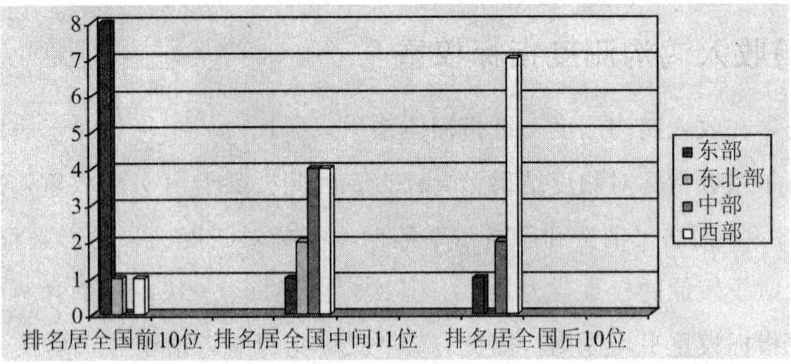

图 6-2　2012 年我国收入鸿沟指数区域分布图

北、4 个来自中部、4 个来自西部，其中，东部的河北排在第 13 位，东北的吉林和黑龙江分别排在第 12 位和第 19 位；而在后 10 位排名中，排名第 23 位和第 24 位分别来自中部的山西和江西，第 25 位来自东部的海南外，另外 7 个来自西部，西藏排名最后。这种排名差异与特征可能是由国家的区域发展政策与战略影响所致。比如，我国长期实行的“向东倾斜，梯度推进”发展战略、“鼓励一部分地区、一部分企业和一部分人先富起来”的政策、“加快沿海地区经济发展战略”等，可能拉大了东西部地区之间的收入差距，形成了收入鸿沟。

第二，收入鸿沟测度指数呈现阶梯型分布的总体趋势下，少数省级政府排名表现出与其所在区域总体排名趋势不一致的情形，个别省级政府收入鸿沟排名明显超过区域平均水平，比如，西部的内蒙古排在第 10 位；而有的省级政府收入鸿沟排名又显著落后于同区域的其他省级政府，比如，东部的海南逊色于东部其他地区，排在第 25 位。

第三，收入鸿沟排名表现出与各地居民收入水平高度的相关性。比如，收入鸿沟指数排名几乎与居民收入指标指数排名一致。由此表明，各地收入水平高低及分配不均是影响收入鸿沟的最主要因素，因此，在“十二五”期间我国面临提升各地收入水平及调节收入分配不均的艰巨任务。

2. 2012 年省级政府收入鸿沟指数区域比较(见附录 1：表 6-13)

根据附录 1 中的表 6-13 和图 6-2，我国东部、东北部、中部、西部四大区域收入鸿沟指数分布大致呈现以下规律性。

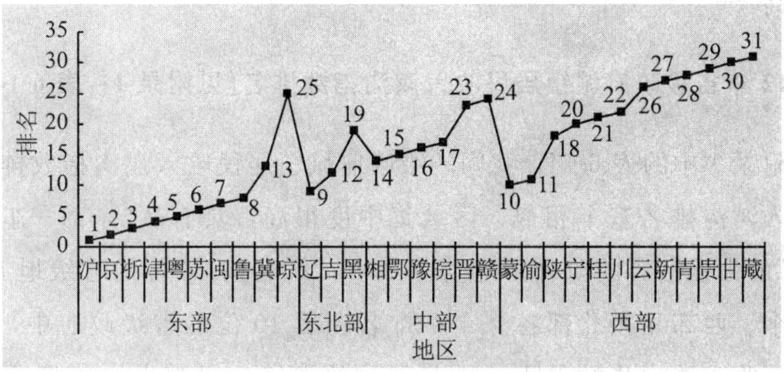

图 6-3　2012 年省级政府收入鸿沟指数区域排名

第一，东部地区整体收入水平较高，其他地区与之相比的收入差距较大。比如，东部 10 个省级政府中有 9 个排在前第 15 位、8 个排在前 10 位，只有海南收入水平较低，排在第 25 位。这可能与东部地区大部分省级政府辖区居民收入水平较高并排名靠前有关，因为东部地区居民收入指数排名和收入鸿沟指数排名具有高度一致性。但是东部少数省级政府的 1－恩格尔系数指标排名靠后，如福建排在第 23 位，广东排在第 21 位。这说明，较高的物价与消费水平影响了这两省收入水平的提升。总之，东部地区收入鸿沟指数总体上好于其他地区，海南排名靠后，可能与其建省时间不长、经济发展水平滞后有关。

第二，东北地区收入水平相对较高。东北的辽宁、吉林、黑龙江的收入鸿沟指数排名分别是第 9 位、第 12 位和第 19 位，辽宁省相对更好，其排名挤进了前 10 位。同时，东北三省的另一突出特点是恩格尔系数较小，吉林、黑龙江、辽宁分别排在第 6 位、第 7 位和第 13 位，而其居民收入和居民消费方面三省位居全国中间位置。

第三，中部地区收入一般，呈现“中部”特征。中部六省收入鸿沟指数排名在第 14 位到第 24 位之间，湖南与湖北相对较好，排在第 14 位及第 15 位，山西和江西排名居全国后 10 位，分别处于第 23 位和第 24 位。

第四，西部收入水平较低，与其他地区的收入差距较大。在收入鸿沟指数排在后 10 位的省级政府中，西部有 7 个。除了内蒙古和重庆排名较前，分别位居第 10 位和第 11 位，西部其他省级政府收入水平比较低。这也许是其经济发展滞后造成的。值得一提的是，来自西部的内蒙古 1－恩格尔系数排名比较靠前，排在第 3 位，这说明其物价水平及食品消费不高，食品支出占消费总支出的比例不高。

3. 2012年省级政府城镇居民收入鸿沟指数排名(见附录1：表6-14)

根据附录1中的表6-14，我国省级政府城镇居民收入鸿沟指数排名与城乡整体的收入鸿沟排名基本相似，区域集中度很高，具有从“东部—东北部—中部—西部”的由强渐弱的阶梯形趋势。其中，排名前10位的省级地方政府中，东部有8个、西部和东北部各1个；排名在后10位的省级政府中，西部有6个。因此，收入鸿沟指数较大、排名靠前的省级政府都来自较发达的东部地区，比如，上海(第1位)、北京(第2位)、浙江(第3位)等，而收入鸿沟指数较小、排名靠后的省级政府则来自较落后的西部地区，比如，新疆、贵州、青海、西藏和甘肃的排名分别在第27位、第28位、第29位、第30位和第31位。这说明，各省级政府收入水平或者收入鸿沟与其辖区的经济发展水平关联性强。经济越发达的地区，其收入水平越高，其他地区与之相比而形成的收入鸿沟越大；经济越落后的地区，其收入水平越低。因此，弥合收入鸿沟，需要高度重视落后地区的经济社会发展。

4. 2012年省级政府农村居民收入鸿沟指数排名(见附录1：表6-15)

根据附录1中的表6-15，我们发现，农村收入鸿沟排名与城镇收入鸿沟排名具有相似特征，也呈现从“东部—东北部—中部—西部”的阶梯型趋势。东部省级政府辖区农村收入鸿沟指数排名除了海南排名居后，位于第26位外，其余的排名都比较靠前，而中部和东北地区的大部分省级政府排名居中，位居第9位至第21位。西部各省级政府排名都比较靠后，其中，贵州排名最后(第31位)，其指数值为0.105 4，不到上海(第1位)指数0.263 9的一半。这说明东西部地区农村收入水平差距很大，因此，“十二五”期间国家加大对西部农村地区的建设和投入，具有十分重要的意义。

5. 2012年省级政府城乡收入鸿沟指数比较(见附录1：表6-16)

图6-4列出了城镇居民和农村居民收入鸿沟指数的对比情况，根据附录1中的表6-15和表6-16，不难看出，我国各地区城镇收入鸿沟指数和农村收入指数值从高到低呈现出由东到西的阶梯型分布特征，并且各地城镇收入鸿沟指数

值与农村收入鸿沟指数值的比例一般是 2∶1(因为在无量纲化时对其进行的特别处理，这里指数值比较具有重要意义)，所以，我国城镇居民收入水平大概是农村居民收入水平的两倍。由此可以看出，城乡的收入鸿沟很大。

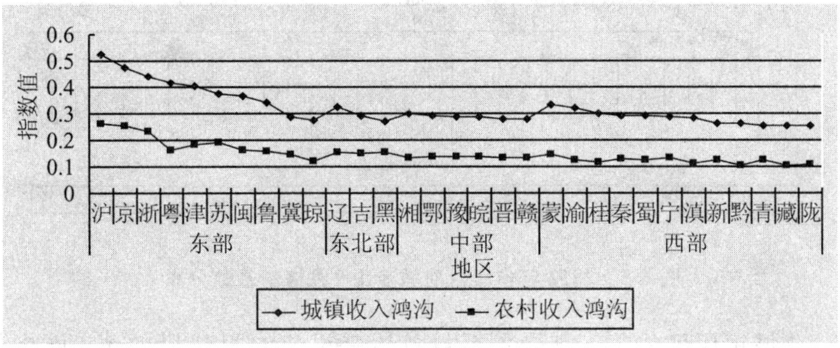

图 6-4　2012 年省级政府城乡收入鸿沟指数分布

另外，从附录 1 的表 6-16 看出，我国大部分省级政府的城乡收入鸿沟指数排名基本一致或者两者相差不大。比如，东部的上海、北京、浙江、天津、福建、山东城乡收入鸿沟排名基本一致，广东城镇收入鸿沟指数排名为第 4 位，而农村收入鸿沟指数排名为第 6 位。西部的青海、西藏、甘肃、贵州等省级政府城乡收入鸿沟指数排名也比较相近。这说明城镇的收入水平排名能够大概反映农村收入水平排名。但是，少部分省级政府城乡收入鸿沟指数排名差异较大。如黑龙江城镇收入鸿沟指数排名第 26 位，而农村收入鸿沟指数排名则为第 10 位；重庆城镇收入鸿沟指数排名第 10 位，而农村收入鸿沟指数排名则为第 24 位。这说明黑龙江的农村收入水平相对其他地区较高，而重庆的城镇收入水平相对其他地区较高。

6. 2012 年省级政府城乡 1－恩格尔系数排名(见附录 1：表 6-17)

根据附录 1 的表 6-17 及图 6-5，我国城乡 1－恩格尔系数排名具有两个明显特征(由于恩格尔系数是逆指标，本报告将所含一级指标和二级指标都转化为正指标，以便能够与其他指标进行比较。转化方法为用 1 减去系数值即可)。

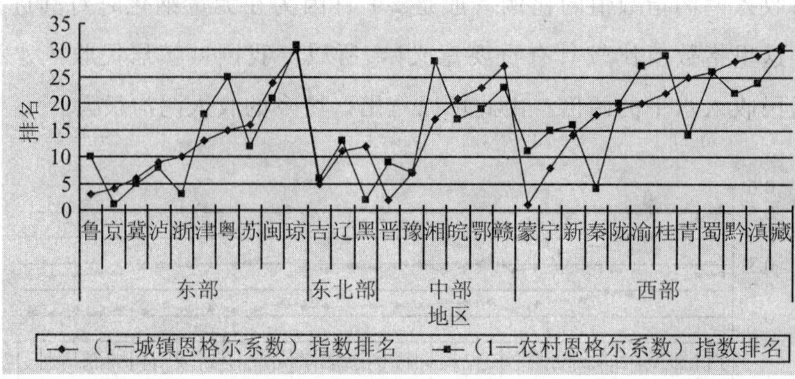

图 6-5　2012 年省级政府城乡 1－恩格尔系数分布

第一，城镇居民的 1－恩格尔系数总体来说比农村居民的 1－恩格尔系数大，也就是说城镇居民恩格尔系数总体来说比农村居民的恩格尔系数小。31 个省级政府中，除黑龙江、青海、陕西和西藏外，其余各省级政府都符合以上的规律。这也正好印证了城镇居民收入鸿沟综合指数大于农村居民的收入鸿沟指数(报告中使用的是 1－城乡居民恩格尔系数，指数值越大越好)。

第二，1－恩格尔系数排名区域集中度不高。从图 6-5 看出，各省级政府城镇恩格尔系数及农村恩格尔系数排名情况差异性较大，也就是说，各地城镇与农村恩格尔系数排名不一致。

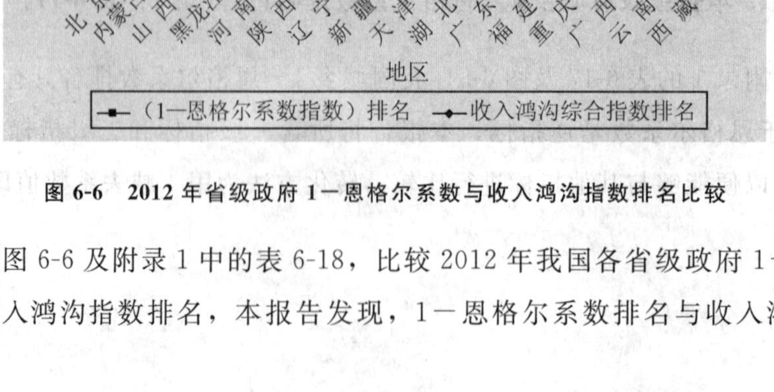

图 6-6　2012 年省级政府 1－恩格尔系数与收入鸿沟指数排名比较

根据图 6-6 及附录 1 中的表 6-18，比较 2012 年我国各省级政府 1－恩格尔系数与收入鸿沟指数排名，本报告发现，1－恩格尔系数排名与收入鸿沟指数排名不一致。这说明1－恩格尔系数不能完全反映收入鸿沟状况。因此，要了解并评价各地区的收入水平排名，需要通过多个指标进行测度。

>> 四、数字鸿沟测度 <<

根据CNNIC第29次《中国互联网络发展状况统计报告》，截至2011年年底，中国网民规模达到5.13亿，互联网普及率达到38.3%，手机网民规模达到3.56亿，家庭电脑上网宽带网民规模为3.92亿。同时，我国通信业发展迅速，2011年全国电话用户净增11 802万户，总数达到了127 137万户，移动电话用户总数达到98 625万户，移动电话普及率达到73.6部/百人。我国信息化水平大幅提升，数字信息化产业进入快速发展时期。

然而，由于存在地理区位及区域经济发展差异，改革开放以来，我国地区经济发展出现明显差距，尤其是东西部发展差距逐渐扩大。20世纪80年代以来，我国提出了在沿海地区发展外向型经济战略，投资政策向东部沿海地区倾斜，这大大促进了东部地区的经济增长，推进了当地知识经济发展和数字信息化建设。与此同时，由于中西部地区发展的基础环境不好，经济发展水平滞后，加重了当地人力资源匮乏、资金短缺问题，因此，这里信息化水平较低，与东部地区之间形成了巨大的数字鸿沟。尽管在“西部大开发”和“中部崛起”政策实施后，中西部和东部的差距有所缩小，但这一鸿沟却仍然十分明显。

(一)数字鸿沟测度指标

有关区域“数字鸿沟”的实证研究主要立足于测度信息化和互联网水平，即从通过测度各地信息化水平来间接表征数字鸿沟，但测度“数字鸿沟”指标不同。比如，美国“数字鸿沟”测度指标一般是参考美国的信息化指标体系，主要包括信息量及其指数、信息装备率及其指数、通信主体水平及其指数、信息系统及指数四个方面；日本也从信息化指数角度测度分析“数字鸿沟”，其测度指标体系主要包括信息量(Q)、信息装备率(E)、通信主体水平(P)、信息系数(U)四个主要指标；加拿大则采用信息技术与电信分类法测度数字鸿沟，其指标体系包括通信、商业服务、电器产品、电子产品4大类。

与此同时，一些国际组织构建自己独特的指标体系测度“数字鸿沟”。比如，国际数据公司(IDC)的测度指标体系包括4大类，即社会基础结构、信息基础结构、计算机基础结构以及互联网基础。其中社会基础结构中又包括高等教育人数比例、中等教育人数比例等5个小类；信息基础结构下又包括家庭电话普及率、电话故障发生率、人均收音机拥有数量等7个小类；计算机基础结构大类下包括软硬件费用比、PC联网比例、教育费用PC数等5个小类；互联网基础包括电子商务、互联网主机数、互联网供应商等5个小类。又如，经济合作与发展组织(OECD)对“数字鸿沟”的测度主要从互联网水平进行考虑，测度指标包括网络可接入性、网络利用、网络意识、网络外部环境四个方面。

我国工信部以及国家统计局主要基于信息化水平测度“数字鸿沟”。工信部测度信息化综合指标体系主要包括信息资源开发利用、信息网络建设、信息技术应用、信息产业发展、信息化人才和人口因素、信息化发展政策6个方面，共21个指标；国家统计局测度社会信息化水平的指标包括4个一级指标和29个二级指标，4个一级指标主要是信息技术和信息设备利用能力、信息资源开发与利用能力、信息化人才与人口素质、国家对信息产业发展的支撑情况。

参考国内外有关“数字鸿沟”的测度研究与实践，根据影响区域“数字鸿沟”的主要因素，本报告从信息化建设角度构建了由网络基础设施、网络使用率两个一级指标及其所包含的9个二级指标体系来测度我国各地数字化水平，通过数字化水平指数从间接测度我国各区域之间数字鸿沟的大小(见表6-19)。

表6-19　　数字鸿沟测度指标

数字鸿沟综合测度指标	一级指标	二级指标(单位)
	网络基础设施A1	1. 电信固定资产投资(亿)A11
		2. 移动电话用户(万户)A12
		3. 固定电话用户(万户)A13
	网络使用率A2	1. 人均网站数(个/人)A21
		2. 网民数占当地人口比例(%)A22
		3. 人均CN域名数(个/人)A23
		4. 人均网页数(个/人)A24
		5. 互联网络普及率(%)A25
		6. IPv4地址比例(%)A26

(二)数字鸿沟测度指标数据处理及权重

本报告有关数字鸿沟测度指标的原始数据分别来自2011年我国互联网络信息中心公布的《第29次中国互联网络发展状况统计报告》、中华人民共和国工业和信息化部网站、《2011年中国统计年鉴》。由于我国工业和信息部网站上公布的数据并不完全，因此移动电话用户和固定电话用户的数据来自2011年1月到11月的数据，电子信息产业的固定投资数据是从2011年1月到10月的数据。人均网站数、网民数占当地人口比例、人均CN域名数、人均网页数、互联网络普及率、IPv4地址比例的原始数据均来自《第29次中国互联网络发展状况统计报告》。

测度数字鸿沟(即数字信息化水平)的相关指标数值的计算公式分别表示为：

$$I2_{ij}=\frac{A_{ij}}{N}(i=1,\ 2;\ j=1,\ 2,\ 3,\ 4,\ 5,\ 6)$$

$$I1_{A1}=\sum(I2_{ij}\times W)(i=1;\ j=1,\ 2,\ 3)$$

$$I1_{A2}=\sum(I2_{ij}\times W)(i=2;\ j=1,\ 2,\ 3,\ 4,\ 5,\ 6)$$

$$I=\sum(I2_{ij}\times W)(i=1,\ 2;\ j=1,\ 2,\ 3,\ 4,\ 5,\ 6)$$

其中公式里的I、$I1_{A1}$、$I1_{A2}$、$I2_{ij}$、A_{ij}、N、W分别为各省级政府辖区的数字鸿沟综合测度指数(实际上是各地数字化水平指数)、网络基础设施的一级指标指数、网络使用率的一级指标指数、各项二级指标指数、各项二级指标原始值、各项二级指标原始平均值、各指标权重。本书赋予2个一级指标，即网络基础设施(A1)、网络使用率(A2)权重相同，即各占50%的权重。然后根据各二级指标对测度结果的影响大小，将9个二级指标的权重设置如下：电信固定资产投资20%、固定电话用户15%、移动电话用户15%；人均网站数7.5%、网民数占当地人口比例7.5%、人均CN域名数7.5%、人均网页数7.5%、互联网络普及率15%、IPv4地址比例5%。

有关数字鸿沟测度指标的综合指数越大，表明该省级地方政府辖区的数字信息化程度越高；一级、二级指标指数越高，表明该省级地方政府辖区的网络基础设施越完善，网络使用率越高。然后，按照数字化水平高低进行降序排名，即数字化水平测度指数越高的排在前面，较低的排在后面。数字化水平指数越高表明当地数字鸿沟越小，其他地区与之相比形成的数字鸿沟越大。

(三)数字鸿沟测度结果比较

1. 数字鸿沟测度指标指数比较(见附录1：表6-20)

根据图6-7、图6-8、图6-9以及附录1中的表6-20，我国各地数字鸿沟(即数字化水平)测度结果排名前3位的省级地方政府分别为北京、广东、浙江，其指数较高，数字化水平较高，分别为4.11、2.75、1.961，其他省级地方政府的数字化水平与之相比存在巨大差距，形成数字鸿沟；排名最后3位的分别是青海、宁夏、西藏，其指数为0.321、0.320、0.238，表明其数字化水平很低，与其他省级地方政府之间存在明显的数字鸿沟。不难看出，我国数字化水平指数排名前3位(表明当地数字化水平较高)的都来自东部沿海地区，其他地区与之相比存在巨大的数字鸿沟；而数字化水平排在后3位(即当地数字化水平较低)的省份均位于西部地区，它们与东部地区之间存在巨大的数字鸿沟。同时，数字化水平排名前10位(即当地数字化水平较高)的省级地方政府中有8个来自东部地区，而数字化水平排名后10位(即数字鸿沟越大)的省级地方政府中有7个来自西部。因此，我国东西两大地区的“数字鸿沟”差距相当大。同时，我国东部、中部、东北、西部地区数字鸿沟(即数字化水平)测度指标指数分别为：1.743 1、0.8、0.77、0.54；中部和东北地区数字化水平指数值还不到东部地区的50%，西部地区的数字化水平指数值不及东部地区的30%；东部和东北之间的数字化水平差距不大，二者的“数字鸿沟”不明显。以上测度指标指数从侧面反映了我国区域之间的数字鸿沟特征，即整体上我国的“数字鸿沟”按照西部、中部、东部依次排列，呈现西高东低的阶梯状分布。

2. 数字鸿沟测度一级指标指数比较(见附录1：表6-21)

根据附录1中的表6-21所示的网络基础设施指标指数，网络基础设施排名前3位的省级地方政府为广东、江苏、浙江，其指数分别为1.8、1.16、0.95；网络设施排名居后的省级地方政府为青海、宁夏、西藏，其指数分别为0.081、

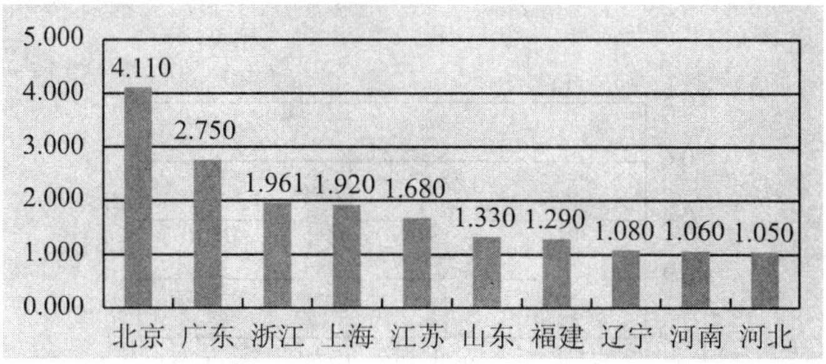

图 6-7　2012 年数字鸿沟测度排名前十名的省级政府

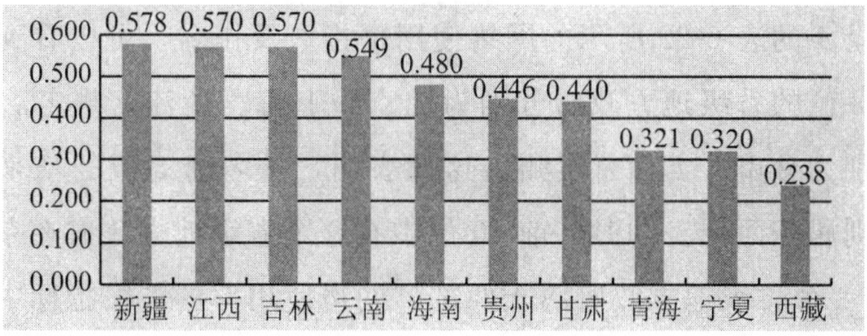

图 6-8　2012 年数字鸿沟测度排名后十位的省级政府

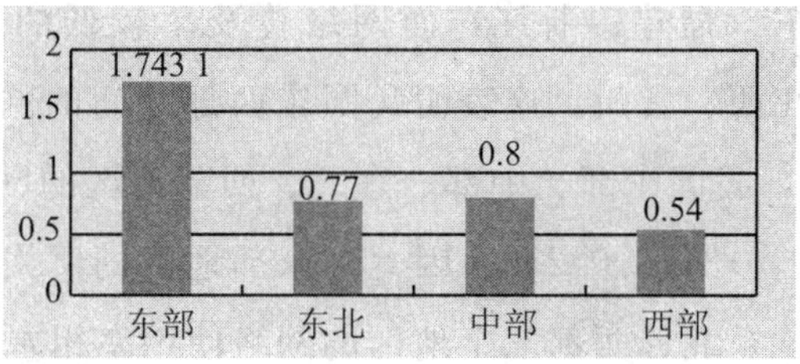

图 6-9　2012 年我国区域数字鸿沟测度比较

0.08、0.042 2。排名前 3 位的均处于东部地区，而排名后 3 位的均在西部地区。同时，排名前 10 位的省级地方政府中有 6 个属于东部地区，而排名后 10 位的省级地方政府有 7 个属于西部地区，但是也存在例外现象，比如中部、东北、西部地区也有个别省级地方政府辖区的网络基础设施比较完善，比如四川省、河南省、辽宁省、湖南省排名分别位居第 5 位、第 6 位、第 8 位、第 9 位。

由此可见，我国东西部之间的网络基础设施差距很大，地区数字鸿沟明显。根据图 6-10，东部地区的网络基础设施指数为 0.744，而中部、东北、西部地区的网络基础设施指数分别为 0.53、0.451、0.30，它们和东部地区存在明显差距。

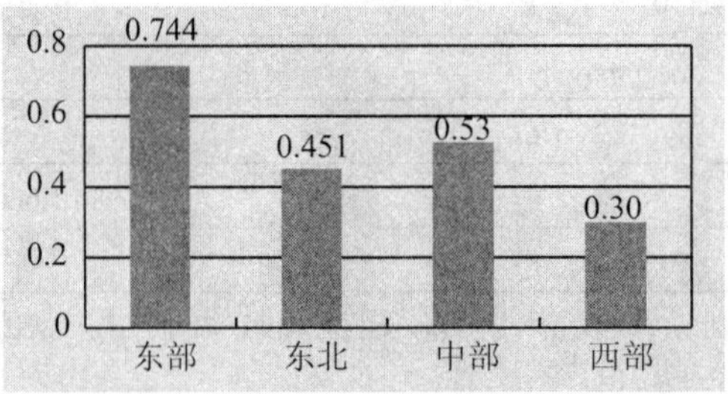

图 6-10　2012 年我国各地区网络基础设施指数情况

根据附录 1 的表 6-22 所示的网络使用率指数及排名，可以看到网络使用率指数排名前 3 位的省级地方政府分别为北京、上海、浙江，排名后 3 位的省级地方政府分别为甘肃、云南、贵州。这就表明，排名前 3 位的均来自东部，而排名后 3 位则属于西部。同时，前 10 位中有 9 个省级地方政府在东部地区，而后 10 位中有 8 个省级地方政府属于西部。网络使用率的考察指标中网络普及率所占比重较大。同时，根据附录 1 的表 6-23，可以看到我国各省级地方政府互联网络普及率的指数及排名，不难看出，互联网络普及率较高的省级地方政府为北京、上海、广东、福建、浙江，而网络普及率较低的省级地方政府为甘肃、安徽、云南、江西、贵州。这表明我国东西部之间的网络普及程度相差比较大。图 6-11 表明，我国东部、中部、东北、西部地区的网络使用率指数分别为 1.000 3、0.278、0.317、0.239。因此，东部地区的网络使用率遥遥领先于其他地区，而中部、东北、西部三个地区的网络使用率相差不大。

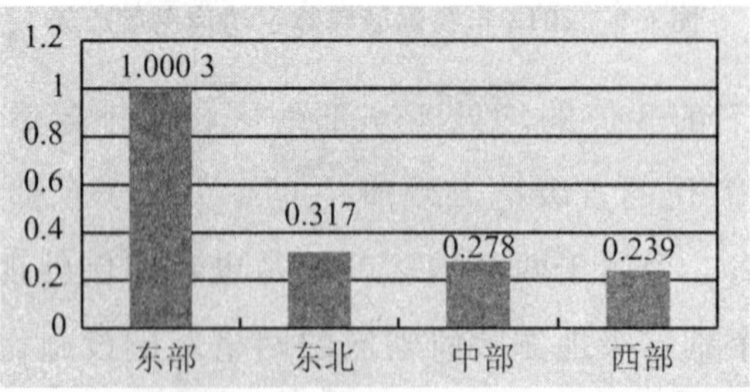

图 6-11　2012 年我国各地区网络使用率指数情况

另外，比较我国 31 个省级政府的数字鸿沟指数及网络使用率指数排名，二者之间具有一定的相似性：省级政府的网络使用率大致能够反映当地的数字鸿沟水平，网络使用率指数较高的省级政府，其数字鸿沟指数排名比较靠前。因此，在网络基础设施相对落后的欠发达地区，注重提高网络使用率是提高当地数字化水平、缩小与其他地区的数字差距的有效措施。

五、区域发展鸿沟测度

21世纪以来，我国综合国力显著增强，不同区域经济社会发展加快，但是，东部、东北、中部、西部不同地区在经济社会发展及人居环境方面出现明显的差异性，区域间发展差距不断扩大，形成区域发展鸿沟。这一鸿沟不仅构成经济社会协调发展的重大挑战，而且成为我国政府和学术界关注的焦点。因此，研究区域发展鸿沟有助于寻觅社会鸿沟成因，为各级政府制定消除社会鸿沟的决策与行动纲领提供参考，从而实现区域经济社会均衡协调发展，实现不同地区之间的发展效率与公平的双重目标。

(一)区域发展鸿沟测度指标

本报告结合我国各地区和城乡间的区域发展鸿沟特征，根据测度指标选取的相关原则，建立了一套科学、系统的测度指标体系，具体包括3个一级指标和12个二级指标(见表6-25)。

表6-25　　我国区域发展鸿沟测度指标

指标	一级指标	二级指标
区域发展鸿沟	经济发展水平(A1)	1. GDP总值(A11)
		2. 人均GDP(A12)
		3. GDP增长率(A13)
		4. 第三产业占GDP比值(A14)
	社会发展水平(A2)	1. 居民幸福指数(A21)
		2. 1－城镇登记失业率(A22)
		3. 人均社会保障补助支出(A23)
		4. 每十万人中高校在校学生数(A24)
	人居环境水平(A3)	1. 城市生活垃圾无害化处理率(A31)
		2. 建成区绿化覆盖率(A32)
		3. 基础公共设施占地方财政收入比重(A33)
		4. 环境投资占地方财政收入比重(A34)

(二)测度指标数据来源及权重

本报告采用综合指数法测度区域发展鸿沟。省级政府区域发展鸿沟综合指数越大，表明当地发展水平越高，其他地区与之相比的区域发展鸿沟越大。本报告有关区域发展鸿沟的排名实际上反映了其他地区与该省级政府相比形成的发展鸿沟状况，也就是揭示该省级政府辖区区域发展状况优于其他地区的现象。

本报告有关2012年我国区域发展鸿沟测度指标的原始数据来自《2011年中国统计年鉴》、《2011年中国环境统计年鉴》。

本报告测度区域发展鸿沟的相关指标及其权重设置如下(见表6-26)：

首先，区域发展鸿沟测度三个一级指标的平均权重是33.3%，但是经济发展水平与区域发展鸿沟关系更直接，对测度结果影响更大，因此被赋予的权重为44%(高于一级指标平均权重)；社会发展水平对区域发展鸿沟测度结果也比较大，因此被赋予32%(略低于平均权重)，而人居环境水平对区域发展鸿沟影响较小，因此被赋予的权重较小，为24%。

其次，有关区域发展鸿沟测度的12个二级指标权重安排如下。参考它们的平均权重8.33%，并且每个一级指标所含的二级指标权重之和等于该一级指标权重，同时，所有二级指标权重总和也为1。然后考虑每个二级指标对测度区域鸿沟的影响程度大小，在设定权重时，影响较大的指标，其权重就高于平均权重；影响较小的指标，其权重就低于平均权重，其余的指标则被赋予平均权重。因此，12个指标中，人均GDP、GDP增长率两个指标最能反映区域发展水平，所以其权重最高，都为12%；GDP总值和第三产业占GDP比重的影响程度次之，都被给予10%的权重；其他二级指标中，每十万人中高校在校学生数指标虽然影响较大，但不如以上4个指标，因此，都被赋予11%的权重；人均社会保障与就业支出指标权影响程度一般，被赋予平均权重，即为8.5%。剩下的几个指标中，由于各省级政府的1－城镇登记失业率和建成区绿化覆盖率相差不大，对测度结果影响较小，被给予较小权重，都为5%。确定了社会发展水平所含3个二级指标权重后，则居民幸福指数指标的权重等于权重和减去另外三个指标的权重，即为7.5%。人居环境水平所含的4个二级指标中，影响较大的基础公共设施投资占地方财政收入比重指标被赋予7%的权重；城市生活垃圾无害化处理率和环境治理投资占地方财政收入比重指标都被赋予6%的权重，而建成区绿化覆盖率指标对测度影响较小，被赋予较小权重，即为5%。

表 6-26　　2012 年区域发展鸿沟测度指标及其权重

指标	区域发展鸿沟											
一级指标	经济发展水平(A1)				社会发展水平(A2)				人居环境水平(A3)			
权重	44%				32%				24%			
二级指标	GDP总值(A11)	人均GDP(A12)	GDP增长率(A13)	第三产业占GDP比重(A14)	居民幸福指数(A21)	1一城镇登记失业率(A22)	人均社会保障与就业支出(A23)	每十万人中高校在校学生数(A24)	城市生活垃圾无害化处理率(A31)	建成区绿化覆盖率(A32)	基础公共设施投资占地方财政收入比重(A33)	环境治理投资占地方财政收入比重(A34)
权重	10%	12%	12%	10%	7.5%	5%	8.5%	11%	6%	5%	7%	6%

(三)区域发展鸿沟测度结果与比较

1. 2012 年中国省级政府区域发展鸿沟测度指数及比较(见附录 1：表 6-27)

根据图 6-12、附录 1 的表 6-27 分析，可以发现我国区域发展鸿沟呈现的两个显著特征。

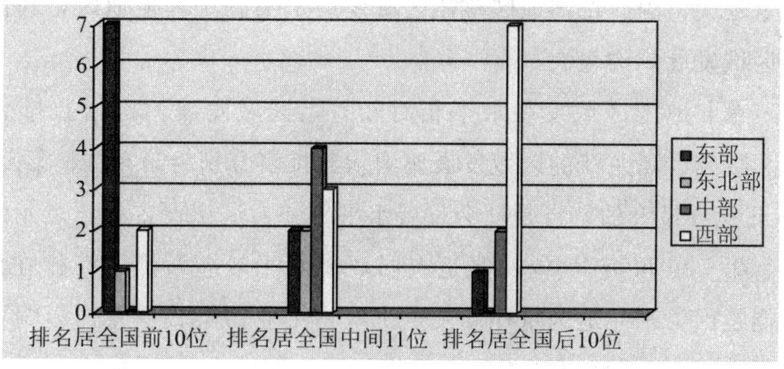

图 6-12　2012 年我国区域发展鸿沟指数区域分布图

第一，我国省级政府区域发展鸿沟指数排名区域集中度较高。按照指数由高到低排列，区域发展鸿沟大致呈现出“东部—东北部—中部—西部”的阶梯型分布趋势。区域发展鸿沟排名前10位的省级政府中，前7位都来自东部地区，另外3位是东北的辽宁、西部的青海和内蒙古；排名从第11位到第21位的省级政府中，东部2个、东北2个、中部4个、西部3个，其中，东部的福建居第13位、河北居第14位，东北的辽宁省和黑龙江分别为第18位和第20位；在排名后10位中，除第23位和第25位分别是来自中部的江西和安徽、第24位是东部的海南省外，其余7个都来自西部，其中西藏排名最后。

第二，区域发展鸿沟呈阶梯型分布总趋势下，少数省级政府排名与其所在区域总体排名情况不一致，有的省级政府区域发展鸿沟指数排序明显强于区域平均水平，如西部的青海、内蒙古进入了前10位，分别排名第9位和第10位；有的省级政府区域鸿沟指数排序又大大落后于同区域的其他省级政府，比如海南排名第24位，远不如东部其他省级政府的排名。

2. 2012年中国省级政府区域发展鸿沟指数区域比较（见附录1：表6-28）

根据附录1的表6-28，我国东部、东北部、中部、西部四大区域发展鸿沟分布具有以下特征：

第一，东部整体区域发展水平高，区域鸿沟指数较高。东部地区10个省级政府中有9个排在前15位，7个排在前10位，只有海南省的区域发展水平较低，排在第24位。东部地区大部分省级政府在经济发展水平指标上排名靠前；少数省级政府在社会发展水平和人居环境水平指标上排名较后，如福建省的社会发展水平排名24位、上海市人居环境水平排在第30位。但由于经济发展水平权重较大，因此东部地区整体区域发展水平高于其他地区，其他地区与之相比的区域发展鸿沟较大。

第二，东北地区区域发展水平相对较好，区域发展鸿沟指数排名比较靠前。辽宁、吉林、黑龙江的区域发展鸿沟指数排名分别为第8位、第18位和第20位。东北三省最大的特点是社会发展水平较高，辽宁、吉林、黑龙江分别排在第5位、第7位和第11位，但是人居环境水平较差，黑龙江排在倒数第3位。这可能是因为东北地区重视发展重工业，工业污染较严重，影响了人居环境水平。

第三，中部地区区域发展水平一般，区域发展鸿沟指数不高。中部六省区域发展鸿沟指数排名居于第12位至第25位之间，湖北、湖南相对较好，排名分别为第12位和第16位；江西和安徽排名居全国后10位，分别为第23位和第25位。这可能是因为，一方面中部地区经济社会发展相对落后，基础设施不足，与人居环境相关的人力、财力投入欠缺，因此，区域发展质量和水平与东部地区之间存在明显差距；另一方面，中部地区正处于承接东部产业转移、加快发展劳动密集型产业阶段，因此面临日益增加的资源、环境等压力，不利于区域可持续发展。因此，中部地区在产业结构转型与升级过程中面临双重挑战：既要提升经济社会发展水平，又要改善人居环境。

第四，西部地区区域发展比较滞后。本次区域发展鸿沟测度指数排在最后11位的省级政府中，西部有8个。西部地区落后的经济发展水平可能是制约其区域发展的一个主要因素。尽管西部拥有丰富的自然资源、廉价的劳动力，但是没有将这些资源优势转化为比较竞争优势，从而影响了当地医疗、教育、住行等社会发展水平。"十二五"期间，深入推进西部大开发，增加经济社会发展投入，改善当地民生将是缩小西部区域发展鸿沟的有效措施。值得欣慰的是，宁夏、重庆的人居环境水平排名在全国前2位，这说明西部地区的人居环境等区域发展水平指标是相当不错的。

3. 2012年省级政府经济发展水平指数排名(见附录1：表6-29)

根据附录1的表6-29可知，一个地区的经济发展水平由GDP总值、人均GDP、GDP增长率和第三产业占GDP比重等测度指标指数拟合而成。其中，人均GDP和GDP的增长率权重较大，都为12%。在全国31个省级政府中，排名前7位均来自为东部，而排名后7位中，有6个来自西部地区。同时，东部地区2010年的GDP增长率普遍较缓，比如上海和北京分别排在第31位和第28位，而西部省级政府的GDP增长率较快，比如新疆和青海分别排在第1位和第3位。这说明，近年来，西部地区经济发展已经步入快车道，西部经济社会发展环境正在好转。另外，上海和北京在人均GDP排在全国前2位，而西部的新疆和青海人均GDP分别排名第19位和第22位，这说明东部与西部之间经济总量与规模相差很大。

4. 2012年省级政府社会发展水平指数排名(见附录1：表6-30)

根据附录1的表6-30，省级政府社会发展水平具有以下特点。

首先，我国31个省级政府的社会发展水平指数排名没有明显的区域性特征。比如，社会发展水平排在前10位的省级政府分布比较分散，其中，东部有3个，东北有2个，西部有4个，中部有1个；而排在后10位的省级政府也是来自东部、中部、西部各地，只是贵州排在最后。

其次，居民幸福指数一般与GDP含金量的定义近似或者等价。2012年全国31个省级政府辖区的居民幸福指数由高到低排名分别是：上海、北京、安徽、贵州、广西、海南、江西、云南、重庆、浙江、广东、黑龙江、福建、四川、湖南、天津、吉林、湖北、山西、宁夏、辽宁、甘肃、江苏、河南、河北、陕西、山东、青海、新疆、西藏、内蒙古。其中，上海、北京的居民幸福指数排在第1位、第2位，分别为0.459 9和0.458 8。

最后，省级政府每十万人口高校在校学生数指标排名中，排在最后7位都来自西部；而排在前7位的，东部地区有4个，其他三个地区各有1个。由此表明，经济越发达地区，高等教育越发达，发达的高等教育又会促进当地经济社会发展，形成良性循环。因此，在推进中西部经济社会发展中，应该把教育放在优先地位。

此外，值得一提的是，西部的青海省社会发展水平指数排在第2位，人均社会保障与支出指数排在全国首位。这可能是因为该省全年社会保障与就业支出中投入巨大，高达189.50亿元，虽然绝对投入水平居全国中等地位，但由于青海人口较少，只有563万人(是全国人口最少的两个省级政府之一)，所以，其人均社会保障与就业支出中比值就大，人均保障与就业支出所占的权重达到8.5%。

5. 2012年省级政府人居环境水平指数排名(见附录1：表6-31)

通过图6-13及附录1的表6-31看出，人居环境水平指数排名并没有呈现出由“东部—东北部—中部—西部”的阶梯式发展趋势，而是分布比较零散。比如，排名前10位的省级政府中，东部、中部、西部各有4个、1个、5个，西部的宁夏排在第1位；排在后10位的省级政府中，来自西部、东部和东北部的都有3个、中部有1个。

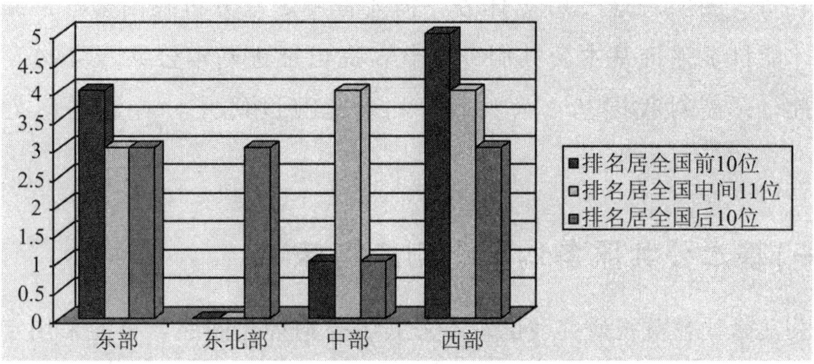

图 6-13　2012 年我国省级政府人居环境水平指数区域分布图

六、基本公共服务均等化测度

省级地方政府的社会鸿沟还体现在基本公共服务非均等化，测度基本公共服务非均等化可以通过定量评估基本公共服务均等化来实现。因此，本报告通过测度基本公共服务均等化来定量考察基本公共服务非均等化。

虽然我国政府加大了对基本公共服务的投入，各省级地方政府推进辖区基本公共服务均等化取得了显著成效。城乡免费义务教育全面实施，基本教育服务非均等化有所扭转；基本医疗保障覆盖率不断提升，城乡公共医疗卫生服务体系基本建成；劳动就业服务体系初步建立；社会保险制度不断完善；社会救助和社会福利体系进一步健全。但是，我国各省级地方政府辖区居民基本公共服务非均等化明显存在，主要表现为不同地区基本公共服务不平衡，东西部之间基本公共服务非均等化严重；城乡之间公共服务不平衡，城乡之间基本公共服务非均等化问题突出。因此，推进基本公共服务均等化，缓解地区之间、城乡之间基本公共服务非均等化问题是我国各级政府“十二五”时期面临的紧迫历史任务。

《国家基本公共服务体系“十二五”规划》明确指出，我国要逐步建立城乡一体化的基本公共服务制度，健全促进区域基本公共服务均等化的体制机制，加大公共资源向农村、贫困地区和社会弱势群体的倾斜力度，把更多的财力、物力投向基层，缩小基本公共服务享有差距，促进资源均衡配置、发展机会均等。要实现这一历史任务，需要首先定量分析我国基本公共服务均等化，才能科学评价基本公共服务现状，提出推进基本公共服务均等化的措施，因此，开展对我国基本公共服务均等化测度研究具有重要意义与现实价值。

(一)基本公共服务均等化测度指标

有关文献比较重视研究我国基本公共服务均等化问题，有的采用定量分析方法，衡量基本公共服务均等化，构建了比较科学的测度指标体系，主要包括5个一级指标，即基础教育、医疗卫生、社会保障与就业、基础设施以及环境保护指标，以及18个二级指标，诸如人均教育经费支出、小学师生比、中学师生比，每万人拥有卫生机构数、每万人拥有卫生机构床位数、每万人拥有卫生技术人员数、城镇职工养老保险参保人数占总人口比例、城镇职工医疗保险参保人数占总人口比例、城镇职工失业保险参保人数占总人口比例、新型农村合作医疗保险覆盖率、年末城镇登记失业率、道路网密度、人均邮电业务总量、人均全年用电量、每十人拥有公共图书馆藏书量、工业废水达标排放量、工业固体废物综合利用率以及全年空气等级良好以上天数的比例。

借鉴有关测度指标体系，根据影响我国基本公共服务均等化的因素，本文构建了一套测度指标体系，从基本教育服务、基本文化服务、基本卫生服务、基本社会保障服务以及基础设施五方面来测度我国基本公共服务均等化，具体包括5个一级指标及16个二级指标，比如每万人均财政性教育经费、小学生师比、初中生师比、每万人拥有公共图书馆数、每万人拥有文化站数、每万人拥有出版物发行机构数、医疗保险覆盖率、每万人拥有卫生机构数、每千人卫生技术人员数、每万人均拥有卫生机构床位数、养老保险覆盖率、失业保险覆盖率、工伤保险覆盖率、每万人拥有公交车辆、人均城市拥有道路面积以及人均公园绿地面积(见表6-32)。

表 6-32　　我国基本公共服务均等化测度指标

	一级指标	二级指标
基本公共服务测度指标	基本教育服务均等化 A1	1. 每万人均财政性教育经费(亿元/万人)A11
		2. 小学生师比%A12
		3. 初中生师比%A13
	基本文化服务均等化 A2	1. 每万人拥有公共图书馆数(个/万人)A21
		2. 每万人拥有文化站数(个/万人)A22
		3. 每万人拥有出版物发行机构数(个/万人)A23
	基本卫生服务均等化 A3	1. 医疗保险覆盖率%A31
		2. 每万人拥有卫生机构数(个)A32
		3. 每千人卫生技术人员数(人)A33
		4. 每万人均拥有卫生机构床位数(张)A34
	社会保障服务均等化 A4	1. 养老保险覆盖率%A41
		2. 失业保险覆盖率%A42
		3. 工伤保险覆盖率%A43
	基础设施供给均等化 A5	1. 每万人拥有公交车辆(台/万人)A51
		2. 人均城市拥有道路面积(平方米)A52
		3. 人均公园绿地面积(平方米)A53

(二)测度指标数据处理及权重

有的文献使用“熵值法”测度基本公共服务均等化，熵值是对不确定性的一种度量。本报告采用综合指数法对我国基本公共服务均等化进行测度。

我国基本公共服务均等化相关测度指标指数值的计算公式可以表示为：

$$I2_{ij} = \frac{\mathrm{A}_{ij}}{N}(i = 1, 2, 3, 4; J = 1, 2, 3, 4)$$

$$I1_{\mathrm{A1}} = \sum(I2_{ij} \times W)(i = 1; j = 1, 2, 3)$$

$$I1_{\mathrm{A2}} = \sum(I2_{ij} \times W)(i = 2; j = 1, 2, 3)$$

$$I1_{\mathrm{A3}} = \sum(I2_{ij} \times W)(i = 3; j = 1, 2, 3, 4)$$

$$I1_{\mathrm{A4}} = \sum(I2_{ij} \times W)(i = 4; j = 1, 2, 3)$$

$$I1_{\mathrm{A5}} = \sum(I2_{ij} \times W)(i = 5; j = 1, 2, 3)$$

$$I = \sum (I2_{ij} \times W)(i = 1, 2, 3, 4, 5; j = 1, 2, 3, 4)$$

其中公式里的 I、$I1_{A1}$、$I1_{A2}$、$I1_{A3}$、$I1_{A4}$、$I1_{A5}$、$I2_{ij}$、A_{ij}、N、W 分别为我国基本公共服务均等化综合测度指数、基本教育服务均等化的一级指标指数值、基本文化服务均等化的一级指标指数值、基本卫生服务均等化的一级指标指数值、社会保障服务均等化的一级指标指数值、基础设施供给均等化的一级指标指数值、各项二级指标指数值、各项二级指标原始值、各项二级指标原始平均值、各指标权重。

对测度指标数据处理的程序是：首先根据上文构建的基本公共服务均等化测度指标，寻觅其相应原始数据，然后用各省级地方政府的每个二级指标原始值除以二级指标的全国平均值，将每个指标变成标准化值，即每个二级指标的指数；再根据给每个二级指标对总体指标的影响程度给予适当权重；之后，用每个二级指标的指数乘以每个二级指标的权重，得到一级指标下每个二级指标的指数值，将同一级指标下的二级指标的指数值加总得到一级指标的指数；将所有一级指标的指数值加总得到我国基本公共服务均等化综合测度指标指数值（即综合指数）。综合指数越高，表明该省级地方政府辖区的基本公共服务越完善，其基本公共服务均等化程度越高，基本公共服务非均等化程度越低。各一级、二级指标指数值越高，表明该省级地方政府有关基本公共服务均等化工作做得越好。

根据指标权重设置原则，基本公共服务均等化测度的 16 个二级指标的权重分别为：每万人均财政性教育经费 6%、小学生师比 7%、初中生师比 7%、每万人拥有公共图书馆数 6%、每万人拥有文化站数 7%、每万人拥有出版物发行机构数 7%、医疗保险覆盖率 5%、每万人拥有卫生机构数 5%、每千人卫生技术人员数 5%、每万人均拥有卫生机构床位数 5%、养老保险覆盖率 7%、失业保险覆盖率 7%、工伤保险覆盖率 6%、每万人拥有公交车辆 7%、人均城市拥有道路 6%、人均公园绿地面积 7%。本次测度指标原始值实际上是 2010 年各省级地方政府相关数据，它们均来自《2011 年国家统计年鉴》。

此外，本报告赋予 5 个一级指标（基本教育服务均等化、基本文化服务均等化、基本卫生服务均等化、社会保障服务均等化、基础设施供给均等化）相同权重，各为 20%。

(三)我国基本公共服务均等化测度结果比较

1. 基本公共服务均等化测度指数比较(见附录1：表6-33)

根据图6-14、图6-15、附录1的表6-33，从我国基本公共服务均等化测度综合指标指数看，排名前3位的省级地方政府为北京、上海、山东，其指数分别为1.662 2、1.399 3、1.277 3，都来自东部沿海地区；排名最后3位的分别是安徽、河南、贵州，其指数为1.277 3、0.766 8、0.757 7，均位于中西部地区。同时，排名前10位的省级地方政府中有6个属于东部地区，而排名后10位的省级地方政府中有9个来自中部、西部地区(西部4个、中部5个)。另外，指数排名第1位的北京是指数排名最后1位贵州的两倍多，因此，我国东部和中西部地区之间的基本公共服务均等化水平存在明显差距。这就是说，我国区域之间基本公共服务非均等化问题突出。

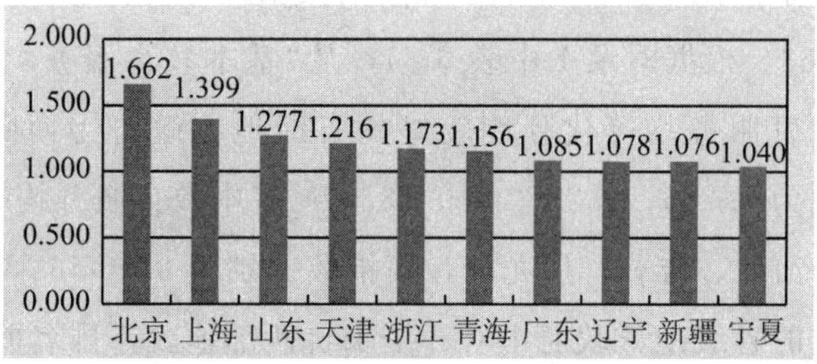

图6-14　2012年基本公共服务均等化测度指数排名前10位的省级政府

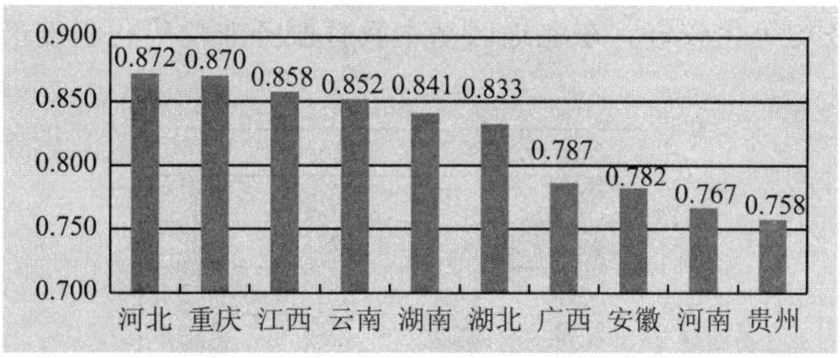

图6-15　2012年基本公共服务均等化测度指数排名后10位的省级政府

图6-16表明区域之间基本公共服务均等化水平不同，我国东部、中部、东

北部、西部基本公共服务均等化综合指数分别为：1.152 4、0.831 98、0.981 5、0.935 8，地区之间基本公共服务均等化供给存在差距，特别是东部与其他地区之间的基本公共服务非均等化现象明显。

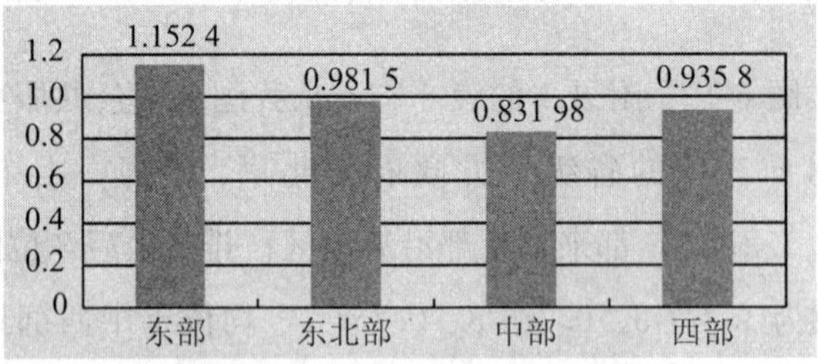

图 6-16　2012 年我国区域基本公共服务均等化测度指数

2. 基本公共服务均等化测度一级指标指数比较

图 6-17 表明，东部地区的基本教育服务均等化指数为 0.201 17，西部地区指数为 0.212，高于东部 0.01 个百分点，中部地区的指数为 0.191 1，东北地区的指数为 0.163。根据附录 1 中表 6-34，从“基本教育服务均等化”指标指数看，我国基本教育服务均等化程度较好的省级地方政府为西藏、青海以及北京，其指数分别为 0.255、0.237 2、0.233 6；基本教育服务均等化程度较差的省级地方政府为河北、吉林、黑龙江，其指数分别为 0.166 6、0.158、0.156 6。其中排名前 3 位的省级地方政府中有 2 个来自西部地区，排名前 10 位的省级地方政府中有 5 个来自西部地区。这就表明，在相关政策的扶持下，我国西部地区的基本教育服务水平得到极大改善，有的甚至还优于东部地区，东部、中部基本教育服务均等化较好，东北地区基本教育服务非均等化程度严重。

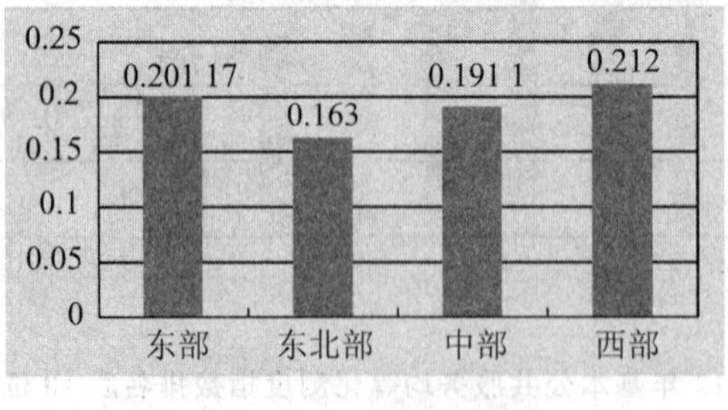

图 6-17　2012 年我国各地区基本教育服务均等化测度指数比较

根据图 6-18，我国东部、东北部、中部、西部四大地区的基本文化服务指数分别为 0.171 05、0.176 33、0.155 3、0.22。由附录 1 中的表 6-34 得知，我国基本文化服务均等化指数排名前 3 位的省级地方政府为青海、北京、新疆，其指数分别为 0.368 1、0.265 6、0.262 2；排名后 3 位的省级地方政府为黑龙江、吉林、河北。这就表明，我国各地基本公共文化服务均等化程度较好，东部、东北部、中部之间的基本文化服务水平相当，而西部地区的基本公共文化服务优于其他地区。

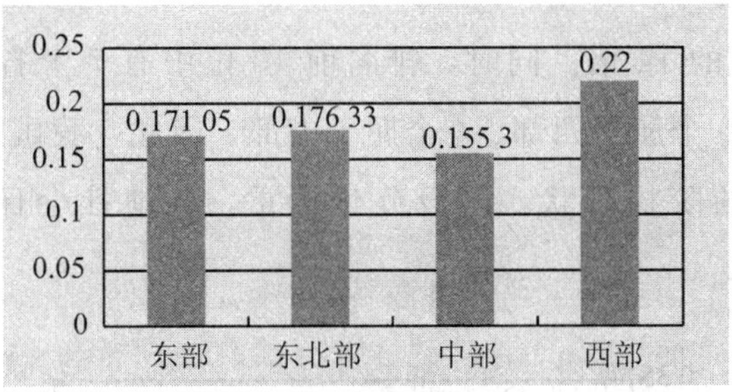

图 6-18　2012 年我国各地区基本文化服务均等化测度指数比较

根据图 6-19，我国东部、东北、中部、西部地区的基本公共卫生服务均等化指数分别为 0.244 74、0.216 6、0.169 1、0.173 9，地区之间基本公共卫生服务水平差距不大。又据附录 1 的表 6-34，基本卫生服务均等化测度指数排名前 3 位的省级地方政府是山东、北京、上海，均来自东部地区；而居后 3 位的省级地方政府为安徽、云南、贵州，都来自中西部。山东省的指数为 0.519 9，贵州省的指数是 0.131 5，山东省是贵州的 4 倍。因此，我国基本卫生服务均等化测度结果整体上呈现较好与欠佳两极特征，较好的一级是东部和东北部，欠佳的一极是中西部。但是各地都有基本公共卫生服务均等化程度较好的省级地方政府，比如，东部较好的为山东、东北部较好的是辽宁、中部较好的为山西、西部较好的是新疆。

根据图 6-20，我国东部、东北部、中部、西部的社会保障服务均等化测度指数分别为 0.320 35、0.237 3、0.133 4、0.123 65。东部明显高于其他三个地区，东北部高于中西部，而中部和西部相差不大。又据附录 1 的表 6-34 可知，我国社会保障服务均等化指数排名前 3 位的省级地方政府为北京、上海、天津，均来自东部地区；排名后 3 位的为云南、贵州、西藏，都属于西部地区；

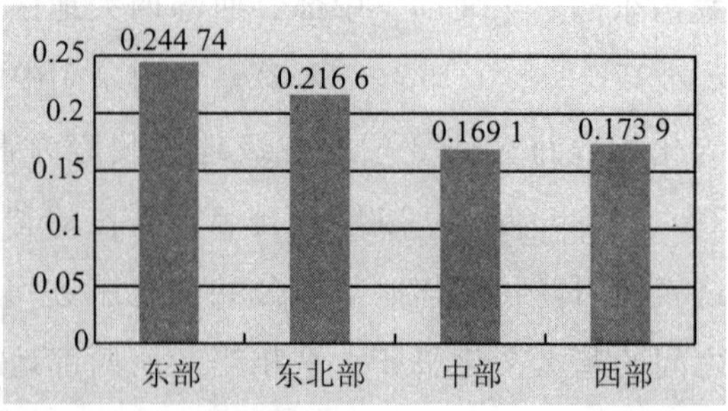

图 6-19　2012 年我国各地区基本卫生服务均等化测度指数比较

北京的指数是西藏的 14 倍。同时，排名前 10 位中有 7 个省级政府来自东部，排名后 10 位中有 6 个属于西部、4 个属于中部。因此，我国社会保障服务呈现明显的东高西低的阶梯形状，两极分化严重，各地社会保障服务水平差距较大。

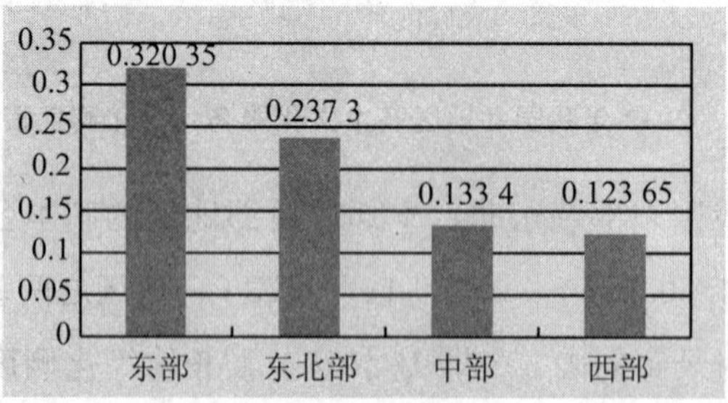

图 6-20　2012 年我国各地区社会保障服务均等化测度指数比较

根据图 6-21，我国东部、西部、东北部、中部地区的基础设施供给均等化测度指数分别为 0.215、0.199、0.188 1、0.182 7，各地差距不大。同时，附录 1 的表 6-34 指出，我国基础设施供给均等化测度指数排名前 3 位的省级地方政府为山东、江苏、宁夏，排名后 3 位的是上海、贵州、河南；排名前 10 位中有 6 个省级地方政府来自东部，4 个省级地方政府来自西部。这就证明，我国各地基础设施供给虽然差距不大，但大致呈现一定的阶梯型，东部较好、中部较差，西部不少省级政府辖区基础设施供给较好。

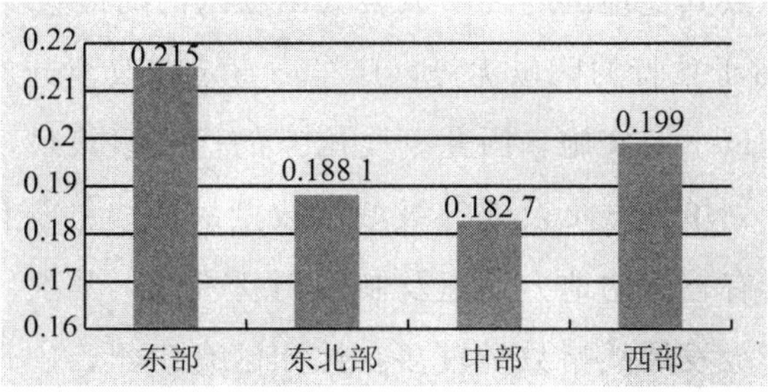

图 6-21　2012 年我国各地区基础设施供给均等化测度指数比较

七、社会鸿沟测度案例分析

(一)制度鸿沟个案分析——以广东及内蒙古为例

以上有关制度鸿沟测度结果表明，我国制度鸿沟测度指数基本呈现东(东北)部高、西部低的总体态势。由于本报告对制度鸿沟的测度是通过评估各省级政府的制度环境与制度红利状况来间接反映其他地区在制度方面与该省级地方政府之间的差距，因此，制度鸿沟测度结果排名在前面的，表明该省级政府的制度环境较好、享受的制度红利较大，其他地区与之相比形成的制度差距较大。与之相反，制度鸿沟测度排名在后面的，表明该省级政府的制度环境较差、享受的制度红利较小，其他地区与之相比形成的制度差距较小。根据我国 31 个省级地方政府制度鸿沟测度，结果发现广东、新疆、河北、内蒙古分别位居全国第 1 位、第 2 位、第 23 位、第 31 位。这一测度排名耐人寻味，以此作为案例分析具有一定的典型意义。

1. 广东制度鸿沟测度分析

广东制度鸿沟测度指标指数排名全国第一，表明该省享受的制度红利最大，其他省级政府辖区与之比较存在巨大的制度差距，产生明显的制度鸿沟。根据附录 1 中的表 6-4，纵观由优惠政策、非国有企业贡献及国民待遇组成的制度鸿沟测度指标体系，广东的优惠政策指标指数排在全国首位、非国有企业贡献指标指数排在第 19 位、国民待遇排在第 22 位。这就是说，广东所享受的特殊优惠政策是导致其他地区与之形成巨大制度鸿沟的最重要因素。

30 多年来，由于独特的区位优势，广东一直走在改革开放前沿，国家许多特殊政策率先在此试点与实施，因此享受国家的优惠政策最多。首先，广东所辖的经济特区、计划单列城市及副省级城市数量最多，主要有深圳、珠海、汕头、广州 4 个，具有较多的地方治理及制度创新机会；其次，广东拥有的经济技术开发区及国家级发展战略数量较多，比如已有广州、广州南沙、湛江、惠州大亚湾、增城 5 个经济技术开发区，以及深圳、珠海横琴新区两个国家级发展战略。

随着社会主义市场经济体制的完善，省级地方政府所处的政策环境正在发生变化，比如，广东拥有的优惠政策有的已经推广到内地，有的已经终止，依靠优惠政策促进经济社会发展的模式面临严峻挑战。因此，在深化改革、步入"改革深水区"的新形势下，要想在国内保持制度鸿沟领先位置，继续拥有巨大的制度红利，避免制度优势被其他地区替代，广东应充分发挥现有优惠政策优势，勇立改革潮头，当好科学发展排头兵，深入实施社会综合改革，以此获得持久的制度创新与政策创新动力。目前，广东的深化改革成效显著，比如顺德区以转变政府职能为核心的行政体制改革和社会领域改革、南海区以"政经分离"为重点的农村综合改革，2012 年 9 月广东全省开始推广顺德南海综合改革试点成功经验。

与此同时，提升非国有企业贡献率，切实落实国民待遇也是广东保持未来制度领先优势的重要举措。测度结果表明，虽然广东的制度鸿沟指数排在全国首位，但是制度鸿沟测度所涉及的非国有企业贡献及国民待遇指标指数排名比较滞后，分别位居第 19 位和第 22 位。较高的非国有企业贡献本应是经济高度开放、发达地区的标志，因为这里的非国有企业贡献率及外资企业贡献率较高，因此，进一步优化制度环境、推进非国有企业发展是广东保持制度领先优势的重要领域与潜力所在。另外，较低的国民待遇水平成为广东省继续享有巨大制度红利的瓶颈。根据附录 1 中的表 6-7，广东只有注重城乡协调发展、重视提升农村养老保险覆盖率及城乡最低工资标准，才能扭转国民待遇低水平局面。

2. 内蒙古制度鸿沟测度分析

内蒙古的制度鸿沟测度结果排在第31位，其中，优惠政策排第31位、非国有企业贡献排第14位、国民待遇排在第20位。这就表明，优惠政策是影响西部欠发达地区省级政府制度鸿沟的重要因素。因此，要缩小与东部发达地区(比如广东)的制度差距，内蒙古应该抓住我国调整产业结构、转变经济增长方式、促进区域协调发展的战略机遇，注重区域制度创新，千方百计向中央政府争取新建一系列计划单列城市、沿边开放特区、综合改革试验区、资源型城市转型发展规划、经济技术开发区、高新技术开发区等，以此获取更多的优惠政策。同时，通过健全公共财政体系、提升城乡养老保险覆盖率、增加最低工资标准，改善国民待遇状况，以此弥合与东部地区之间形成的巨大制度鸿沟。

(二)收入鸿沟个案分析——以海南省为例

收入鸿沟测度指数反映了各地居民生活水平，而居民生活水平又与区域经济社会发展水平紧密相关，因此，经济社会发展较好的我国东部地区的居民生活水平相对较高，其收入鸿沟测度指数较高、排名普遍靠前。比如，测度表明，东部10个省级政府的收入鸿沟指数中有9个排在前第15位、8个排在前10位，只有海南收入水平较低，排在第25位，远逊色于东部其他地区平均水平。那么为何处于东部沿海发达地区的海南，其收入鸿沟测度指数排名滞后呢?

根据收入鸿沟测度指标体系，在31个省级政府中，海南收入鸿沟指数排名第25位，其中，居民收入排在第20位、居民消费排在第27位、1－恩格尔系数排在第30位，因此，1－恩格尔系数、居民消费、居民收入测度指数偏低，是影响海南收入鸿沟排名滞后的主要因素。其中，1－恩格尔系数及居民消费指数偏低，表明辖区居民消费商品价格指数偏高、食物消费在家庭消费中所占的比重过大、城乡居民收入及生活水平偏低，这就是说，海南省经济欠发达、社会发展滞后特征明显。因此，要提高居民生活水平、缩小与东部其他地区在收入上的明显差距、弥合收入鸿沟，海南省需要积极促进区域经济增长，注意控制物价上涨，大幅增加城乡居民收入，优化消费结构，降低食物消费支出比例。

(三)数字鸿沟个案分析——以北京市为例

根据附录 1 中的表 6-20 至表 6-24，在由网络基础设施及网络使用率构成的测度数字鸿沟测度的指标体系中，2012 年北京数字鸿沟测度指数排名第 1 位，其中，网络使用率指数排名第 1 位、网络基础设施指数排名第 13 位。这就表明网络使用率是导致北京数字鸿沟指数排名第 1 位的关键因素。

同时，在网络使用率所含的 6 个二级指标中，北京的人均网站数、网民数占当地人口比例、人均 CN 域名数、人均网页数、互联网络普及率、IPv4 地址比例都居 31 个省级地方政府的首位。

此外，在网络基础设施所含的 4 个二级指标中，北京的电信固定资产投资位居第 9、移动电话用户位居第 16 位、固定电话用户位居第 14 位。北京网络基础设施排名滞后将会影响其数字鸿沟(即数字信息化水平)。因此，北京要拥有较高的数字信息化水平，与其他地区保持明显的数字领先优势，除了继续巩固、提升目前较高的网络使用率外，还进一步完善了网络基础设施建设，比如，增加电信固定资产投资，降低通讯费用，特别是降低电话使用费以此提高移动电话及固定电话使用率。

(四)区域发展鸿沟个案分析——以江苏省为例

本报告由经济发展、社会发展及人居环境水平组成的区域发展鸿沟测度指标体系实际上体现了各省级政府区域发展水平。因此某省级政府区域发展鸿沟反映了其他地区与该省的区域发展差距，是其他地区滞后该省的发展鸿沟。区域发展鸿沟测度指数越高，表明当地区域发展状况越好，其他地区与之相比形成的区域发展差距越大。

根据附录 1 中的表 6-28 至表 6-31，江苏区域发展水平较高，并且经济发展、社会发展及环境水平也较高，是我国经济、社会与环境协调发展较好的省级政府。2012 年江苏的区域发展鸿沟排名第 3 位，其中，经济发展、社会发展及人均环境水平三个一级指标指数分别排名第 1 位、第 13 位、第 8 位。

其中，经济发展及人均环境水平指标对江苏区域发展鸿沟测度结果贡献较大，是导致江苏区域发展水平领先的重要原因。在经济发展水平方面，江苏

GDP 总量、人均 GDP、第三产业占 GDP 比重较高，分别排名第 2 位、第 4 位和第 10 位，只有 GDP 增长率较低，排在第 20 位。

同时，江苏人居环境较好，全省的城市垃圾无害化处理率排名第 5 位、建成区绿化覆盖率排名第 4 位、基础公共设施占财政支出比重排名第 9 位。另外，在社会发展方面，江苏的 1－城镇登记失业率、每十万人口高校在校生数较高，分别排名第 4 位及第 6 位，但是居民幸福指数、人均社会保障与就业支出较低，分别排名第 23 位及第 26 位。

因此，要确保区域发展领先优势，做到经济、社会与环境三者之间协调、可持续发展，江苏应当继续保持良好的经济发展态势，重视经济增长质量与效率；应当继续保持环境保护与治理与经济发展同步，充分发挥环境优势；应当更加注重社会发展，完善社会保障，改善民生，不断提高居民的幸福感。

(五)基本公共服务均等化测度个案分析——以西藏为例

基本公共服务均等化测度指标体系包括了基本教育服务均等化、基本文化服务均等化、基本卫生服务均等化、社会保障服务均等化、基础设施供给均等化 5 个一级指标，它们能够直接反映各省级政府基本公共服务均等化程度，间接体现各省级政府基本公共服务非均等化程度，即各地基本公共服务享有差距及鸿沟。

根据本报告有关社会鸿沟测度结果，西藏的制度鸿沟、收入鸿沟、数字鸿沟、区域发展鸿沟指数都很低，分别排名第 21 位、第 31 位、第 31 位、第 31 位，然而，西藏的基本公共服务均等化指数却比较高，排在第 12 位，因此，对此进行剖析具有一定的典型意义。

根据附录 1 中的表 6-33 及表 6-34 及附录 2，西藏的基本公共服务均等化指数较高，其中，基本教育服务均等化排名第 1 位、基本文化服务均等化排名第 5 位、基本卫生服务均等化排名第 15 位、社会保障服务均等化排名第 31 位、基础设施供给均等化排名第 4 位。西藏基本公共服务均等化水平较高，具体表现在以下方面：

首先，西藏的基本教育服务均等化指数突出，其中，每万人均财政性教育经费、小学及中学生师比指数都极高，排名第 1 位；其次，在基本文化服务及基本卫生服务均等化测度方面，西藏表现较好，比如，西藏每万人拥有文化站数排名第 1 位、每万人拥有卫生机构数排名第 2 位；最后，在基础设施供给均等化方面，西藏表现优秀，比如，西藏每万人拥有公交车辆排名第 1 位、人均城市拥有道路面积排名第 14 位。

第七章 提高政府效率，消除社会鸿沟

改革开放30多年来，在资源稀缺的条件下，中国政府实施集权式治理模式及以经济建设为中心的高速发展战略，使我国社会发展、经济建设焕然一新，但是也产生了一些副产品，形成了特定的历史矛盾：即过分追求经济高增长及高效率背后对发展公平的忽视，并由此产生社会失衡、社会鸿沟及效率悖论。消除这一特定历史矛盾需要更加注重公平与效率之间的协调，需要更加重视改革与发展的质量。为此，需要通过树立正确的价值导向、转变政绩观念、重构政府效率评价体系、创新社会管理、培育中产阶层，采取切实措施重点消除在制度、收入、数字、区域发展、基本公共服务等方面形成的社会鸿沟。

>> 一、规避社会鸿沟与效率悖论的价值取向 <<

价值取向是政府作为一个社会行为组织对其行为终极目的的基本价值判断、价值确认和利益选择。当代中国，构建和谐社会是党和国家重大的战略决策，它统率政治、经济、社会、文化的发展。因此，构建和谐社会是规避社会鸿沟与效率悖论的价值取向。

专栏 7-1　社会主义和谐社会

社会主义和谐社会，常简称和谐社会，是中国共产党 2004 年提出的一种社会发展战略目标，指的是一种和睦、融洽并且各阶层齐心协力的社会状态。2004 年 9 月 19 日，中国共产党第十六届中央委员会第四次全体会议上正式提出了“构建社会主义和谐社会”的概念。随后，在中国大陆，“和谐社会”便常作为这一概念的缩略语。2005 年以来，中国共产党提出将“和谐社会”作为执政的战略任务，“和谐”的理念要成为建设“中国特色的社会主义”过程中的价值取向。“民主法治、公平正义、诚信友爱、充满活力、安定有序、人与自然和谐相处”是和谐社会的主要内容和总要求。

到 2020 年，构建社会主义和谐社会的目标和主要任务是：社会主义民主法制更加完善，依法治国基本方略得到全面落实，人民的权益得到切实尊重和保障；城乡、区域发展差距扩大的趋势逐步扭转，合理有序的收入分配格局基本形成，家庭财产普遍增加，人民过上更加富足的生活；社会就业比较充分，覆盖城乡居民的社会保障体系基本建立；基本公共服务体系更加完备，政府管理和服务水平有较大提高；全民族的思想道德素质、科学文化素质和健康素质明显提高，良好道德风尚、和谐人际关系进一步形成；全社会创造活力显著增强，创新型国家基本建成；社会管理体系更加完善，社会秩序良好；资源利用效率显著提高，生态环境明显好转；实现全面建设惠及十几亿人口的更高水平的小康社会的目标，努力形成全体人民各尽其能、各得其所而又和谐相处的局面。

资料来源：http://news.xinhuanet.com/ziliao/2005-03/23/content_2732356.htm.

(一)效率与公平兼顾

效率与公平的和谐统一，既是社会主义和谐社会的基本特征，又是构建社会主义和谐社会的内在要求。人类处理公平与效率关系的实践表明，追求公平与效率相统一是必然趋势，从这个意义上说，“构建社会主义和谐社会”的提出正是基于公平与效率关系的失调并且顺应了历史发展趋势。在建设社会主义的过程中，中国政府由于对公平与效率概念的误解，出现了一些失误和不和谐的现象，引发了社会鸿沟与效率悖论。正是在这一背景下，“构建社会主义和谐社会”，“注重社会公平”的提出，标志着我国对公平与效率关系的处理迈入了一个新的阶段，也标志着党和国家在社会发展价值取向上的转折。[1]

(二)民主法治和公平正义并举

社会主义和谐社会首先是民主法治的社会，构建社会主义和谐社会必然要求推进民主法治建设。民主法治首先要保证人民当家做主，这就意味着要尊重公民的独立人格和民主权利，尊重并维护公众的社会知情权，社会参与权、意志表达权及民主监督权，在民主得到充分发扬的基础上，使社会各方面积极因素得到广泛调动。同时，民主与法治相结合，使整个社会的运转服从于法律的权威，真正做到法律高于权力，切实建筑依法治国基本方略。

社会公平和正义是人类追求美好社会的永恒主题。在当前我国社会剧烈的变化过程中，原有的社会格局正在发生变革和分化，加上“黄金发展期”与“矛盾凸显期”高度重合，使我国的利益关系和社会矛盾呈现出多元交织、错综复杂的局面。“社会公正”不仅表现为收入分配的公平，而且还表现为人们在社会经济生活中地位的公平、机会的公平以及整个社会规则和机制的公平，是一个公平发展的体系。确立人与人之间的平等关系，把公平正义作为处理人与人之间关系的根本尺度，是一条极为重要的原则。[2]

(三)经济增长和社会发展并重

我国要实现的和谐社会，应是经济增长与社会发展同步的全面、协调、可持续发展的社会。

一方面，经济发展要遵循有利于促进社会公平、正义，维护社会稳定的原则，经济政策的实施要有利于保护贫困人口的利益、提高贫困人口的收益、减少贫困人口的数量；有利于推动不同区域、不同行业以及城乡、工农之间的统筹协调发展，使经济发展的成果为广大群众共享。要加快收入分配制度的改革，综合运用经济、行政、法律等手段加大对国民收入分配的调节力度，缩小贫富差距，抑制两极分化；要完善社会保障机制，建立起多层次的社会保障体系，努力实现社会的公平、公正。

另一方面，我国社会发展要按照有利于激发社会活力，提高经济效率的原则，高度重视民主法治建设，保障人民的基本权利，维护人民的合法权益，为经济发展创造公平竞争的市场环境和良好的社会秩序；高度重视思想文化建设，不断提高广大人民群众的思想道德素质、科技文化素质和健康素质，为经济社会的全面、协调、可持续发展提供精神动力和智力支持。[3]

>> 二、转变政绩观念 <<

所谓政绩，是指政府取得的绩效，是政府在实施行政管理的过程中取得的效果和成绩。[4]转变政府领导干部的政绩观念是提高政府效率、消除社会鸿沟的重要前提，因为领导干部是经济社会发展政策的制定者和具体执行者，他们的政绩观与政府效率提升、社会鸿沟消除密切相连。有什么样的政绩观，就会有什么样的效率观及发展观，反之亦然。如果地方政府领导干部只注重本地区或部门利益，只顾短期目标及个人升迁，周而复始搞“形象工程”、“政绩工程”，那么势必造成社会资源浪费、政府效率悖论、社会发展不均衡。

因此，要保证政府工作质量与效率，促进区域经济社会协调发展，各级领导干部就要转变执政和政绩观念，按照科学发展观要求，完善政府领导班子和领导干部个人绩效评价机制，建立科学合理的政绩考评指标体系；强化考核结果的运用，引导各级领导干部树立正确政绩观，做出经得起实践、人民、历史检验的实绩，让人民群众满意；健全决策责任追究制度，树立科学的政绩观。

然而，在我国传统政绩观下，地方政府以促进经济发展作为政府的唯一公共职能，以 GDP 增长幅度作为衡量地方政府及其官员政绩的主要标准，人与自然、自然与社会和谐发展、人的全面发展等被以“GDP”为中心的片面发展观的思维所消融和淹没。中国是一个发展中的社会主义国家，要增强综合国力，缩小与发达国家之间的发展差距，充分体现社会主义制度的优越性，必须保持一个较快的经济增长速度。在以经济建设为中心的发展战略指导下，现行的以 GDP 论英雄的干部考核体系、干部选拔任用制度和财税体制使各级政府和官员深度介入经济活动，而忽视社会发展工作。另外，政府的任期制，也加剧了政府官员的短期行为，即力求在任期内使 GDP 总量最大化。由于经济的外延式粗放扩张最有利于短期 GDP 总量最大化和提高增速，因而政府和政府官员都热衷于发展工业和重化工业，习惯于粗放扩张、盲目投资、重复建设，这势必造成严重的效率悖论与社会鸿沟：政府的乱作为带来严重的资源浪费，政府领导干部工作的高效率降低了社会发展的效率与质量，区域经济短期高速发展带来生态灾难及地区之间的发展失衡。

正是在这样的背景下，地方各级政府辖区出现了一些值得警惕的现象。一是收入差距日趋扩大，阶层分化日趋加快，城乡之间、地区之间、行业之间的差距也持续拉大，农民收入增长缓慢。二是弱势群体日趋增多。教育、卫生、就业、社会保障等事关广大人民群众福利的社会事业发展严重滞后，不能满足城乡人民的需求，直接影响到社会公平和正义的实现，新的弱势群体不断涌现。三是社会矛盾日益尖锐，城乡之间、地区之间、贫富之间、劳资之间的冲突呈现加剧的趋势。四是生态环境日益恶化。以"高投入、高消耗、高排放、难循环、低效率"为特征的粗放型增长方式没有得到根本转变，人地关系紧张，经济发展与资源短缺的矛盾日趋尖锐，生态环境、可持续发展面临较大压力。[5]

转变政绩观念，需要以科学发展观为指导，坚持科学的政绩观，具体包括以下方面：

第一，坚持"以人为本"的政绩观。政府是人民的政府，应把执政为民，实现好、发展好、维护好人民的根本利益作为追求政绩和科学发展的根本动力。一些地方之所以在发展中热衷于上项目、铺摊子，搞华而不实、劳民伤财的"形象工程"、"政绩工程"，搞"假数字"、"假政绩"，其思想根源就在于执政为民的观念淡漠，宗旨意识淡化，没有把加快发展与以人为本统一起来。树立正确的政绩观，说到底就是真正做到权为民所用、情为民所系、利为民所谋。

第二，坚持"全面、协调、可持续发展"的政绩观。树立正确的政绩观，这不但需要高度重视经济增长和物质财富的积累，坚持以经济建设为中心，在加快经济发展的过程中来体现政绩；而且需要特别重视精神文明建设，促进社会和谐，不断加强民主政治建设，加强公民思想道德教育，提高人民群众的健康素质，维护社会安全与稳定；要从单纯追求局部利益的狭隘政绩观转变为谋求全局协调发展的政绩观，正确处理改革、发展与稳定的关系；要从单纯追求眼前发展的政绩观转变为谋求可持续发展的政绩观，处理好经济建设、人口增长与资源利用、生态环境保护之间的关系，在发展经济的同时，充分考虑环境、资源和生态的承受能力。[6]

第三，坚持"人与自然和谐"的政绩观。长期以来，"先污染、后治理，先发展、后保护"的发展模式主导着我国的经济发展与政府管理，导致自然资源和生态环境都不堪重负，人类的生存和发展变得日益严峻。因此，我们要改变过去过分偏重经济指标而忽略环境效益的政绩考核方式，扭转传统 GDP 作为我国地方政府工作绩效评估指挥棒的做法，大力推进粗放型经济增长模式向低消耗、高利用、低排放的集约型模式转变，借鉴国外的环境保护问责制，将绿色 GDP 纳入我国地方政府绩效评估体系，确立行政首长以绿色 GDP 为核心的政绩考核体系，真正将绿色 GDP 战略落实到经济建设中的各个层面、各个领域。[7]

>> 三、重构政府效率评价体系 <<

科学评价地方政府效率是政府管理创新的一项基础性工作，也是实现政府战略目标、提高政府效能的重要手段和工具。传统的地方政府效率评价体系的主体和指标较为单一、片面，且重物轻人。在实践上表现为：评估主体内部化、评估指标上 GDP 凸显、评估程序弱化、评估方法简单化、责任和激励机制虚化，甚至政府业绩无效化，行政成本与管理效益不相称，投入高、效益低的问题较为突出，不利于人的全面发展和社会的和谐。要解决这些问题，仅靠常规的督促检查很难收到理想的效果，因此，要摒弃传统的发展观，构建和谐社会和服务型政府，重构体现科学发展观要求的政府效率评价体系势在必行。

专栏 7-2 “庸懒散”是政府效率的天敌

“偷菜”、“斗地主”、打麻将、聊天、看视频……这些网上娱乐活动让人心情放松。但是，如果这些行为发生在上班期间，前来政府部门办事的群众会作何感想？一些地方政府部门干部整天混日子，工作效率低下，存在“庸、懒、散”现象。“平平安安占位子，忙忙碌碌装样子，疲疲沓沓过日子”成了某些“庸官”的生存法则。“庸、懒、散”现象遭到民众诟病，也在很大程度上制约了当地经济社会发展，正成为很多地方政府着力破解的难题。

在不少人心目中，庸懒散不过是个作风问题，顶多是个纪律问题，和犯罪扯不上边。但是，无数的事实告诉我们：庸懒散离渎职犯罪只有一步之遥。

上班时间上网玩游戏、迟到早退、擅离职守、串岗闲聊，这些庸懒散行为离渎职犯罪有时仅有一步之遥。庸懒散行为如果没有产生不良后果和重大社会影响，可能就没人追究。但是庸懒散行为一旦导致严重后果，比如说造成 5 万元以上经济损失，或者造成严重的社会影响，就有可能被追究刑事责任。

老百姓对党政机关和公务员队伍印象最差的就是庸懒散。社会上发生的矛盾纠纷，包括一些群体性事件，不少都是因为老百姓的诉求没人管。这些诉求起初大都不是什么大不了的事情，就是因为政府部门工作人员相互推诿、久拖不决，或者是形式上解决、实质上不解决，最后小事拖成了大事，乃至导致群体性事件的发生。

“平平安安占位子，忙忙碌碌装样子，疲疲沓沓过日子”，这的确是某些部门“庸官”的生存法则。庸懒散问题成了当下舆论关注的热点。2011 年年初，武汉市在干部队伍中掀起“责任风暴”、实施“治庸计划”，希望从根本上改变出了问题无人负责，以及存在得过且过、不思上进、不求进取的精神状态，从而改善发展软环境。当年 4 月 10 日，《武汉市开展“责任风暴”、“治庸计划”的暂行办法》正式出台，规定被诫勉谈话或受到通报批评的，当年不得参加评优评先，一年内不得提拔使用。“治庸问责”一年间，武汉共有 812 名公务员被问责，其中局级干部 16 人，处级干部 149 人。

近年来，中国多地都掀起了“治庸问责风暴”。除了湖北，山西、湖南、江西等地，也出台了不同的治庸举措，向庸官懒政开刀。如从 2010 年 8 月开始至 11 月底，山西省开展“严肃工作纪律、狠刹不良风气”专项检查行动，一批“享乐官员”因上班期间吃喝玩乐被查处；一批“权力寻租官员”因吃拿卡要被问责。据统计，共有 421 名官员被处分，30 名官员被摘“乌纱帽”。2011 年 4 月，湖南省出台《关于影响机关效能和损害经济发展环境行为处理办法》，问责“懒政”行为，并规定严重者将免职。

按照法律规定，庸懒散行为必须造成一定的危害才构成犯罪。很多干部在工作上造成不良后果后会找出各种理由、借口去推脱责任。整个社会尤其是政府管理层面，对干部渎职又没有达到零容忍。管住庸懒散主要是一个政府管理的问题。职务犯罪里有相当一部分人是因为不作为、假作为、弱作为导致的。一些干部在工作中缺乏工作的动力，庸懒散现象严重，一个很大的原因在于缺乏足够的激励机制。

干部从事行政管理、社会管理、行政执法的动力，过去是靠信仰，所以，老百姓的事他都会努力去做。但是在社会转型期，一些干部的信仰逐渐淡化，工作缺乏理念支撑，表现在工作上就是他们中有的唯权是图、巧言令色、世故圆滑；有的心浮气躁、不思进取，工作上敷衍了事、庸碌无为；有的拉拉扯扯、欺上瞒下；有的贪图享受、奢侈浪费；有的高高在上、脱离群众，对群众的安危冷暖漠不关心，工作办法简单粗暴，甚至肆意欺压群众。可以说，这样的庸官严重败坏了党和政府的形象。从正面讲，是缺乏足够的激励机制；从反面来讲，即从非正当途径来讲，就是无利他就不干。因此，造成老百姓到政府办事，一是靠人情关系，托关系，找亲戚朋友，靠人情关系去推动公职人员办事；二是权钱交易，要办事就得拿钱，没钱就不办事。

治理庸懒散，首先要将整肃吏治的关口从昏官、贪官前移到了庸官的环节，大刀阔斧治庸，强调官员权力与责任的对等，将运动式的“治庸问责风暴”转变成“治庸问责”长效机制，这样才能体现政府全面提升行政能力的决心。治理庸懒散不仅能直接提升民生福祉，更为优化城市公共治理水平注入内在动力。其次，治理庸懒散，转变政府管理部门的“衙门”作风，关键是要把治理庸懒散的监督权交给老百姓。除了自上而下的政府内部监督外，让管理服务对象监督管理者，让权力在阳光下运行，才能从根本上实现治庸、治懒。最后，治理庸懒散，要使政府官员树立感激之心和敬畏之心，要知道感激父母、组织对自己多年成长的培养，对手中的权力要有敬畏之心。要让官员们懂得，作为公权力的行使者，就应当用好公权力，而不是玩忽职守或滥用职权，该管的不管，不该管的乱管，真正使官员树立高度的责任感，明白人民已经给了官员们很多，官员们就要尽心工作，努力回报社会。

资料来源：根据《检察日报》2012 年 9 月 18 日文章《庸懒散离渎职犯罪有多远》改写。

首先，强化公民参与，形成多元化的政府效率评价主体。随着政府职能进一步由“管理”转向“服务”，评价政府效率的主体不应仅仅是政府及其工作人员，还应该有公众、媒体及研究人员。政府管理所追求的经济、效率、效益、服务质量、公众满意程度等，都是从公众的立场和角度来看待政府效率的。因此，以公众为政府效率评价的最终出发点和落脚点，是科学评价政府效率的必要条件。一方面，构建多层次政府效率评价体系，接受多元主体的评估。不仅要官方评估，更为重要的是公民和民间组织的评估，逐步形成官方评估和民间组织评估、政府内部评估与政府外部评估相结合的政府效率评价体制。另一方面，对公民进行教育培训，增强公民主体意识，提高公民参与能力，从而确立公民评估主体地位。政府政务要适当公开，并采取各种形式，如听证会、满意调查等各种形式，畅通公民参与渠道。这样，不仅能保证政府效率评价结果公正、公开、科学、合理，还能促使政府对公民负责，而不仅仅是对上级负责，从而构建让人民满意的服务型政府。[8]

其次，改变传统GDP评价指标，建立绿色GDP新体系。经济发展必须大力推进GDP核算制度的改革。现行的GDP核算体系存在一定的缺陷，既没有把人类对自然资源消耗及破坏考虑在内，又没有扣除因环境污染所增加的环境治理成本。建立一个更准确更科学更符合国情的“绿色GDP”核算体系势在必行。绿色GDP是从自然资本、人力资本和产出资本这三个方面来进行综合的计算，能有效避免资源的过度浪费，使资源得到合理的利用和优化。建立适合我国国情的绿色GDP核算体系，有利于促进转变经济增长方式，注重速度与结构、质量、效益的统一，使经济发展与人口、资源、环境相适应。[9]

再次，推动社会管理创新、促进社会和谐发展就要求树立“经济发展是政绩、社会发展更是政绩”的效率评价理念，建立经济与社会并重并逐步偏重社会发展的多维政府效率指标体系。这既需要设计和实施保持社会稳定的指标，也要制定和实施促进社会发展的指标。制定包括社会治安、信访和公共安全管理、教育、卫生、社会保障、社会救助、社会慈善、社会组织等“大社会管理”在内的效率定量指标评价体系。根据社会发展态势、社会矛盾的尖锐程度调整这些指标的权重，将社会问题和矛盾的系统风险降低到最低程度。[10]

最后，完善立法保障，使政府效率评价制度化、法治化。政府绩效评估必须通过完善政策和立法走上制度化、规范化和经常化的道路。[11]一方面，从立法上明确政府绩效评估机制的地位和作用，把效率评价纳入日常管理活动中，使其经常化、制度化；另一方面，从法律上明确政府效率评价的内容、形式、范围和方式等，做到有法可依、有法必依。

>> 四、创新社会管理 <<

社会管理需要规范社会行为，协调社会关系，化解社会矛盾，解决社会问题，应对社会风险，消除社会鸿沟，促进社会公平正义、和谐发展。[12]

专栏 7-3 “陕北科威特”

被称为“陕北科威特”的榆林市，正计划通过一揽子政策，来缩小当地爆炸式发展的能源经济所带来的社会鸿沟——贫富差距、环境破坏等。一揽子政策的核心是矿企向当地基层人民让利，通过支出常规税费外的一系列费用来补贴当地村民、治理生态环境，政策的目的旨在建设“和谐村矿”，这是地方政府在重划利益分配中少见的创新尝试。

当地基层村民将通过此政策成为地方煤矿的股东。据悉，该方案提出，鼓励参与全市一、二轮煤炭资源整合的企业，让出新增可采资源量的10%～15%，由煤矿所在村组的村民，通过村级集体经济组织，按照资源价款加15%收益的价格购买，使村集体成为煤矿的股东。而对于新建煤矿，则鼓励其让出3%～5%的股份给涉煤村集体经济组织，吸收村民参股；鼓励现有中小型煤矿企业让出一定的股比给村集体经济组织，允许村民以土地收益权或以其他合法方式向企业投资入股。此外，当地部分煤矿为所在村集体所有，方案亦提出，凡是有集体煤矿的村组，鼓励村民以入股的方式参与利益分配，风险共担，利益共享。

《村矿和谐意见》还提出，榆林市各县区要协调当地煤炭开采企业，按照吨煤利润提取一定额度的资金，用于改善当地村民生产条件，提高生活水平和质量。推动建立矿区发展、煤矿采空区治理、矿区环境污染治理、矿区失地农民生活保障、矿区群众养老保险等方面的专项基金，由政府有关部门设立专门账户统一管理，为矿区群众在资源枯竭后长期的生产和生活需求提供保障。此外，地方政府还要“鼓励和引导煤矿企业参与新农村建设、扶贫开发等活动，并通过给煤矿所在村群众无偿提供生活用煤、给贫困户和老年人提供生活补助、对灾、病户给予救助等措施，改善村矿关系。”

资料来源：http://finance.ifeng.com/news/20110817/4405457.shtml. 在原资料基础上整理而成。

第一，正确处理政府与社会组织以及各相关主体之间的关系，明确各方主体在社会管理中的定位。明确政府在社会管理中的核心角色，政府要加大公共财政投入，健全社会自治、自律和自我发展的新机制，充分发挥各种社会组织和公民个人在社会管理上的主体性及其对政府社会管理的监督制约作用。

第二，建构新的社会政策体系，尊重和保障社会组织和个人的权利和自由，加强社会服务体系建设，提升社会管理和服务水平，消除社会排斥，健全社会保障制度，打造和谐美好社会，推动社会融合，提升国民幸福指数。

第三，加强民生制度建设，确立以政府为主导、社会各方共同参与的社会管理新机制。改善和保障民生问题不仅是政府履行社会管理职能的必然要求，而且是政府行政必须优先实现的基本职能，也是需要社会和个人共同努力才能解决的问题。政府既要提供各类公共服务，又要发挥其他主体的作用，共同改善民生。

第四，健全社会风险评估机制和应急管理体系，提高应对各种风险的能力，并形成维护社会长期稳定和有效处理公共危机的机制。在危机处理中，要善于做到“情绪疏导”和“情绪管理”，避免机械、简单地运用“物质满足”或者“物质诱导”的方式。

第五，强调绩效导向，引领社会管理创新。社会管理创新是一项复杂的系统工程，涉及理念、体制机制、制度等方面创新，这需要认识和把握政府绩效管理这一社会管理创新的推动力，在尊重人性规律的基础上，充分发挥绩效考核的“指挥棒”作用，以绩效理念引领社会管理创新。政府要改革偏重 GDP 的政府效率与绩效考核体系，创立新的政府绩效管理体系，发挥政府效率与绩效对社会管理创新的导向作用，并为之提供激励与约束机制，引导社会管理理念、方式、方法的转变，提升管理绩效。

五、培育中产阶层

当代中国，尽管中产阶层的发展已经从外源性演变为自发性，但距离“橄榄型”社会结构要求的40%以上的总人数的标准仍有一定的距离。加快培育社会中产阶层，使该阶层不断壮大，促进社会阶层结构向“橄榄型”转化，对维护社会政治稳定、促进经济增长和社会发展、调节与缓和社会阶层矛盾、促进政治民主化、引导社会主流价值观、凝聚社会认同等方面具有积极的作用。

培育中产阶层可以从以下几个方面着手：

首先，建立健全平等竞争的市场经济体制。一方面，市场经济是按照生产要素的数量和质量进行收入分配的，因为每个社会成员拥有的生产要素的数量和质量是有差异的，因而其收入也就有了差别，并因此将社会成员区分为不同的社会阶层，拥有并投入生产要素数量较大、质量较优的就有可能成为中产阶层；另一方面，市场经济的发展中，由于技术和管理日益复杂，需要有人从事专门的技术和管理工作，这些技术层和管理层的人员有可能形成中产阶层。但在市场经济的发展中，中国中产阶层中的一部分人是利用了市场机制的不完善，凭借强势的权力或社会关系资源势能，通过相关的制度设置获取财富的；还有一部分人是依靠国家赋予的垄断地位而跻身中产阶层的。因此，只有建立和完善平等竞争的市场经济体制，防止少数利益集团通过特权和垄断聚敛财富，才能消除我国中产阶层形成过程中的不合理现象，减少社会冲突，培育中产阶层成长发育的良性经济机制。[14]

其次，拓宽下层阶层向上流动的渠道。大力发展公共教育，提高人口质量，建设知识型社会。中国农村庞大的劳动力受教育年限较短，缺乏一定技能，不具备中产阶层所从事职业的资格条件，难以向上流动。迅速发展的高等教育虽然为下层向上层流动提供了机会，但是由于教育和就业机会的不均等，并未有效避免其向下流动；发展第三产业，拓宽就业途径，为社会下层提供更加广阔的发展空间，促进其向上流动；打破二元分割的户籍制度，推进城市化进程，为广大农村劳动力流向中产阶层提供更多机会和可能；推进西部大开发战略，加快现代化进程，缩小区域差别，增强中产阶层的角色认同。

再次，完善培育中产阶层的制度。中国中产阶层的形成在很大程度上是一个自然和自发的过程，在中产阶层的成长发育中政府应该完善各种有利于形成中产阶层的相关制度。健全财政管理政策，在税收、收入分配等政策方面给予中低收入者优惠，扶助其向中产阶层转化；完善货币制度，在贷款、创业等方面对中低收入者阶层予以优惠，支持其中产阶层化；改革社会保障制度，建立健全社会保障制度，把广大的农村劳动者、农民工、自由职业者、个体工商户及个体劳动者等社会底层和潜在中层纳入社会保障范围，提高社会保障水平，发展多元的社会保障形式；加强政治民主化进程，积极创造有利于中产阶层的政治环境，尽可能地吸收而不是排斥中产阶层加入现有政治体系，形成建设民主政治和抗衡垄断利益集团的主导力量，打造中产阶层成长发育的良性政治机制。[15]

最后，加强公民和政府的合作，培育公民社会。一个高效率、有秩序的现代社会，首先是一个成熟的公民社会。社会的发展日趋多元化，健康而成熟的公民社会成为社会安定和有序发展的重要保障，也是社会主义和谐社会的必要条件和基本标志。中国的改革和发展已经进入整体推进和重点突破的攻坚阶段，不稳定因素明显增多，社会矛盾也较为复杂和尖锐。因此，应充分发挥公民社会在维护社会稳定、确保个人权利充分实现等方面的重要作用，营造良好的中产阶层健康成长的社会氛围。

>> 六、消除社会鸿沟 <<

我国社会鸿沟主要表现社会组织及个体成员在制度、收入、阶层、数字、区域发展、基本公共服务均等化等方面的明显差距，采取切实措施缩小这些差距，才能消除社会鸿沟。

(一)深化制度创新

消除社会鸿沟特别是中国及其他东亚国家需要不断深化制度创新。制度创新是指在人们现有的生产和生活环境条件下，通过创设新的、更能有效激励人们行为的制度、规范体系来实现社会的持续发展和变革的创新，注重协调经济增长与福利分配等社会政策。消除社会鸿沟需要创新，但是所有创新都有赖于制度创新的积淀和持续激励，通过制度创新得以固化，并以制度化的方式持续发挥着自己的作用，这是制度创新的积极意义所在。[16]

制度的建立和完善，有赖于经济社会的进一步发展。改革开放的深入推进，也为制度的实现提供更多的物质和社会条件。因此，必须认识到制度建设的长期性，要通过继续进行经济体制、政治体制、文化体制等的改革和创新，及时推进社会体制改革和创新。解决我国当前众多社会问题和矛盾，需要发挥制度系统的综合效应。[17]进行制度建设和创新，应该重点从以下几方面着手。

首先，建立健全确保起点公平、机会均等的制度体系，逐步废除或者取消现行各种制度及机制中有关起点歧视的政策、法规、条例。

其次，建立完善确保国民同等待遇的制度体系，打破城乡、区域、所有制界限，确保全体国民享有相同的发展机会、政策待遇、法律权益。

最后，根据社会需要建立健全保基本、广覆盖、普适性的社会保障制度体系，消除行业歧视，破除行业垄断，不断调整收入分配政策，确保实现各地区基本社会保障服务及其他基本公共服务均等化。

专栏 7-4　东亚国家及地区社会政策中的"生产主义"和"精英主义"

在东亚国家和地区的社会政策中，一个显著的特点就是经济成长优先于福利分配的政策，有学者认为它是"生产主义的社会发展体制"。生产主义指从发展战略和社会政策制定的关系来看，主张通过扩大经济规模来提高人民的生活水平和增进社会福利，而不是把社会财富的公平分配作为首要目标。在近半个世纪里，东亚国家和地区的政府都在热衷于发展经济，社会政策并未触及社会公正、再分配等价值目标，而仅仅是作为达成经济政治化目标的工具，社会政策服从于经济发展战略。

另一个显著的特点就是在社会政策中奉行"精英主义"。中央集权体制下的社会政策强调公务员的地位，希望通过必要的福利政策来保证国家和地区的精英和重要的国家工作人员的忠诚。东亚国家和地区的国家公职人员普遍享有特权，公务员、军人等享受的福利在范围和数量上都比较优厚，相比之下，自由职业者和农民的福利则显得捉襟见肘。例如在中国香港地区，社会保险的对象主要是公务员，他们不仅有很高的工资，退休后还会按月发放优厚的养老保险金，而且本人和直系亲属均可以在公立医院免费医疗，子女享受教育补贴。同样在中国台湾地区和日本、韩国等国家，也都存在类似的政策。

资料来源：根据相关资料整理。

(二)调节收入分配

注重调节收入分配是弥合收入鸿沟的重要举措。诺斯指出，国家所提供的基本服务是一些根本性的竞争规则，通过政策、法律为竞争提供规则，为各个经济主体创造公平竞争、公开竞争、公正竞争的环境，保证市场经济有效运转。处理好收入分配关系，坚持和完善按劳分配为主体、多种分配方式并存的分配制度，初次分配和再分配都要处理好效率和公平的关系，再分配更加注重公平，加快形成合理有序的收入分配格局，努力提高居民收入在国民收入分配中的比重，提高劳动报酬在初次分配中的比重，规范收入来源，杜绝灰色收入，打击非法收入，尽快扭转收入差距扩大趋势。

消除收入鸿沟并不是简单地加强政府在再分配领域的作用，更重要的是纠正社会中不正义的收入形成机制。为此，应进一步完善社会主义市场机制，消除分配领域的制度歧视，让市场激励机制充分发挥调节作用：在初次分配阶段，政府应尽快并完全退出，从而形成开放、完善的要素市场，消除要素流动及要素价格的政策干预；在再分配阶段，减少非必要性的税收歧视性政策以及转移支付制度（尤其是基本社会保障制度）的歧视性差异，建立调节机会不均的个人税收制度。

（三）缩小阶层鸿沟

首先，推进工业反哺农业、城市反哺农村，努力缩小城乡差距。工业反哺农业、城市反哺农村是现代人类社会发展的必然要求与历史经验。这里的工业泛指非农业部门和城市，而农业则涵盖“三农”。缩小工农差距与城乡发展差距必须加大工业、城市对农业及农村在资金、技术等方面的支持力度，促进现代农业发展，推进农村工业化、城镇化与现代化建设。

其次，改革城乡长期分割的户籍制度，推进城乡一体化。改革户籍制度，逐步建立全国统一的、以身份证管理为主的一元户籍制度，赋予国民平等择业和生活的权利；进一步完善和规范劳动力市场管理，清理对农民进城务工的不合理限制政策和乱收费问题，培育统一的城乡劳动力市场，统筹城乡就业与社会保障制度，推进养老、医疗和最低生活保障等方面的城乡一体化。

再次，推动劳动就业政策转型，提高农民融入城市社会的经济能力。实施积极就业政策，推行企业工资集体协商制度，建立农民工工资稳定增长机制和支付保障机制，完善劳资争议处理机制，建立农民工劳动权益保护机制，构建和谐劳动关系。

此外，完善社会管理体制，构建有利于农民工融入城市的良好社会氛围。为此，要消除对农民工群体的偏见，减少针对农民工的社会排斥；帮助农民工逐渐融入所在社区及城市生活；保障农民工群体能够分享公共资源和经济社会发展成果，增强他们对所在城市的归属感。

(四)弥合数字差距

数字鸿沟能够转化为数字机遇，弥合数字信息差距有助于消除数字鸿沟。为此，应注重以下方面：

第一，大力发展基础及义务教育，加大信息化人才培养力度，重视开展面向社会大众的信息化培训，缩小不同地区、不同群体的信息拥有水平，提高国民信息使用技能，缩小数字鸿沟。

第二，积极推进各地区的信息基础设施建设，降低信息使用成本。消除数字鸿沟，一方面需要加快中西部地区信息基础设施建设、实施普遍服务和普遍接入政策。所谓“普遍服务”是指对任何人都要提供无地域、质量、资费歧视且能够负担得起的电信业务，“普遍接入”政策是指向所有人都提供的价格合理的电信接入；另一方面，需要不断降低通讯成本，遏制社会信息差距扩大趋势。

第三，建立国民共享的基本信息保障体系，提高我国各地区的网络使用率。消除数字鸿沟，需要有配套的制度保障体系。国家要从工商、财政、税收等方面给信息化水平较低的中西部提供政策优惠，优化信息化发展管理和协调工作，加强互联网信息内容建设，不断提高中西部地区的网络使用率。

第四，大力推广电子商务、加快信息服务业发展。我国呈现阶梯型的数字鸿沟状况限制了我国中西部、东北地区的电子商务发展，因为这里电子商务配套设施不完善，严重阻碍了当地电子商务发展。因此，政府应该给予这些地区政策倾斜，促进当地物流业发展，扩大网络银行服务的覆盖面，给中西部地区居民搭建方便的网上购物平台，从而提高网络使用率，消除我国区域“数字鸿沟”及社会鸿沟。

(五)促进区域协调发展

促进区域协调发展是消除区域发展鸿沟及社会鸿沟的重要举措。首先，加快建立统一公平的国内市场，确保区域间体制环境统一和要素自由流动；破除地方性壁垒，避免市场分割，充分发挥市场机制作用，废除阻碍跨区域市场竞争的规定，建立全国统一的要素市场，保障资源的自由流转，减少区域发展障碍，缩小区域发展差距。

其次，促进区域协调发展。坚持以科学发展观为指导，统筹兼顾、合理布局，妥善处理区域发展过程中的各方面关系，实现各地区协调发展，走共同富裕之路，最终消除区域发展差距及社会鸿沟。

(六)推进基本公共服务均等化

推进基本公共服务均等化有利于缓解基本公共服务非均等化，消除社会鸿沟。为此，应当做好以下工作：

第一，明确基本公共服务均等化的基本目标，根据基本公共服务需求的公益性程度及其需求满足对政府的依赖程度，结合国家的国情、财力确定基本公共服务的范围和水准，对全体国民提供具有统一的均等的服务标准，实现全覆盖、均等化、一体化。[18]

第二，以改善民生为重点，建立完善覆盖全民的基本公共服务体系，使全体人民学有所教、劳有所得、病有所医、老有所养、住有所居。建立和完善基本公共服务体系，诸如义务教育、公共卫生、公共就业、社会保障、公共住房等保障体系，真正解决老百姓现实中存在的“上学难、就业难、看病难、居住难以及养老难”等民生难题。

第三，创新基本公共服务多元化提供机制。建立基本公共服务供给的市场机制，提高公共服务效率和质量，放宽基本公共服务投资的准入限制，通过招标采购、合约出租、特许经营、政府参股等形式，创新政府基本公共服务投资体制，将原由政府承担的部分公共职能交由市场主体行使；探索基本公共服务供给的社会参与机制，充分发挥社会组织在提供基本公共服务方面的积极作用；逐步建立政府行政承诺制度、听证制度、信息查询咨询制度，确保基本公共服务供给充分体现公众需求；创新公共产品供给机制，建立多元化的供给主体结构，努力创造和维护一个良好的公平竞争环境，促进民营公共服务供给机构的良性发展，提高公共产品供给的质量和效率。

第四，提高政府公共服务的能力和绩效。推进政府公共服务办公电子化，健全政府公共服务信息系统，实施一站式服务，加强政府部门之间以及政府与公众的信息沟通和互动。推进政府公共服务绩效管理，建立制度化及经常化的业绩评价体系，根据各个部门的具体情况设计具体、有效及可行的评价指标体系。强化公务员的服务、责任、成本效益和法律意识，教育、培养和训练高度职业化和专业化的公务员队伍，完善公务员物质和非物质激励机制，树立以公共服务业绩为导向的法律和行政监督机制，完善公务员录用考核机制和权力约束机制，将公众满意度纳入公共服务部门的绩效考核体系。

第五，完善与实现基本公共服务均等化目标相适应的公共财政转移支付制度，实现公共财政均衡化。为此，应该抓好以下三方面工作：其一，确保有效发挥中央财政的调控能力，强化中央财政的再分配功能，促进国家层面的基本公共服务均等化；其二，科学制定转移支付目标，根据区域发展客观实际，设置基本公共服务一般均等化转移支付的项目和指标；其三，设置基本公共服务横向均等化转移支付项目和指标，有效实现全国各地区财力横向均衡目标，从而消除我国基本公共服务非均等化。

第六，建立推进基本公共服务均等化的法律体系。完善基本公共服务专项法律，以我国宪法对公民基本权利的规定为依据，在义务教育、公共卫生与基本医疗、基本社会保障、公共就业服务等领域，建立起具有权威性、规范性的基本公共服务专项法规体系；探索制定地方政府法，明确划分中央与地方在基本公共服务领域的职责和权限；制定基本公共服务均等化法，从法律上规范基本公共服务均等化政策实施主体和相关责任体系；建立基本公共服务均等化政府问责制，从基本公共服务均等化的关键环节入手，加强政府问责。

专栏 7-5　英国基本公共服务政策的蓝本——《贝弗里奇报告》

英国是世界公认的第一个福利国家，《贝弗里奇报告》是英国推行福利政策、提供基本公共服务的蓝本，它强调了以下几项重要的管理原则。一是普遍性和类别性原则，即社会保险覆盖的对象和对人们的需要的满足应该是普遍的并且是具有针对性的。如英国把社会保险项目分成失业保险、对丧失工作能力人的保险、对丧失谋生手段人的津贴、对妇女婚姻需求的补助、年金等众多方面。二是保障基本生活原则，即社会保障只能确保每个公民基本的社会生活需要。三是统一性原则，即社会保障的缴费标准、支付待遇和行政管理必须统一。统一津贴水平指的是社会保险应该给受益人相同的津贴，不必考虑受益人在失业、残疾或者退休前的收入水平；统一缴费水平是指每一个投保人或者雇主不管他们的收入多少，都要缴纳相同的社会保险费；行政管理统一指的是需要成立一个社会保障部来管理社会保险、社会救助和自愿保险。社会保障部下属的地方社会保障局对当地社会保险事务的管理不应该受到当地政府的干预和控制。要将社会保险的缴费统一起来，每一位投保人根据一种政策，每周缴纳一种费用，就有资格领取各种社会保险津贴。四是权利和义务对等原则，即享受社会保障必须以劳动和缴纳保险费为条件。贝弗里奇设计的社会保险内容非常庞大，几乎包括了从摇篮到坟墓的每个方面，人一生中遭到的疾病、失业、婚姻变故、生育、丧失工作能力等方方面面都纳入到社会保障制度中。《贝弗里奇报告》的理念及其在英国的实施，对欧洲其他国家也产生了广泛而深远的影响。瑞典、芬兰、挪威、法国、意大利等国也纷纷效仿英国，致力于福利国家建设。

资料来源：根据相关资料整理。

第八章 2012 年中国省级地方政府效率测度报告

>> 一、省级地方政府效率测度的基本思路与方法 <<

省级地方政府作为当地公共服务和公共物品的主要供给者，是辖区居民社会福利的主要保障者，是地方财政的主要消费者，因此，地方政府效率就集中体现在地方政府担当这三种角色时所产生的成本与收益之间的对比关系，体现在全国 31 个省级地方政府之间效率水平的对比之中。地方政府效率表现为地方政府以较小的政府规模(即较小的政府成本)提供较多的符合社会发展和人类进步要求的公共服务和公共物品，表现为当地居民具有较高的经济福利水平。

根据政府效率的内涵及特征，结合省级政府提供公共服务的投入与产出状况，基于指标选取的基本原则，本报告建立了 47 个指标组成的指标体系，采用标准离差法(SDM)，把众多不同指标转换成可以相互比较的标准化值(STD)，然后加权计算我国省级地方政府效率的标准化值，并以此进行政府效率的指标、子因素、因素以及政府效率综合排名，以此测度、比较各省级地方政府效率的相对水平。

>> 二、省级地方政府效率测度指标数据来源 <<

2012 年我国省级地方政府效率测度的指标数据主要来自《2011 中国统计年鉴》、《2011 中国经济年鉴》、《2011 中国环境年鉴》、《2011 中国法律年鉴》等。指标名称和原始值有的直接来自这些年鉴，多数则是作者对年鉴相关指标值进行转换得出，但所有指标都是硬指标。这些指标多数是正指标(即指标值越大则表明政府效率越高)，少数是逆指标(即指标值越大则表示政府效率越低)，本报告测度时已经将逆指标转换成正指标。另外，所有这些指标都是以省、自治区、直辖市为单位计算出来的，能够反映我国 31 个省级地方政府的政府效率。

>> 三、2012 年省级地方政府效率测度结果及分析 <<

(一)省级地方政府效率测度结果分析

根据设计的指标体系及测度方法，经过精确计算，本报告得出了 2012 中国 31 个省级地方政府效率测度的标准化值及其排名，测度结果如下。

表 8-1　　2012 中国省级地方政府效率测度标准化值及排名

指标 地区	中国省级地方政府效率	
	标准化值	排名
江苏	0.528	1
北京	0.475	2
山东	0.470	3
浙江	0.409	4
辽宁	0.356	5
上海	0.288	6
广东	0.258	7

续表

指标 地区	中国省级地方政府效率	
	标准化值	排名
天津	0.234	8
河北	0.118	9
黑龙江	0.082	10
安徽	0.073	11
湖北	0.033	12
河南	0.008	13
山西	0.003	14
内蒙古	−0.006	15
吉林	−0.010	16
福建	−0.012	17
陕西	−0.027	18
四川	−0.030	19
新疆	−0.056	20
江西	−0.061	21
湖南	−0.073	22
广西	−0.083	23
海南	−0.162	24
青海	−0.209	25
宁夏	−0.242	26
甘肃	−0.260	27
云南	−0.302	28
重庆	−0.339	29
贵州	−0.477	30
西藏	−0.986	31

从表8-1可以看出，我国31个省级地方政府效率测度的标准化值以及排名具有以下三个显著特征。

第一，省级地方政府效率标准化值排名呈阶梯型分布。按照排名由高到低，政府效率大致呈现出“东部—东北部—中部—西部”阶梯型分布趋势①。政府效率排名前10位的省级地方政府中，除辽宁(第5位)和黑龙江(第10位)位于东北地区外，其余8个省(区、市)全部位于东部地区；排名第11位至第20位的省(区、市)中，东部占了1个、东北部占了1个、中部占了4个、西部占了4个；排名第21位至第31位的省级地方政府大部分位于西部地区，共计8个。

第二，在阶梯型分布总体趋势下，部分省级地方政府效率排名呈现出与其所在区域总体趋势不一致的情形。有的省级地方政府效率明显高于区域平均水平，如西部的内蒙古、四川、陕西和新疆进入前20位，分别排在第15位、第19位、第18位和第20位；有的省级地方政府效率则大大落后于同区域的其他省级政府，如福建排名位于全国第17位、海南排名位于全国第24位，与东部其他省级地方政府效率排名存在较大差距。

第三，省级政府效率排名与区域经济社会发展具有一定的正相关性。政府效率较高的省级地方政府，其辖区经济社会发展水平较高；经济社会发展较好的地区，其省级政府效率也较高。政府效率是政府投入和产出之比，一定的人力、物力和财力的投入，是政府配置生产资源、提供公共物品和服务、进行基础设施建设的前提，因此，良好的经济社会发展基础有助于提高省级政府效率，较高的省级政府效率也是影响省级地方政府辖区经济社会发展的重要因素。也就是说，经济社会发展和政府效率提升两者之间互相促进、相辅相成。因此，在注重经济社会发展的同时不断提高政府效率是必要的、可行的，而注重经济社会发展也有助于提升政府公共管理与服务效率。

---

① 本报告的区域划分参照国家统计部门的划分标准。其中，东部地区包括北京、天津、河北、上海、江苏、浙江、福建、山东、广东和海南10省市；中部地区包括山西、安徽、江西、河南、湖北和湖南6省；西部地区包括内蒙古、广西、重庆、四川、贵州、云南、西藏、陕西、甘肃、青海、宁夏和新疆12省(区、市)；东北地区包括包括辽宁、吉林和黑龙江3省。

(二)省级地方政府效率的区域比较

表 8-2　　2012 年各区域省级政府效率及测度一级指标标准化值及排名

指　标	省级地方政府效率标准化值及排名		一级指标标准化值及排名			
			政府公共服务	政府公共物品	政府规模	居民经济福利
权　重	100%		40%	30%	20%	10%
名　称	标准化值	排　名	排　名	排　名	排　名	排　名
东部地区						
北　京	0.475	2	1	18	27	1
天　津	0.234	8	2	16	18	3
河　北	0.118	9	20	3	14	8
上　海	0.288	6	10	30	1	2
江　苏	0.528	1	4	1	11	11
浙　江	0.409	4	7	5	2	5
福　建	−0.012	17	23	27	3	17
山　东	0.470	3	6	2	8	7
广　东	0.258	7	11	6	4	12
海　南	−0.162	24	24	19	9	30
中部地区						
山　西	0.003	14	9	26	22	9
安　徽	0.073	11	25	4	5	20
江　西	−0.061	21	27	7	10	22
河　南	0.008	13	14	17	17	14
湖　北	0.033	12	17	11	16	15
湖　南	−0.073	22	16	21	21	19
西部地区						
内蒙古	−0.006	15	12	15	26	6
广　西	−0.083	23	21	24	12	24
重　庆	−0.339	29	28	29	24	18
四　川	−0.030	19	19	21	7	23
贵　州	−0.477	30	29	31	19	29

续表

指　标	省级地方政府效率标准化值及排名		一级指标标准化值及排名			
			政府公共服务	政府公共物品	政府规模	居民经济福利
权　重	100%		40%	30%	20%	10%
名　称	标准化值	排　名	排　名	排　名	排　名	排　名
西部地区						
云　南	−0.302	28	26	29	13	28
陕　西	−0.027	18	13	22	15	16
甘　肃	−0.260	27	15	25	28	27
青　海	−0.209	25	22	13	29	26
宁　夏	−0.242	26	30	12	20	21
新　疆	−0.056	20	3	23	30	25
西　藏	−0.986	31	14	10	31	31
东北部地区						
辽　宁	0.356	5	5	9	6	4
吉　林	−0.010	16	18	14	23	10
黑龙江	0.082	10	8	8	25	13

根据表8-2，中国省级地方政府效率排名的区域特征主要体现在以下四个方面。

第一，东部地区省级政府效率相对最高。东部地区是我国经济社会发展最发达的地区，政府收入相对其他地区较高，基础设施较完备，政府在科教文卫、公共安全、环境保护等领域投入较大。尽管面临着快速的城市扩张、交通拥堵以及房价居高不下等压力，但由于东部地区注重提高政府公共服务能力和社会管理水平，因此东部地区省级政府效率仍然较高。比如，东部地区所含的10个省级政府中，有8个名列前10位，只有福建、海南两省滞后，分别位于第17位和第24位。

第二，中部地区省级政府效率表现一般，但效率水平较以前有所提高。中部地区6个省级地方政府中，有4个位于全国中上水平(即山西、安徽、河南和湖北)，两个位于全国中下水平(即江西和湖南)。这是因为，一方面，中部地区经济、社会发展水平比东部地区落后，教育、卫生、公共安全、基础设施等相对不足，与之相关的人力、财力投入较少；加之，由于政府公共服务理念相对落后，政府职能转变任务繁重，因此中部地区的政府效率与东部之间存在较大差距。因此，“十二五”期间，中部地区各省级政府既要大力发展经济，努力改善民生，注重提高居民经济福利与生活质量，又要不断创新政府管理方式，降低政府行政成本，提高政府效率。

第三，西部地区省级政府效率相对较低。西部 11 个省级地方政府中，除内蒙古、陕西、四川和新疆等 4 个省级政府的效率在全国位居中上以外，其余 8 个省级政府效率都位于全国中下水平，且都在全国后 10 位。其可能的原因在于：西部地区经济社会发展滞后已经成为制约其政府效率提升的重要因素之一。尽管西部各省级政府辖区拥有丰富自然资源、廉价劳动力，但却未能将这些资源优势转化为比较和竞争优势，严重影响了当地教育、卫生、公共服务、基础设施、居民经济福利等方面改善进程，制约了政府公共服务能力和社会管理水平提升，不利于政府改变传统行政理念、树立服务与效率理念。因此，“十二五”期间，西部地区各省级地方政府面临发展经济、改善民生、提升公共服务质量与政府效率等多重难题与任务。

第四，东北部地区省级政府效率相对较高。东北部地区包括辽宁、吉林和黑龙江 3 省，其政府效率排名分别为第 5 位、第 16 位、第 10 位，均高于全国平均水平，有两个省政府效率进入全国前 10 名。东北部地区的省级政府效率水平突出体现在：政府公共物品和公共服务较为丰裕和完善、居民经济福利较好，这得益于老工业基地的良好基础，在基础设施建设方面积累了大量经验，建立了较为完备的公共服务体系，并有雄厚资金投入到教育、卫生、环境保护等领域。因此，“十二五”期间，东北部地区应继续发挥自身优势，借鉴发达国家以及我国沿海发达地区的先进理念，不断创新政府管理方式，协调经济发展与社会管理，进一步提高政府效率与公共服务水平。

四、2012 年省级地方政府效率测度因素排名与分析

(一)政府公共服务测度排名及分析

1. 政府公共服务测度指标

政府公共服务因素(即一级指标)下设 4 个二级指标：科教文卫服务、公共安全服务、气象服务和社会保障服务(见图 8-1)。

其中，科教文卫服务包括人均科技三项费用、产品优等品率、三种专利申请批准量、人均技术市场成交额、初等教育学生—教师比、中等教育学生—教师比、文盲半文盲率、国家财政性教育经费占 GDP 的比例、文艺出版单位、卫生床位、卫生人员 11 个三级指标。公共安全服务包括三种事故发生率、三种事故人均损失、立法(新立法、修正或清理的旧法，含法规、法案、条例等)、法院一审受理案件数、法院一审案件审结数、检察院批捕犯罪嫌疑人数、公安局破获或立案刑事案件数、刑事案件发案率 8 个三级指标。气象服务包括农业气象业务站点和地震监测台 2 个三级指标。社会保障服务包括年末城镇登记失业率、城镇社区服务设施、农村社会保障网络 3 个三级指标。

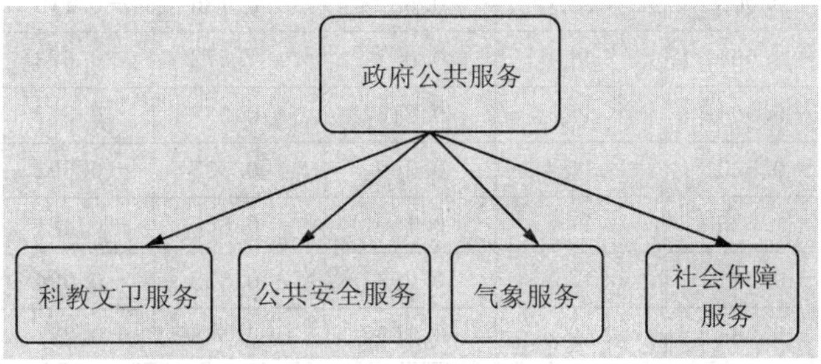

图 8-1　政府公共服务及其二级指标

2. 政府公共服务测度排名及分析

表 8-3　　2012年省级政府公共服务测度标准化值及排名

指　标	政府公共服务		二级指标			
			科教文卫服务	公共安全服务	气象服务	社会保障服务
权　重	100%		55%	15%	15%	15%
名　称	标准化值	排　名	标准化值	标准化值	标准化值	标准化值
北　京	1.018	1	1.289	−1.380	0.782	2.656
天　津	0.446	2	0.902	0.219	−0.561	0.006
新　疆	0.438	3	−1.401	−0.040	1.337	0.216
江　苏	0.415	4	1.307	−0.167	−0.533	1.115
辽　宁	0.400	5	0.494	0.593	−0.259	−0.173
山　东	0.345	6	−0.539	0.407	−0.787	0.865
浙　江	0.268	7	0.087	−0.655	−0.728	2.092
黑龙江	0.235	8	0.431	0.758	0.024	−0.792
山　西	0.217	9	0.641	−0.063	0.555	−0.245
上　海	0.207	10	0.328	−0.976	−0.994	−0.455
广　东	0.115	11	−0.009	−0.029	−0.781	1.262
内蒙古	0.038	12	0.683	−0.998	0.680	−0.193
陕　西	0.008	13	−0.522	−0.125	−0.116	−0.266
河　南	0.004	14	−0.041	1.572	−0.673	−0.190
甘　肃	−0.004	15	−0.216	0.938	0.517	0.491
湖　南	−0.023	16	0.366	0.833	−0.692	−0.141
湖　北	−0.026	17	−0.150	0.868	−0.481	−0.010
吉　林	−0.041	18	0.293	−0.838	−0.094	−0.689
四　川	−0.086	19	0.169	0.568	−0.222	−0.889
河　北	−0.111	20	0.383	−0.447	−0.386	−0.366
广　西	−0.120	21	0.125	1.046	−0.370	−0.515
青　海	−0.127	22	−1.028	−0.387	3.771	−0.617
福　建	−0.158	23	0.153	−1.009	−0.196	−0.468
海　南	−0.246	24	−0.262	0.422	0.238	−0.042

续表

指 标	政府公共服务		二级指标			
			科教文卫服务	公共安全服务	气象服务	社会保障服务
权 重	100%		55%	15%	15%	15%
名 称	标准化值	排 名	标准化值	标准化值	标准化值	标准化值
安 徽	−0.253	25	0.208	0.680	−0.672	−0.232
云 南	−0.341	26	−0.399	0.701	0.492	−1.070
江 西	−0.353	27	−0.187	0.271	−0.763	0.056
重 庆	−0.420	28	−0.986	−1.385	−0.445	−0.177
贵 州	−0.432	29	−0.615	1.132	−0.709	0.470
宁 夏	−0.579	30	−0.581	−1.72	0.792	−0.801
西 藏	−0.833	31	−0.653	−0.788	1.271	−0.890

表8-3证明，政府公共服务由科教文卫服务、公共安全服务、气象服务以及社会保障服务4个二级指标构成，它们各自所占权重分别为55%、15%、15%、15%。政府公共服务反映了政府提供的主要公共服务数量及质量，表征政府收益，是体现政府效率的重要指标。由测度结果可知，政府公共服务排名前10位的省级地方政府的规律性不强，既有来自北京、天津等东部发达地区，又有来自新疆欠发达地区，同时也有来自东北地区的辽宁和黑龙江；而排名后5位的大部分都是中西部相对落后地区。因此，本报告可以大致得出以下结论：即经济发展水平确实能在一定程度上决定一个地区政府公共服务能力的高低，但经济欠发达地区政府公共服务能力也可以比较强。所以，无论经济发展程度如何，只要各省级地方政府注重转变政府职能，强化政府服务水平，创新政府管理，就能够有效提升政府公共服务能力。

(二)政府公共物品测度排名及分析

1. 政府公共物品测度指标

政府公共物品下设2个二级指标：社会基础设施和城市基本设施(见图8-2)

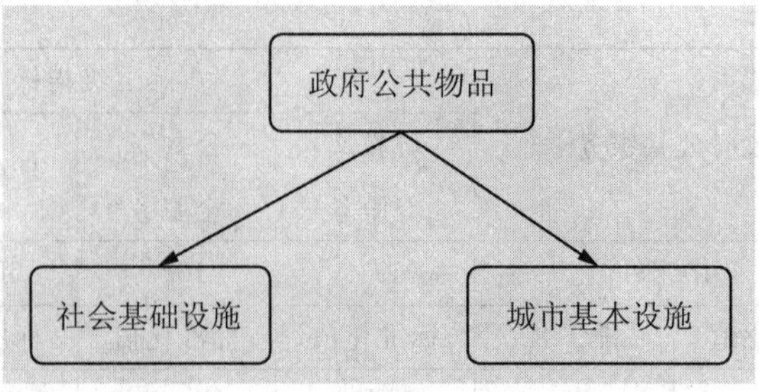

图 8-2　政府公共物品及其二级指标

其中，社会基础设施包括国家预算内基本建设和更新改造投资、基本建设和更新改造投资中地方项目与中央项目之比、基本建设和更新改造项目建成投产率、工业“三废”治理效率、每万人拥有水库容量、自然保护区面积与辖区面积之比 6 个三级指标。城市基本设施包括城市燃气普及率、城市每万人拥有公共交通车辆、城市人均拥有道路面积、城市人均公共绿地面积、城市每万人拥有公共厕所 5 个三级指标。

2. 政府公共物品测度排名及分析

表 8-4　　2012 年省级政府公共物品测度标准化值及排名

指　标	政府公共物品		二级指标	
			社会基础设施	城市基本设施
权　重	100%		50%	50%
地　区	标准化值	排　名	标准化值	标准化值
江　苏	0.946	1	0.827	1.065
山　东	0.769	2	0.964	0.573
河　北	0.395	3	0.266	0.523
安　徽	0.293	4	0.724	−0.137
浙　江	0.241	5	−0.198	0.681
广　东	0.208	6	0.152	0.263
江　西	0.173	7	0.688	−0.342
黑龙江	0.137	8	−0.068	0.342
辽　宁	0.135	9	0.274	−0.005
西　藏	0.126	10	−0.285	0.538

续表

指　标	政府公共物品		二级指标	
			社会基础设施	城市基本设施
权　重	100%		50%	50%
地　区	标准化值	排　名	标准化值	标准化值
湖　北	0.109	11	0.290	－0.071
宁　夏	0.092	12	－0.427	0.612
青　海	0.081	13	－0.424	0.586
吉　林	0.041	14	0.027	0.055
内蒙古	0.009	15	0.092	－0.073
天　津	－0.006	16	－0.263	0.251
河　南	－0.030	17	0.762	－0.822
北　京	－0.054	18	－0.498	－0.390
海　南	－0.089	19	－0.330	0.152
四　川	－0.092	20	0.191	－0.376
湖　南	－0.123	21	0.127	－0.374
陕　西	－0.124	22	－0.304	0.057
新　疆	－0.142	23	－0.567	0.284
广　西	－0.144	24	0.010	－0.298
甘　肃	－0.308	25	0.261	－0.877
山　西	－0.308	26	－0.179	－0.438
福　建	－0.338	27	－0.736	－0.060
重　庆	－0.354	28	－0.019	－0.690
云　南	－0.427	29	－0.077	－0.777
上　海	－0.450	30	－0.992	0.091
贵　州	－0.765	31	－0.286	－1.243

分析表8-4后发现，政府公共物品由社会基础设施与城市基本设施2个二级指标构成，它们各自所占权重都为50%。政府公共物品反映了我国省级地方政府有效提供的具有实物形态的公共品，主要指城乡基础设施，反映了政府收益。测度标准化值结果表明，政府公共服务排名前10位的省级地方政府大部分位于东部地区(5个)，中部和东北部地区也有部分省级政府进入前10位(4个)，西部地区只有1个省级政府进入前10位(即西藏)；而排名后10位的省级

地方政府大部分来自中西部相对落后地区。因此，本报告认为，经济发展水平往往决定一个地区政府公共物品能力；对于经济欠发达地区省级政府而言，一方面要大力发展当地经济，不断提高省级政府辖区的财政支出能力；另一方面也要优化政府公共物品供给结构，大力加强城乡基础设施建设。

(三)政府规模测度排名及分析

1. 政府规模测度指标

政府规模无二级指标，下设行政就业人员占总人口比重、行政就业人员占总就业人员比重、政府消费与最终消费之比、政府消费与GDP之比、罚没收入及行政性收费占财政收入的比例5个三级指标，且这5个三级指标都为逆指标，即指标值越大，则政府效率越低。政府规模虽然指标数目不多，但直接反映了政府运行成本，对政府效率有重要影响。

2. 政府规模测度标准化值排名及分析

表 8-5　　2012 年省级政府规模测度标准化值及排名

指　标	政府规模	
权　重	100%	
名　称	标准化值	排　名
上　海	0.985	1
浙　江	0.849	2
福　建	0.810	3
广　东	0.694	4
安　徽	0.517	5
辽　宁	0.466	6
四　川	0.387	7
山　东	0.300	8
海　南	0.298	9
江　西	0.295	10
江　苏	0.275	11

续表

指 标	政府规模	
权 重	100%	
名 称	标准化值	排 名
广 西	0.267	12
云 南	0.135	13
河 北	0.069	14
陕 西	0.066	15
湖 北	0.051	16
河 南	0.043	17
天 津	−0.026	18
贵 州	−0.031	19
宁 夏	−0.063	20
湖 南	−0.073	21
山 西	−0.092	22
吉 林	−0.159	23
重 庆	−0.262	24
黑龙江	−0.305	25
内蒙古	−0.351	26
北 京	−0.356	27
甘 肃	−0.525	28
青 海	−0.634	29
新 疆	−0.685	30
西 藏	−2.944	31

表8-5表明，政府规模反映了政府工作人员、政府消费的相对规模，表征了政府成本，直接体现了政府效率。政府规模测度标准化值结果证明，政府规模排名前10位的省级地方政府大部分位于东部地区(6个)，中部和东北部也有少数省级政府进入前10位(3个)，西部地区只有1个省份进入了前10位(即四川省)；而排名后10位的大部分都是中西部相对落后地区。值得注意的，由于大部分中央机构集中在北京，因此北京市的政府规模在全国31个省(区、市)中排名第27位，这是可能是北京政府规模较大的主要因素。因此，透过表8-5，本报告得出这一结论，即经济发展水平的高低与一个地区的政府规模有着

密切联系，经济发达地区省级政府规模相对较小，经济落后地区则政府规模相对较大。所以，经济欠发达地区省级地方政府要注意消除官僚主义，控制政府消费相对规模，压缩行政成本，降低行政开支，才能促进区域经济发展及提升政府效率。

(四)居民经济福利测度排名及分析

1. 居民经济福利测度指标

居民经济福利无二级指标，下设农村居民家庭人均纯收入、城镇居民家庭人均可支配收入、农村居民家庭恩格尔系数、城镇居民家庭恩格尔系数、居民消费价格指数、人均 GDP、政策性补贴支出与财政支出之比 7 个三级指标。由于居民经济福利这 7 个三级指标不直接反映政府产出或政府成本，只能间接反映政府质量和效率，因此在最后计算政府效率标准化值时仅占 0.10 权重。

2. 居民经济福利测度标准化值排名及分析

表 8-6　　2012 年省级政府居民经济福利测度标准化值及排名

指　标	居民经济福利	
权　重	100%	
名　称	标准化值	排　名
北　京	1.553	1
上　海	1.433	2
天　津	0.630	3
辽　宁	0.622	4
浙　江	0.594	5
内蒙古	0.465	6
山　东	0.416	7
河　北	0.304	8
山　西	0.266	9
吉　林	0.265	10
江　苏	0.231	11

续表

指 标	居民经济福利	
权 重	100%	
名 称	标准化值	排 名
广 东	0.107	12
黑龙江	0.081	13
河 南	0.068	14
湖 北	0.005	15
陕 西	−0.065	16
福 建	−0.094	17
重 庆	−0.122	18
湖 南	−0.122	19
安 徽	−0.168	20
宁 夏	−0.258	21
江 西	−0.311	22
四 川	−0.446	23
广 西	−0.457	24
新 疆	−0.518	25
青 海	−0.556	26
甘 肃	−0.607	27
云 南	−0.643	28
贵 州	−0.690	29
海 南	−0.964	30
西 藏	−1.020	31

居民经济福利表征了居民的经济生活水平，能从侧面反映政府收益，这是衡量政府效率重要的外溢指标。通过分析表8-6可得出，居民经济福利测度标准化值排名前10的省级地方政府大部分都是我国传统的经济大省(区/市)；而排名后10位的省级政府大部分属于中西部欠发达地区。因此，本报告认为，经济社会发展水平的高低与一个地区的居民经济福利有着直接联系，经济发达地区省级政府的居民经济福利较高，经济落后地区省级政府的居民经济福利较低。所以，“发展才是硬道理”，中西部经济欠发达地区省级政府提升政府效率的主要路径在于：一是要大力发展区域经济，不断提高居民收入与福利水平；

二是要转变发展方式，提升发展质量；三是要转变与合理定位政府职能，创新政府管理与社会管理，注重效率与公平。

五、2012 年省级地方政府效率变化特征

表 8-7　　2011—2012 年省级政府效率测度标准化值排名及其变化

省级政府名称	2011 年政府效率测度排名	2012 年政府效率测度排名	2012 年排名变化(0、+、-)	省级政府所在区域
江　苏	1	1	0	东部
上　海	2	6	-4	东部(直辖市)
北　京	3	2	+1	东部(直辖市)
浙　江	4	4	0	东部
山　东	5	3	+2	东部
辽　宁	6	5	+1	东北部
天　津	7	8	-1	东部(直辖市)
河　北	8	9	-1	东部
广　东	9	7	+2	东部
黑龙江	10	10	0	东北部
内蒙古	11	15	-4	西部(自治区)
吉　林	12	16	-4	东北部
青　海	13	25	-12	西部
陕　西	14	18	-4	西部
安　徽	15	11	+4	中部
福　建	16	17	-1	东部
山　西	17	14	+3	中部
新　疆	18	20	-2	西部
四　川	19	19	0	西部
河　南	20	13	+7	中部
宁　夏	21	26	-5	西部(自治区)
江　西	22	21	+1	中部
湖　北	23	12	+11	中部

续表

省级政府名称	2011 年政府效率测度排名	2012 年政府效率测度排名	2012 年排名变化(0、+、-)	省级政府所在区域
湖　南	24	22	+2	中部
广　西	25	23	+2	西部(自治区)
重　庆	26	29	-3	西部(直辖市)
甘　肃	27	27	0	西部
云　南	28	28	0	西部
海　南	29	24	+5	东部
贵　州	30	30	0	西部
西　藏	31	31	0	西部(自治区)

(一)2012 年我国省级地方政府效率总体变化趋好

根据表 8-7，与 2011 年相比，2012 年我国 31 个省级地方政府效率总体变化趋好。比如，31 个省级地方政府中，有 12 个排名前移、8 个排名未变，这就表明 2012 年有 20 个(约占省级地方政府总数的 64%)省级地方政府效率保持或者高于 2011 年的水平，即大多数省级政府的效率有所改善。因此，从某种程度上说，2012 年我国省级地方政府效率总体上有所改善。

(二)2012 年省级地方政府效率变化的区域特征减弱

根据表 8-7，与 2011 年相比，2012 年我国东部、中部、东北部、西部地区的省级政府效率变化的区域特征减弱。

首先，比如，中部 6 省政府效率表现尤其突出，其测度结果均呈正向变化，排名都有所前移，表明中部地区的省级地方政府效率得到提升。

其次，西部地区 12 个省级地方政府效率有待进一步提升，其测度结果负向变化趋势明显，比如，西部 12 个省级地方政府中，6 个省级政府效率排名后移、5 个省级政府效率排名与 2011 年相同，只有 1 个省级地方政府(广西)效率有所提升。

最后，东部及东北部的省级政府效率变化趋势不明显，既有排名前移的、又有排名后移的、也有排名保持不变的省级政府。

此外，我国省级地方政府效率总体上仍然呈现东部高、西中部低的区域特征，即政府效率测度排名居前 10 位的都是东部的省级政府，而排名居后 10 位的基本上是西部和中部的省级政府。

>> 六、2012 年省级地方政府效率测度案例分析 <<

(一)湖北：2012 年政府效率正向变化最大的省级政府

表 8-8　2011—2012 年湖北省政府效率及测度一级指标标准化值及排名比较

指　标	省级地方政府效率标准化值及排名		一级指标标准化值及排名			
			政府公共服务	政府公共物品	政府规模	居民经济福利
权　重	100%		40%	30%	20%	10%
名　称	标准化值	排　名	排　名	排　名	排　名	排　名
湖北(2012 年)	0.033	12	17	11	16	15
湖北(2011 年)	−0.142	23	29	16	18	17

参考《2011 中国省级政府效率研究报告》、根据表 8-8，与 2011 年相比，2012 年政府效率测度一级指标标准化值增长显著、政府效率正向变化最大的省级政府是湖北。其政府效率排名从第 23 位上升到第 12 位，向上晋升 12 位；政府公共服务排名从第 29 位上升到第 17 位，向上晋升 13 位；政府公共服务排名从第 16 位上升到第 11 位，向上晋升 6 位；政府规模排名从第 18 位上升到第 16 位，向上晋升 3 位；居民经济福利排名从第 1 位 7 上升到第 15 位，向上晋升 3 位。

在政府效率测度的二级指标方面，湖北的政府公共服务中的公共安全服务、社会保障服务也上升明显，其排名从第 16 位、第 23 位分别上升到第 6 位和第 9 位；政府公共物品中的社会基础设施排名从第 13 位上升到第 6 位。

另据《2012 中国民生发展报告》，湖北省 2012 年民生发展指数排名居全国第 11 位、公共服务指数排名居全国第 9 位，这从侧面印证了优化公共服务、建立公共服务型政府不仅有利于改进民生，而且有助于提升政府效率。

(二)青海：2012 年政府效率负向变化最大的省级政府

表 8-9　2011—2012 年青海省政府效率及测度一级指标标准化值及排名比较

指　标	省级地方政府效率标准化值及排名		一级指标标准化值及排名			
			政府公共服务	政府公共物品	政府规模	居民经济福利
权　重	100%		40%	30%	20%	10%
名　称	标准化值	排　名	排　名	排　名	排　名	排　名
青海(2012 年)	−0.209	25	22	13	29	26
青海(2011 年)	0.084	13	3	17	29	15

参考《2011 中国省级政府效率研究报告》，不难看出，造成青海省政府效率排名后移最大的因素是政府公共服务及居民经济福利。表 8-9 的数据表明，青海省政府效率测度的一级指标政府公共服务排名后移最大，即从 2011 年的第 3 位退居到 2012 年的第 25 位，排名后移了 20 位；同时，测度青海政府效率的二级指标，比如，政府公共服务中的科技文卫服务、公共安全服务、气象服务、社会保障服务等指标标准化值也大幅度降低；政府公共物品中的社会基础设施、城市基本设施等指标标准化值也有所降低。另外，居民经济福利恶化也是造成青海省政府效率后移最大的重要因素，比如，居民经济福利排名从 2011 年的第 15 位后退到 2012 年的第 26 位，后移了 12 位。另据《2012 中国民生发展报告》，青海省 2012 年民生发展指数、民生质量指数分别位居全国第 27 位、第 29 位，这从侧面佐证了提高居民经济福利不但有助于改进民生，而且有助于提升政府效率。

(三)山东省政府效率测度分析

表 8-10　2011—2012 山东省政府效率及测度一级指标标准化值及排名比较

指　标	省级地方政府效率标准化值及排名		一级指标标准化值及排名			
			政府公共服务	政府公共物品	政府规模	居民经济福利
权　重	100%		40%	30%	20%	10%
名　称	标准化值	排　名	排　名	排　名	排　名	排　名
山东(2012 年)	0.470	3	6	2	8	7
山东(2011 年)	0.383	5	17	2	10	8

根据本报告测度结果，2012 年山东省政府效率及其测度一级指标标准化值上升明显，全部跻身前 10 位，是我国东部地区政府效率较高的省级政府。其中，政府效率测度标准化值为 0.470，排名从 2011 年的第 5 位上升到第 3 位；就政府效率测度一级指标标准化值看，山东正向变化也非常突出：政府公共服务由 2011 年的第 17 位大幅上升到第 6 位、政府公共物品继续保持第 2 位、政府规模上升到第 8 位、居民经济福利上升到第 7 位。

透过表 8-3 及表 8-4，作者发现山东省政府效率测度的二级指标标准化值出现分化。比如，在政府公共物品二级指标方面，山东的社会基础设施、城市基本设施较好，排名分别为第 1 位和第 5 位；在政府公共服务二级指标方面，山东的公共安全、社会保障服务较好，排名分别为第 13 位和第 5 位，但是其科教文卫服务、气象服务较差，排名分别为第 28 位、第 26 位。

由此可见，山东较高的政府效率突出体现在较好的公共物品及居民经济福利、较小的政府规模，而政府公共服务，特别是其中的科教文卫服务、气象服务是制约该省政府效率进一步提升的因素。

(四)辽宁省政府效率测度分析

表 8-11　2011—2012 辽宁省政府效率及测度一级指标标准化值及排名比较

指　标	省级地方政府效率标准化值及排名		一级指标标准化值及排名			
			政府公共服务	政府公共物品	政府规模	居民经济福利
权　重	100%		40%	30%	20%	10%
名　称	标准化值	排　名	排　名	排　名	排　名	排　名
辽宁(2012 年)	0.356	5	5	9	6	4
辽宁(2011 年)	0.352	6	5	8	6	5

从表 8-11 可知，与 2011 年相比，辽宁省 2012 年政府效率及其测度一级指标排名变化不大、表现平稳，在东北三省中政府效率最高，是我国政府效率较高的省级政府，也是政府效率测度一级、二级指标表现较好又均衡的省级地方政府。表 8-3 及表 8-4 表明，辽宁省政府效率测度结果具有两个显著特点：第一，该省政府效率及其测度一级指标的标准化值不仅都比较高，而且均衡，即没有一个一级指标表现较差，比如，2011 年及 2012 年辽宁省的政府效率、政

府公共服务、政府公共物品、政府规模、居民经济福利等指标标准化值排名都在前 10 位。第二，辽宁省政府效率测度的所有二级指标标准化值也比较高，而且比较均衡。比如，2012 年，在政府公共服务方面，辽宁的科教文卫服务、公共安全服务、气象服务、社会保障服务等方面表现较好，在全国的排名分别是第 6 位、第 3 位、第 15 位、第 13 位；在政府公共物品方面，辽宁的社会基础设施、城市基本设施排名分别为第 6 位及第 15 位。

(五)安徽省政府效率测度分析

表 8-12　2011—2012 安徽省政府效率及测度一级指标标准化值及排名比较

指　标	省级地方政府效率标准化值及排名		一级指标标准化值及排名			
			政府公共服务	政府公共物品	政府规模	居民经济福利
权　重	100%		40%	30%	20%	10%
名　称	标准化值	排　名	排　名	排　名	排　名	排　名
安徽(2012 年)	0.073	11	25	4	5	20
安徽(2011 年)	−0.006	15	30	5	5	24

表 8-12 表明，安徽是我国中部地区政府效率较高、提升较快的省级地方政府。与 2011 年相比，安徽省政府效率及其测度一级指标正向变化明显。比如，该省政府效率排名提升至第 11 位，政府公共服务、政府公共物品、居民经济福利排名分别提高到第 25 位、第 4 位、第 20 位，政府规模排名继续保持在第 5。同时，表 8-3 及表 8-4 表明，安徽省政府效率测度的某些二级指标表现突出，比如，安徽的社会基础设施指标标准值为 0.724，排名第 4 位，表现比较优秀；又如，安徽的科教文卫服务、公共安全服务表现较好，其标准化值依次为 0.208、0.680，分别排名在第 12 位、第 9 位。

附　录

附录1：社会鸿沟测度结果与比较

1. 制度鸿沟测度结果与比较

表6-3　　2012年省级政府制度鸿沟测度指数排名

地　区	指数值	排　名	地　区	指数值	排　名
广　东	2.996 1	1	黑龙江	0.766 4	17
北　京	2.014 0	2	河　南	0.726 8	18
福　建	1.607 0	3	安　徽	0.725 2	19
浙　江	1.384 8	4	湖　南	0.720 3	20
山　东	1.366 2	5	西　藏	0.714 5	21
海　南	1.332 7	6	江　西	0.691 3	22
辽　宁	1.284 6	7	河　北	0.674 3	23
新　疆	1.213 6	8	山　西	0.639 7	24
江　苏	1.199 8	9	宁　夏	0.625 0	25
上　海	1.114 6	10	青　海	0.610 3	26
天　津	1.074 4	11	云　南	0.595 3	27
吉　林	1.030 5	12	广　西	0.571 7	28
重　庆	0.977 1	13	甘　肃	0.554 0	29
湖　北	0.928 2	14	贵　州	0.538 2	30
陕　西	0.921 9	15	内蒙古	0.522 8	31
四　川	0.878 1	16			

表 6-4　　2012 年省级政府制度鸿沟测度指数区域排名

指　标	制度鸿沟		一级指标					
			优惠政策		非国有企业贡献		国民待遇	
权　重	100%		51%		20%		29%	
名　称	指数值	排　名	指数值	排　名	指数值	排　名	指数值	排　名
东部地区								
广　东	2.996 1	1	2.560 0	1	0.188 2	19	0.247 9	22
北　京	2.014 0	2	1.140 8	2	0.199 5	16	0.673 7	1
福　建	1.607 0	3	1.128 3	3	0.210 7	9	0.268 0	14
浙　江	1.384 8	4	0.869 6	4	0.173 4	25	0.341 8	5
山　东	1.366 2	5	0.863 1	5	0.198 4	17	0.304 8	8
海　南	1.332 7	6	0.796 5	6	0.268 8	2	0.267 5	15
江　苏	1.199 8	9	0.733 6	8	0.184 5	23	0.281 7	13
上　海	1.114 6	10	0.523 1	10	0.187 3	20	0.404 2	4
天　津	1.074 4	11	0.426 0	13	0.214 9	8	0.433 4	3
河　北	0.674 3	23	0.205 8	23	0.184 6	22	0.283 9	11
东北部地区								
辽　宁	1.284 6	7	0.794 4	7	0.205 2	12	0.285 0	10
吉　林	1.030 5	12	0.482 2	11	0.313 9	1	0.234 4	24
黑龙江	0.766 4	17	0.364 0	16	0.164 4	27	0.237 9	23
中部地区								
湖　北	0.928 2	14	0.459 2	12	0.210 3	10	0.258 7	19
河　南	0.726 8	18	0.255 8	19	0.204 6	13	0.266 4	16
安　徽	0.725 2	19	0.303 3	17	0.238 8	4	0.183 1	30
湖　南	0.720 3	20	0.249 4	20	0.221 7	5	0.249 1	21
江　西	0.691 3	22	0.292 0	18	0.198 1	18	0.201 2	28
山　西	0.639 7	24	0.197 8	25	0.176 4	24	0.265 4	18
西部地区								
新　疆	1.213 6	8	0.731 8	9	0.165 9	26	0.315 9	7
重　庆	0.977 1	13	0.229 9	22	0.208 9	11	0.538 2	2
陕　西	0.921 9	15	0.415 3	14	0.217 9	7	0.288 6	9
四　川	0.878 1	16	0.409 4	15	0.202 4	15	0.266 2	17

续表

指　标	制度鸿沟		一级指标					
			优惠政策		非国有企业贡献		国民待遇	
权　重	100%		51%		20%		29%	
名　称	指数值	排　名	指数值	排　名	指数值	排　名	指数值	排　名
西部地区								
西　藏	0.714 5	21	0.138 7	30	0.240 2	3	0.335 7	6
宁　夏	0.625 0	25	0.247 4	21	0.148 5	30	0.229 1	25
青　海	0.610 3	26	0.163 3	29	0.164 3	28	0.282 6	12
云　南	0.595 3	27	0.190 5	27	0.187 0	21	0.217 9	26
广　西	0.571 7	28	0.181 2	28	0.218 4	6	0.172 0	31
甘　肃	0.554 0	29	0.203 2	24	0.140 4	31	0.210 4	27
贵　州	0.538 2	30	0.193 0	26	0.157 8	29	0.187 4	29
内蒙古	0.522 8	31	0.061 3	31	0.204 5	14	0.257 1	20

表 6-5　　2012 年省级政府制度鸿沟测度指标优惠政策指数排名

指　标	优惠政策		二级指标			
			计划单列城市(副省级城市)个数(A11)		经济特区个数(A12)	
权　重	51%		9.5%		11%	
名　称	指数值	排　名	指数值	排　名	指数值	排　名
广　东	2.405 0	1	4.133 3	1	15.500 0	1
北　京	1.140 8	2	0.000 0	12	0.000 0	5
福　建	1.076 6	3	2.066 7	5	5.166 7	2
浙　江	0.869 6	4	4.133 3	1	0.000 0	5
山　东	0.863 1	5	4.133 3	1	0.000 0	5
辽　宁	0.794 4	6	4.133 3	1	0.000 0	5
海　南	0.744 8	7	0.000 0	12	5.166 7	2
江　苏	0.733 6	8	2.066 7	5	0.000 0	5
新　疆	0.680 1	9	0.000 0	12	5.166 7	2
上　海	0.523 1	10	0.000 0	12	0.000 0	5
吉　林	0.482 2	11	2.066 7	5	0.000 0	5
湖　北	0.459 2	12	2.066 7	5	0.000 0	5

续表

指　标	优惠政策		二级指标			
			计划单列城市(副省级城市)个数(A11)		经济特区个数(A12)	
权　重	51%		9.5%		11%	
名　称	指数值	排　名	指数值	排　名	指数值	排　名
天　津	0.426 0	13	0.000 0	12	0.000 0	5
陕　西	0.415 3	14	2.066 7	5	0.000 0	5
四　川	0.409 4	15	2.066 7	5	0.000 0	5
黑龙江	0.364 0	16	2.066 7	5	0.000 0	5
安　徽	0.303 3	17	0.000 0	12	0.000 0	5
江　西	0.292 0	18	0.000 0	12	0.000 0	5
河　南	0.255 8	19	0.000 0	12	0.000 0	5
湖　南	0.249 4	20	0.000 0	12	0.000 0	5
宁　夏	0.247 4	21	0.000 0	12	0.000 0	5
重　庆	0.229 9	22	0.000 0	12	0.000 0	5
河　北	0.205 8	23	0.000 0	12	0.000 0	5
甘　肃	0.203 2	24	0.000 0	12	0.000 0	5
山　西	0.197 8	25	0.000 0	12	0.000 0	5
贵　州	0.193 0	26	0.000 0	12	0.000 0	5
云　南	0.190 5	27	0.000 0	12	0.000 0	5
广　西	0.181 2	28	0.000 0	12	0.000 0	5
青　海	0.163 3	29	0.000 0	12	0.000 0	5
西　藏	0.138 7	30	0.000 0	12	0.000 0	5
内蒙古	0.061 3	31	0.000 0	12	0.000 0	5

表 6-5(续)　2012 年省级政府制度鸿沟测度指标优惠政策指数排名

指　标	优惠政策二级指标					
	国家级经济技术开发区个数(A13)		国家战略个数(A14)		北京大学各地每万人招生比率(A15)	
权　重	10.5%		10.5%		9.5%	
名　称	指数值	排　名	指数值	排　名	指数值	排　名
广　东	1.174 2	7	3.100 0	1	0.142 9	31
北　京	0.234 8	27	0.000 0	26	11.748 9	1

续表

指　标	优惠政策二级指标					
	国家级经济技术开发区个数(A13)		国家战略个数(A14)		北京大学各地每万人招生比率(A15)	
权　重	10.5%		10.5%		9.5%	
名　称	指数值	排　名	指数值	排　名	指数值	排　名
福　建	1.878 8	4	1.033 3	5	0.608 8	12
浙　江	3.053 0	2	1.033 3	5	0.504 1	13
山　东	2.113 6	3	2.066 7	2	0.331 2	23
辽　宁	1.174 2	7	2.066 7	2	0.646 6	11
海　南	0.234 8	27	1.033 3	5	1.000 1	6
江　苏	3.757 6	1	1.033 3	5	0.360 0	21
新　疆	0.939 4	11	0.000 0	26	0.682 6	10
上　海	0.939 4	11	2.066 7	2	2.183 9	3
吉　林	0.939 4	11	1.033 3	5	0.829 2	8
湖　北	1.174 2	7	1.033 3	5	0.326 8	24
天　津	0.704 5	16	1.033 3	5	2.563 8	2
陕　西	0.704 5	16	1.033 3	5	0.384 4	18
四　川	0.704 5	16	1.033 3	5	0.322 2	25
黑龙江	0.939 4	11	0.000 0	26	0.727 0	9
安　徽	1.643 9	5	1.033 3	5	0.233 4	29
江　西	1.409 1	6	1.033 3	5	0.374 3	19
河　南	1.174 2	7	1.033 3	5	0.252 7	26
湖　南	0.939 4	11	1.033 3	5	0.445 2	15
宁　夏	0.469 7	22	1.033 3	5	0.942 8	7
重　庆	0.704 5	16	1.033 3	5	0.499 1	14
河　北	0.704 5	16	1.033 3	5	0.245 0	28
甘　肃	0.704 5	16	1.033 3	5	0.218 2	30
山　西	0.469 7	22	1.033 3	5	0.421 2	16
贵　州	0.469 7	22	1.033 3	5	0.370 3	20
云　南	0.469 7	22	1.033 3	5	0.344 4	22
广　西	0.469 7	22	1.033 3	5	0.246 6	27
青　海	0.234 8	27	0.000 0	26	1.459 6	4
西　藏	0.234 8	27	0.000 0	26	1.200 2	5
内蒙古	0.234 8	27	0.000 0	26	0.385 3	17

表 6-6 2012 年省级政府制度鸿沟测度指标非国有企业贡献指数排名指数排名表

一级指标	非国有企业贡献		二级指标			
			非国有企业贡献率(A21)		外企投资贡献率(A22)	
权 重	20%		10%		10%	
名 称	指数值	排 名	指数值	排 名	指数值	排 名
吉 林	0.313 9	1	0.955 8	26	2.182 9	1
海 南	0.268 8	2	1.022 1	12	1.665 8	2
西 藏	0.240 2	3	1.129 2	1	1.272 9	4
安 徽	0.238 8	4	1.003 7	17	1.384 0	3
湖 南	0.221 7	5	0.954 8	27	1.262 2	5
广 西	0.218 4	6	1.005 6	15	1.178 7	8
陕 西	0.217 9	7	0.967 4	21	1.212 0	6
天 津	0.214 9	8	0.949 3	29	1.200 1	7
福 建	0.210 7	9	0.998 0	19	1.109 0	9
湖 北	0.210 3	10	1.005 1	16	1.098 4	10
重 庆	0.208 9	11	1.026 2	10	1.063 2	11
辽 宁	0.205 2	12	1.041 8	5	1.009 9	15
河 南	0.204 6	13	1.027 8	9	1.018 0	13
内蒙古	0.204 5	14	0.999 6	18	1.045 0	12
四 川	0.202 4	15	1.041 5	6	0.982 9	16
北 京	0.199 5	16	1.081 9	2	0.912 6	21
山 东	0.198 4	17	0.965 8	22	1.018 0	14
江 西	0.198 1	18	1.021 6	13	0.959 7	17
广 东	0.188 2	19	0.955 9	25	0.925 8	18
上 海	0.187 3	20	0.956 9	24	0.916 4	20
云 南	0.187 0	21	0.952 6	28	0.917 0	19
河 北	0.184 6	22	1.051 9	3	0.794 0	23
江 苏	0.184 5	23	0.992 2	20	0.853 0	22
山 西	0.176 4	24	1.030 2	8	0.733 7	27
浙 江	0.173 4	25	0.958 5	23	0.775 1	24
新 疆	0.165 9	26	0.913 8	30	0.745 0	26
黑龙江	0.164 4	27	0.870 4	31	0.773 9	25

续表

一级指标	非国有企业贡献		二级指标			
			非国有企业贡献率(A21)		外企投资贡献率(A22)	
权　重	20%		10%		10%	
名　称	指数值	排　名	指数值	排　名	指数值	排　名
青　海	0.164 3	28	1.020 9	14	0.622 6	28
贵　州	0.157 8	29	1.024 6	11	0.553 6	29
宁　夏	0.148 5	30	1.043 2	4	0.441 9	30
甘　肃	0.140 4	31	1.031 6	7	0.372 8	31

表 6-7　　2012年省级政府制度鸿沟测度指标国民待遇指数排名

指　标	国民待遇		二级指标					
			城镇养老保险覆盖率(A31)		农村养老保险覆盖率(A32)		最低工资标准(A33)	
权　重	29%		9.5%		9.5%		10%	
名　称	指数值	排　名	指数值	排　名	指数值	排　名	指数值	排　名
北　京	0.673 7	1	1.742 9	1	3.684 6	1	1.581 0	2
重　庆	0.538 2	2	1.052 9	13	3.364 5	2	1.185 8	5
天　津	0.433 4	3	1.198 9	7	1.698 9	4	1.581 0	3
上　海	0.404 2	4	1.651 4	2	0.766 7	17	1.744 6	1
浙　江	0.341 8	5	1.480 2	4	0.754 5	19	1.294 8	4
西　藏	0.335 7	6	0.356 7	31	1.957 2	3	1.158 5	6
新　疆	0.315 9	7	1.131 2	9	1.477 2	5	0.681 5	29
山　东	0.304 8	8	1.004 1	15	1.056 4	10	1.090 3	7
陕　西	0.288 6	9	0.883 2	18	1.179 1	6	0.926 8	16
辽　宁	0.285 0	10	1.561 7	3	0.506 1	25	0.885 9	21
河　北	0.283 9	11	0.835 6	22	1.163 2	7	0.940 4	14
青　海	0.282 6	12	0.803 2	24	1.095 5	9	1.022 2	9
江　苏	0.281 7	13	1.257 0	6	0.560 3	23	1.090 3	8
福　建	0.268 0	14	0.877 6	19	0.867 7	12	1.022 2	10
海　南	0.267 5	15	1.068 7	12	0.771 0	16	0.926 8	18
河　南	0.266 4	16	0.785 3	25	1.158 0	8	0.817 8	25
四　川	0.266 2	17	1.096 2	11	0.773 3	15	0.885 9	20

续表

指 标	国民待遇		二级指标					
			城镇养老保险覆盖率(A31)		农村养老保险覆盖率(A32)		最低工资标准(A33)	
权 重	29%		9.5%		9.5%		10%	
名 称	指数值	排 名	指数值	排 名	指数值	排 名	指数值	排 名
山 西	0.265 4	18	0.972 7	16	0.759 5	18	1.008 6	12
湖 北	0.258 7	19	1.034 5	14	0.698 9	20	0.940 4	15
内蒙古	0.257 1	20	0.876 8	20	0.853 8	14	0.926 8	17
湖 南	0.249 1	21	0.871 0	21	0.890 7	11	0.817 8	26
广 东	0.247 9	22	1.343 6	5	0.247 6	31	0.967 7	13
黑龙江	0.237 9	23	1.197 3	8	0.446 3	27	0.817 8	27
吉 林	0.234 4	24	1.098 4	10	0.393 6	30	0.926 8	19
宁 夏	0.229 1	25	0.937 5	17	0.398 6	29	1.022 2	11
云 南	0.217 9	26	0.523 6	30	0.865 7	13	0.858 7	23
甘 肃	0.210 4	27	0.726 3	26	0.584 2	22	0.858 7	24
江 西	0.201 2	28	0.805 4	23	0.595 3	21	0.681 5	30
贵 州	0.187 4	29	0.576 5	29	0.463 9	26	0.885 9	22
安 徽	0.183 1	30	0.663 7	27	0.546 4	24	0.681 5	31
广 西	0.172 0	31	0.593 2	28	0.407 2	28	0.770 1	28

表 6-8　　中国各地国家经济技术开发区数量及名称

地 区	个 数	名 称
北 京	1	北京经济技术开发区
天 津	3	天津经济技术开发区、西青经济技术开发区、武清经济技术开发区
河 北	3	秦皇岛经济技术开发区、廊坊经济技术开发区、沧州临港经济技术开发区
山 西	2	太原经济技术开发区、大同经济技术开发区
内蒙古	1	呼和浩特经济技术开发区
辽 宁	5	营口经济技术开发区、沈阳经济技术开发区、锦州经济技术开发区、大连经济技术开发区、大连长兴岛经济技术开发区
吉 林	4	长春经济技术开发区、长春西新经济技术开发区、吉林经济技术开发区、四平红嘴经济技术开发区

续表

地 区	个 数	名 称
黑龙江	4	哈尔滨经济技术开发区、海林经济技术开发区、宾西经济技术开发区、哈尔滨利民经济技术开发区
上 海	4	闵行经济技术开发区、虹桥经济技术开发区、漕河泾经济技术开发区、上海金桥出口加工区
江 苏	16	连云港经济技术开发区、南通经济技术开发区、昆山经济技术开发区、南京经济技术开发区、苏州工业园区、扬州经济技术开发区、徐州经济技术开发区、镇江经济技术开发区、常熟经济技术开发区、吴江经济技术开发区、淮安经济技术开发区、江宁经济技术开发区、盐城经济技术开发区、锡山经济技术开发区、太仓港经济技术开发区、张家港经济技术开发区
浙 江	13	宁波经济技术开发区、宁波大榭开发区、温州经济技术开发区、萧山经济技术开发区、杭州经济技术开发区、嘉兴经济技术开发区、湖州经济技术开发区、长兴经济技术开发区、绍兴袍江经济技术开发区、金华经济技术开发区、宁波石化经济技术开发区、嘉善经济技术开发区、衢州经济技术开发区
安 徽	7	芜湖经济技术开发区、合肥经济技术开发区、安庆经济技术开发区、安庆经济技术开发区、铜陵经济技术开发区、滁州经济技术开发区、池州经济技术开发区
福 建	8	福州经济技术开发区、福清融侨经济技术开发区、东山经济技术开发区、漳州招商局经济技术开发区、漳州台商投资区、泉州台商投资区、泉州经济技术开发区、厦门海沧台商投资区
江 西	6	南昌经济技术开发区、九江经济技术开发区、赣州经济技术开发区、上饶经济技术开发区、萍乡经济技术开发区、井冈山经济技术开发区
山 东	9	青岛经济技术开发区、烟台经济技术开发区、威海经济技术开发区、东营经济技术开发区、日照经济技术开发区、潍坊滨海经济技术开发区、邹平经济技术开发区、临沂经济技术开发区、招远经济技术开发区
河 南	5	郑州经济技术开发区、漯河经济技术开发区、鹤壁经济技术开发区、开封经济技术开发区、许昌经济技术开发区

续表

地区	个数	名称
湖北	5	武汉经济技术开发区、黄石经济技术开发区、襄阳经济技术开发区、吴家山经济技术开发区、荆州经济技术开发区
湖南	4	宁乡经济技术开发区、长沙经济技术开发区、岳阳经济技术开发区、常德经济技术开发区
广东	5	广州经济技术开发区、湛江经济技术开发区、广州南沙经济技术开发区、惠州大亚湾经济技术开发区、增城经济技术开发区
广西	2	南宁经济技术开发区、钦州港经济技术开发区
海南	1	海南洋浦经济技术开发区
重庆	3	重庆经济技术开发区、长寿经济技术开发区、万州经济技术开发区
四川	3	成都经济技术开发区、广安经济技术开发区、德阳经济技术开发区
贵州	2	贵阳经济技术开发区、遵义经济技术开发区
云南	2	昆明经济技术开发区、曲靖经济技术开发区
西藏	1	拉萨经济技术开发区
陕西	3	西安经济技术开发区、陕西航空经济技术开发区
甘肃	2	兰州经济技术开发区、金昌经济技术开发区
青海	1	西宁经济技术开发区
宁夏	2	银川经济技术开发区、石嘴山经济技术开发区
新疆	4	乌鲁木齐经济技术开发区、石河子经济技术开发区、库尔勒经济技术开发区、奎屯—独山子经济技术开发区

表 6-9　　中国各地国家战略数量及名称

地区	个数	名称
北京	0	
天津	1	天津滨海新区
河北	1	河北沿海地区发展规划
山西	1	山西国家资源型经济转型综合配套改革试验区
内蒙古	0	
辽宁	2	沈阳经济区、辽宁沿海经济带
吉林	1	图们江合作开发经济区
黑龙江	0	
上海	2	浦东新区、长三角地区

续表

地区	个数	名称
江苏	1	江苏沿海地区
浙江	1	浙江海洋经济发展示范区规划
安徽	1	皖江经济带承接产业转移示范区
福建	1	海西经济区
江西	1	鄱阳湖生态经济区
山东	2	长三角地区、山东半岛蓝色经济区发展规划
河南	1	中原经济区
湖北	1	武汉两型社会试验区
湖南	1	长株潭两型社会试验区
广东	2	深圳特区、珠海新区
广西	1	北部湾经济区
海南	1	海南岛国际旅游岛
重庆	1	两江新区
四川	1	成渝统筹城乡发展试验区
贵州	1	黔中经济区
云南	1	旅游产业综合改革试验省份
西藏	0	
陕西	1	西咸新区
甘肃	1	关中天水经济区
青海	0	
宁夏	1	沿黄经济区
新疆	0	

2. 收入鸿沟测度结果与比较

表6-12　　2012年中国省级政府收入鸿沟测度指数排名

指标	收入鸿沟				
名称	指数值	排名	名称	指数值	排名
上海	0.790 2	1	安徽	0.425 1	17
北京	0.731 4	2	陕西	0.422 6	18
浙江	0.676 5	3	黑龙江	0.422 1	19
天津	0.586 7	4	宁夏	0.421 7	20

续表

指 标	收入鸿沟				
名 称	指数值	排 名	名 称	指数值	排 名
广 东	0.580 9	5	广 西	0.416 8	21
江 苏	0.565 6	6	四 川	0.416 0	22
福 建	0.526 0	7	山 西	0.411 3	23
山 东	0.502 7	8	江 西	0.411 1	24
辽 宁	0.478 8	9	海 南	0.397 6	25
内蒙古	0.478 8	10	云 南	0.397 5	26
重 庆	0.444 7	11	新 疆	0.388 1	27
吉 林	0.441 8	12	青 海	0.380 1	28
河 北	0.433 6	13	贵 州	0.366 8	29
湖 南	0.433 3	14	甘 肃	0.361 9	30
湖 北	0.428 9	15	西 藏	0.361 1	31
河 南	0.427 7	16			

表 6-13　　2012 年省级政府收入鸿沟测度指数区域分布

指 标	收入鸿沟		一级指标					
			居民收入		居民消费		1—恩格尔系数	
权 重	100%		40%		30%		30%	
名 称	指数值	排 名	指数值	排 名	指数值	排 名	指数值	排 名
东部地区								
上 海	0.790 2	1	0.375 6	1	0.288 9	1	0.125 7	10
北 京	0.731 4	2	0.347 1	2	0.252 4	2	0.131 9	1
浙 江	0.676 5	3	0.317 0	3	0.231 6	3	0.128 0	4
天 津	0.586 7	4	0.281 8	4	0.185 9	7	0.119 1	17
广 东	0.580 9	5	0.260 6	6	0.207 5	5	0.112 7	21
江 苏	0.565 6	6	0.262 9	5	0.180 7	4	0.122 0	14
福 建	0.526 0	7	0.239 5	7	0.175 1	6	0.111 5	23
山 东	0.502 7	8	0.220 8	8	0.155 0	8	0.126 9	8
河 北	0.433 6	13	0.182 2	12	0.122 5	19	0.128 9	2
海 南	0.397 6	25	0.171 0	20	0.124 3	27	0.102 3	30

续表

指　标	收入鸿沟		一级指标					
			居民收入		居民消费		1一恩格尔系数	
权　重	100%		40%		30%		30%	
名　称	指数值	排　名	指数值	排　名	指数值	排　名	指数值	排　名
东北部地区								
辽　宁	0.478 8	9	0.201 9	9	0.153 6	9	0.123 3	13
吉　林	0.441 8	12	0.177 5	15	0.136 8	13	0.127 5	6
黑龙江	0.422 1	19	0.164 5	23	0.130 3	11	0.127 2	7
中部地区								
湖　南	0.433 3	14	0.181 9	13	0.139 5	12	0.111 9	22
湖　北	0.428 9	15	0.179 5	14	0.134 4	14	0.115 0	19
河　南	0.427 7	16	0.175 9	17	0.125 5	22	0.126 3	9
安　徽	0.425 1	17	0.172 8	19	0.134 2	15	0.118 1	18
山　西	0.411 3	23	0.167 1	22	0.116 3	23	0.127 8	5
江　西	0.411 1	24	0.174 4	18	0.125 6	17	0.111 1	24
西部地区								
内蒙古	0.478 8	10	0.190 4	10	0.159 6	10	0.128 8	3
重　庆	0.444 7	11	0.187 0	11	0.146 6	24	0.111 0	25
陕　西	0.422 6	18	0.162 3	26	0.135 0	20	0.125 2	11
宁　夏	0.421 7	20	0.164 1	24	0.132 7	16	0.124 9	12
广　西	0.416 8	21	0.177 1	16	0.129 2	26	0.110 4	27
四　川	0.416 0	22	0.168 5	21	0.138 4	18	0.109 2	28
云　南	0.397 5	26	0.164 1	25	0.125 1	28	0.108 3	29
新　疆	0.388 1	27	0.149 9	28	0.118 1	25	0.120 1	15
青　海	0.380 1	28	0.145 3	29	0.115 8	21	0.119 1	16
贵　州	0.366 8	29	0.144 4	30	0.111 6	30	0.110 8	26
甘　肃	0.361 9	30	0.136 2	31	0.111 0	29	0.114 7	20
西　藏	0.361 1	31	0.156 8	27	0.106 8	31	0.097 5	31

表 6-14　　　　2012 年省级政府城镇居民收入鸿沟指数排名

一级指标	收入鸿沟		居民收入(A1)		居民消费(A2)		1一恩格尔系数(A3)	
二级指标	城镇居民收入鸿沟		城镇居民人均支配收入(A11)		城镇居民消费支出(A21)		1一城镇恩格尔系数(A31)	
权　重	50%		20%		15%		15%	
名　称	指数值	排　名	指数值	排　名	指数值	排　名	指数值	排　名
上　海	0.526 3	1	1.305 1	1	1.337 3	1	0.431 2	9
北　京	0.476 8	2	1.191 8	2	1.149 0	2	0.440 6	4
浙　江	0.442 7	3	1.121 5	3	1.029 3	4	0.426 4	10
广　东	0.417 6	4	0.979 6	5	1.065 7	3	0.412 0	15
天　津	0.404 8	5	0.995 8	4	0.954 6	5	0.416 0	13
江　苏	0.374 0	6	0.940 6	6	0.827 6	7	0.411 8	16
福　建	0.365 2	7	0.892 9	7	0.850 2	6	0.394 0	24
山　东	0.343 0	8	0.817 6	8	0.756 1	11	0.440 7	3
内蒙古	0.334 1	9	0.725 5	10	0.806 6	8	0.453 4	1
辽　宁	0.323 2	10	0.726 1	9	0.765 5	10	0.421 1	11
重　庆	0.319 8	11	0.718 7	11	0.768 6	9	0.404 8	20
湖　南	0.299 8	12	0.679 1	13	0.681 6	13	0.411 6	17
广　西	0.299 5	13	0.699 5	12	0.662 3	17	0.401 8	22
吉　林	0.293 2	14	0.631 8	24	0.673 2	15	0.439 4	5
陕　西	0.292 1	15	0.643 4	19	0.681 4	14	0.408 2	18
湖　北	0.290 3	16	0.658 3	16	0.660 0	18	0.397 7	23
四　川	0.290 3	17	0.633 8	23	0.697 7	12	0.392 5	26
河　南	0.289 5	18	0.653 0	17	0.624 7	22	0.434 6	7
安　徽	0.289 3	19	0.647 2	18	0.663 6	16	0.402 4	21
宁　夏	0.288 7	20	0.629 0	25	0.653 3	19	0.433 0	8
河　北	0.288 4	21	0.666 7	14	0.594 7	25	0.439 0	6
云　南	0.284 4	22	0.658 5	15	0.638 3	20	0.379 6	29
山　西	0.279 9	23	0.641 4	20	0.564 4	29	0.446 4	2
江　西	0.277 6	24	0.634 6	22	0.612 1	24	0.392 4	27
海　南	0.275 9	25	0.638 7	21	0.629 8	21	0.358 0	30
黑龙江	0.268 8	26	0.568 0	28	0.615 8	23	0.418 9	12

续表

一级指标	收入鸿沟		居民收入(A1)		居民消费(A2)		1－恩格尔系数(A3)	
二级指标	城镇居民收入鸿沟		城镇居民人均支配收入(A11)		城镇居民消费支出(A21)		1－城镇恩格尔系数(A31)	
权　重	50%		20%		15%		15%	
名　称	指数值	排　名	指数值	排　名	指数值	排　名	指数值	排　名
新　疆	0.262 1	27	0.559 3	30	0.587 8	26	0.413 6	14
贵　州	0.261 4	28	0.579 8	27	0.579 8	27	0.389 8	28
青　海	0.255 7	29	0.568 0	29	0.554 1	31	0.393 3	25
西　藏	0.255 2	30	0.614 1	26	0.558 3	30	0.324 0	31
甘　肃	0.254 6	31	0.540 6	31	0.570 4	28	0.406 0	19

表6-15　2012年省级政府农村收入鸿沟指数排名

一级指标	收入鸿沟		居民收入(A1)		居民消费(A2)		1－恩格尔系数(A3)	
二级指标	农村居民收入鸿沟		农村居民人均纯收入(A12)		农村居民生活消费支出(A22)		1－农村恩格尔系数(A32)	
权　重	50%		20%		15%		15%	
名　称	指数值	排　名	指数值	排　名	指数值	排　名	指数值	排　名
上　海	0.263 9	1	0.573 0	1	0.588 5	1	0.406 8	8
北　京	0.254 6	2	0.543 7	2	0.533 4	2	0.438 7	1
浙　江	0.233 9	3	0.463 3	3	0.514 7	3	0.426 7	3
江　苏	0.191 6	4	0.373 8	5	0.377 1	4	0.401 6	12
天　津	0.182 0	5	0.413 0	4	0.284 6	7	0.377 9	18
广　东	0.163 3	6	0.323 4	6	0.317 9	5	0.339 3	25
福　建	0.160 8	7	0.304 4	7	0.316 9	6	0.349 3	21
山　东	0.159 6	8	0.286 6	8	0.277 1	8	0.405 2	10
辽　宁	0.155 6	9	0.283 2	9	0.258 8	9	0.401 0	13
黑龙江	0.153 3	10	0.254 6	11	0.253 1	11	0.429 4	2
吉　林	0.148 6	11	0.255 7	10	0.239 1	13	0.410 4	6
河　北	0.145 2	12	0.244 2	12	0.221 6	19	0.420 7	5
内蒙古	0.144 7	13	0.226 7	16	0.257 1	10	0.405 1	11
湖　北	0.138 5	14	0.239 1	13	0.235 8	14	0.369 1	19
河　南	0.138 2	15	0.226 4	17	0.212 2	22	0.407 1	7

续表

一级指标	收入鸿沟		居民收入(A1)		居民消费(A2)		1一恩格尔系数(A3)	
二级指标	农村居民收入鸿沟		农村居民人均纯收入(A12)		农村居民生活消费支出(A22)		1一农村恩格尔系数(A32)	
权　重	50%		20%		15%		15%	
名　称	指数值	排　名	指数值	排　名	指数值	排　名	指数值	排　名
安　徽	0.135 7	16	0.216 7	18	0.231 3	15	0.384 7	17
湖　南	0.133 5	17	0.230 5	15	0.248 4	12	0.334 4	28
江　西	0.133 5	18	0.237 3	14	0.225 5	17	0.348 1	23
宁　夏	0.132 9	19	0.191 6	23	0.231 3	16	0.399 4	15
山　西	0.131 4	20	0.194 2	22	0.211 2	23	0.405 7	9
陕　西	0.130 4	21	0.168 3	27	0.218 7	20	0.426 5	4
新　疆	0.126 0	22	0.190 3	24	0.199 3	25	0.387 1	16
四　川	0.125 7	23	0.208 5	21	0.224 7	18	0.335 6	26
重　庆	0.124 9	24	0.216 3	19	0.208 9	24	0.335 5	27
青　海	0.124 4	25	0.158 3	29	0.217 6	21	0.400 7	14
海　南	0.121 7	26	0.216 3	20	0.198 6	27	0.324 1	31
广　西	0.117 2	27	0.186 2	25	0.199 2	26	0.334 1	29
云　南	0.113 1	28	0.162 0	28	0.195 9	28	0.342 4	24
甘　肃	0.107 3	29	0.140 4	31	0.169 6	29	0.358 7	20
西　藏	0.105 9	30	0.169 7	26	0.153 7	31	0.326 2	30
贵　州	0.105 4	31	0.142 3	30	0.164 4	30	0.348 6	22

表 6-16　　2012 年省级政府城乡收入鸿沟指数排名

一级指标	城镇收入鸿沟		农村收入鸿沟	
二级指标	城镇居民可支配收入		农村居民人均纯收入	
权　重	50%		50%	
名　称	指数值	排　名	指数值	排　名
上　海	0.526 3	1	0.263 9	1
北　京	0.476 8	2	0.254 6	2
浙　江	0.442 7	3	0.233 9	3
广　东	0.417 6	4	0.163 3	6
天　津	0.404 8	5	0.182 0	5

续表

一级指标	城镇收入鸿沟		农村收入鸿沟	
二级指标	城镇居民可支配收入		农村居民人均纯收入	
权　重	50%		50%	
名　称	指数值	排　名	指数值	排　名
江　苏	0.374 0	6	0.191 6	4
福　建	0.365 2	7	0.160 8	7
山　东	0.343 0	8	0.159 6	8
河　北	0.288 4	21	0.145 2	12
海　南	0.275 9	25	0.121 7	26
辽　宁	0.323 2	10	0.155 6	9
吉　林	0.293 2	14	0.148 6	11
黑龙江	0.268 8	26	0.153 3	10
湖　南	0.299 8	12	0.133 5	17
湖　北	0.290 3	16	0.138 5	14
河　南	0.289 5	18	0.138 2	15
安　徽	0.289 3	19	0.135 7	16
山　西	0.279 9	23	0.131 4	20
江　西	0.277 6	24	0.133 5	18
内蒙古	0.334 1	9	0.144 7	13
重　庆	0.319 8	11	0.124 9	24
广　西	0.299 5	13	0.117 2	27
陕　西	0.292 1	15	0.130 4	21
四　川	0.290 3	17	0.125 7	23
宁　夏	0.288 7	20	0.132 9	19
云　南	0.284 4	22	0.113 1	28
新　疆	0.262 1	27	0.126 0	22
贵　州	0.261 4	28	0.105 4	31
青　海	0.255 7	29	0.124 4	25
西　藏	0.255 2	30	0.105 9	30
甘　肃	0.254 6	31	0.107 3	29

表 6-17　　2012年省级政府城乡1—恩格尔系数排名

指　标	1—城镇恩格尔系数		1—农村恩格尔系数	
名　称	指数值	排　名	指数值	排　名
内蒙古	0.453 4	1	0.405 1	11
山　西	0.446 4	2	0.405 7	9
山　东	0.440 7	3	0.405 2	10
北　京	0.440 6	4	0.438 7	1
吉　林	0.439 4	5	0.410 4	6
河　北	0.439 0	6	0.420 7	5
河　南	0.434 6	7	0.407 1	7
宁　夏	0.433 0	8	0.399 4	15
上　海	0.431 2	9	0.406 8	8
浙　江	0.426 4	10	0.426 7	3
辽　宁	0.421 1	11	0.401 0	13
黑龙江	0.418 9	12	0.429 4	2
天　津	0.416 0	13	0.377 9	18
新　疆	0.413 6	14	0.387 1	16
广　东	0.412 0	15	0.339 3	25
江　苏	0.411 8	16	0.401 6	12
湖　南	0.411 6	17	0.334 4	28
陕　西	0.408 2	18	0.426 5	4
甘　肃	0.406 0	19	0.358 7	20
重　庆	0.404 8	20	0.335 5	27
安　徽	0.402 4	21	0.384 7	17
广　西	0.401 8	22	0.334 1	29
湖　北	0.397 7	23	0.369 1	19
福　建	0.394 0	24	0.349 3	21
青　海	0.393 3	25	0.400 7	14
四　川	0.392 5	26	0.335 6	26
江　西	0.392 4	27	0.348 1	23
贵　州	0.389 8	28	0.348 6	22
云　南	0.379 6	29	0.342 4	24
海　南	0.358 0	30	0.324 1	31
西　藏	0.324 0	31	0.326 2	30

表 6-18　　2012 年省级政府 1－恩格尔系数与收入鸿沟指数排名比较

名　称	1－恩格尔系数指数值	排　名	收入鸿沟指数值	排　名
北　京	0.131 9	1	0.731 4	2
河　北	0.128 9	2	0.433 6	13
内蒙古	0.128 8	3	0.478 8	10
浙　江	0.128 0	4	0.676 5	3
山　西	0.127 8	5	0.411 3	23
吉　林	0.127 5	6	0.441 8	12
黑龙江	0.127 2	7	0.422 1	19
山　东	0.126 9	8	0.502 7	8
河　南	0.126 3	9	0.427 7	16
上　海	0.125 7	10	0.790 2	1
陕　西	0.125 2	11	0.422 6	18
宁　夏	0.124 9	12	0.421 7	20
辽　宁	0.123 3	13	0.478 8	9
江　苏	0.122 0	14	0.565 6	6
新　疆	0.120 1	15	0.388 1	27
青　海	0.119 1	16	0.380 1	28
天　津	0.119 1	17	0.586 7	4
安　徽	0.118 1	18	0.425 1	17
湖　北	0.115 0	19	0.428 9	15
甘　肃	0.114 7	20	0.361 9	30
广　东	0.112 7	21	0.580 9	5
湖　南	0.111 9	22	0.433 3	14
福　建	0.111 5	23	0.526 0	7
江　西	0.111 1	24	0.411 1	24
重　庆	0.111 0	25	0.444 7	11
贵　州	0.110 8	26	0.366 8	29
广　西	0.110 4	27	0.416 8	21
四　川	0.109 2	28	0.416 0	22
云　南	0.108 3	29	0.397 5	26
海　南	0.102 3	30	0.397 6	25
西　藏	0.097 5	31	0.361 1	31

3. 数字鸿沟测度结果与比较

表 6-20　　2012 年我国数字鸿沟测度指标指数及排名

名称	指数	排名	名称	指数	排名	名称	指数	排名	名称	指数	排名	名称	指数	排名
北京	4.110	1	辽宁	1.080	8	安徽	0.780	15	新疆	0.578	22	青海	0.321	29
广东	2.750	2	河南	1.060	9	陕西	0.750	16	江西	0.570	23	宁夏	0.320	30
浙江	1.961	3	河北	1.050	10	山西	0.680	17	吉林	0.570	24	西藏	0.238	31
上海	1.920	4	四川	1.014	11	黑龙江	0.660	18	云南	0.549	25			
江苏	1.680	5	湖北	0.890	12	重庆	0.617	19	海南	0.480	26			
山东	1.330	6	天津	0.860	13	广西	0.615	20	贵州	0.446	27			
福建	1.290	7	湖南	0.820	14	内蒙古	0.580	21	甘肃	0.440	28			

表 6-21　　2012 年网络基础设施指数及排名

名称	指数	排名	名称	指数	排名	名称	指数	排名	名称	指数	排名	名称	指数	排名
广东	1.800 0	1	辽宁	0.650 0	8	陕西	0.420 0	15	新疆	0.309 0	22	青海	0.0810	29
江苏	1.160 0	2	湖南	0.551 0	9	黑龙江	0.400 0	16	吉林	0.303 0	23	宁夏	0.0800	30
浙江	0.950 0	3	福建	0.550 0	10	山西	0.390 0	17	重庆	0.294 0	24	西藏	0.0422	31
山东	0.930 0	4	安徽	0.550 0	11	广西	0.384 5	18	贵州	0.282 0	25			
河南	0.770 0	5	湖北	0.540 0	12	云南	0.365 0	19	甘肃	0.250 0	26			
四川	0.737 0	6	北京	0.510 0	13	江西	0.350 0	20	天津	0.220 0	27			
河北	0.710 0	7	上海	0.490 0	14	内蒙古	0.340 0	21	海南	0.120 0	28			

表 6-22　　2012 年网络使用率指数及排名

名称	指数	排名	名称	指数	排名	名称	指数	排名	名称	指数	排名	名称	指数	排名
北京	3.600 0	1	辽宁	0.426 7	8	山西	0.292 4	15	内蒙古	0.244 5	22	甘肃	0.185 0	29
上海	1.428 1	2	山东	0.400 8	9	河南	0.292 3	16	宁夏	0.240 9	23	云南	0.183 6	30
浙江	1.015 2	3	海南	0.365 8	10	四川	0.277 4	17	青海	0.240 2	24	贵州	0.163 5	31
广东	0.956 1	4	湖北	0.348 0	11	湖南	0.272 7	18	安徽	0.235 5	25			
福建	0.732 4	5	河北	0.338 6	12	新疆	0.268 6	19	广西	0.230 1	26			
天津	0.640 0	6	陕西	0.323 9	13	吉林	0.266 9	20	江西	0.225 1	27			
江苏	0.526 8	7	重庆	0.322 3	14	黑龙江	0.256 9	21	西藏	0.195 7	28			

表 6-23　　2012 年网络使用率各二级指标指数及排名

人均网站数（个/人）A21			网名数占当地人口比例（%）A22			人均 CN 域名数（个/人）A23			人均网页数（个/人）A24			互联网络普及率（%）A25			IPv4 地址比例（%）A26		
名称	指数	排名	名称	指数	排名	名称	指数	排名	名称	指数	排名	名称	指数	排名	名称	指数	排名
北京	0.770 0	1	北京	0.140 0	1	北京	0.740 0	1	北京	1.249 9	1	北京	0.270 7	1	北京	0.436 9	1
上海	0.405 6	2	上海	0.127 6	2	浙江	0.321 2	2	上海	0.245 5	2	上海	0.254 9	2	广东	0.163 8	2
福建	0.160 8	3	广东	0.116 3	3	上海	0.317 7	3	天津	0.159 7	3	广东	0.232 6	3	浙江	0.090 4	3
浙江	0.156 5	4	福建	0.109 7	4	广东	0.229 9	4	浙江	0.123 1	4	福建	0.219 5	4	山东	0.083 6	4
广东	0.144 5	5	浙江	0.108 0	5	福建	0.130 1	5	福建	0.078 2	5	浙江	0.216 0	5	江苏	0.081 9	5
天津	0.079 8	6	天津	0.106 7	6	天津	0.062 3	6	广东	0.069 1	6	天津	0.214 1	6	上海	0.076 8	6
江苏	0.063 1	7	辽宁	0.092 1	7	江苏	0.057 0	7	江苏	0.054 4	7	辽宁	0.184 1	7	辽宁	0.058 0	7
海南	0.045 2	8	江苏	0.090 2	8	海南	0.034 5	8	海南	0.052 8	8	江苏	0.180 2	8	河北	0.049 5	8
山东	0.044 8	9	新疆	0.077 8	9	重庆	0.032 2	9	河南	0.041 9	9	新疆	0.155 6	9	四川	0.047 8	9
辽宁	0.042 9	10	山西	0.075 8	10	山东	0.032 2	10	江西	0.025 0	10	山西	0.151 3	10	河南	0.046 1	10
河北	0.035 9	11	海南	0.075 0	11	湖北	0.032 0	11	河北	0.024 9	11	海南	0.149 8	11	湖北	0.041 0	11
湖北	0.035 3	12	陕西	0.073 7	12	辽宁	0.031 4	12	湖北	0.024 8	12	陕西	0.147 5	12	湖南	0.041 0	12
四川	0.035 0	13	山东	0.072 9	13	黑龙江	0.028 6	13	山东	0.021 8	13	山东	0.145 6	13	福建	0.034 1	13
重庆	0.033 9	14	湖北	0.071 6	14	陕西	0.025 4	14	辽宁	0.018 2	14	湖北	0.143 2	14	江西	0.030 7	14
陕西	0.031 6	15	重庆	0.071 3	15	宁夏	0.024 7	15	安徽	0.017 2	15	重庆	0.142 5	15	安徽	0.029 0	15
河南	0.026 4	16	青海	0.071 2	16	湖南	0.024 5	16	陕西	0.016 6	16	青海	0.142 1	16	陕西	0.029 0	16
湖南	0.023 8	17	河北	0.069 6	17	河北	0.019 8	17	四川	0.014 8	17	河北	0.139 0	17	重庆	0.029 0	17
吉林	0.023 4	18	吉林	0.067 8	18	四川	0.019 8	18	重庆	0.013 4	18	吉林	0.135 5	18	广西	0.023 9	18

续表

人均网站数（个/人）A21			网名数占当地人口比例（%）A22			人均 CN 域名数（个/人）A23			人均网页数（个/人）A24			互联网络普及率（%）A25			IPv4 地址比例（%）A26		
名称	指数	排名	名称	指数	排名	名称	指数	排名	名称	指数	排名	名称	指数	排名	名称	指数	排名
宁夏	0.019 1	19	内蒙古	0.066 6	19	河南	0.019 1	19	湖南	0.013 0	19	内蒙古	0.133 2	19	山西	0.022 2	19
山西	0.019 0	20	宁夏	0.063 0	20	安徽	0.018 6	20	广西	0.011 0	20	宁夏	0.126 3	20	吉林	0.020 5	20
黑龙江	0.017 1	21	黑龙江	0.060 6	21	吉林	0.015 5	21	山西	0.010 0	21	黑龙江	0.121 3	21	黑龙江	0.020 5	21
安徽	0.017 0	22	西藏	0.057 6	22	江西	0.014 2	22	黑龙江	0.008 9	22	西藏	0.115 1	22	天津	0.018 8	22
内蒙古	0.015 9	23	湖南	0.056 8	23	山西	0.014 1	23	新疆	0.005 8	23	湖南	0.113 6	23	云南	0.017 1	23
江西	0.014 1	24	广西	0.056 6	24	广西	0.014 1	24	宁夏	0.004 4	24	广西	0.113 2	24	内蒙古	0.013 7	24
青海	0.012 2	25	四川	0.053 4	25	内蒙古	0.011 9	25	吉林	0.004 0	25	四川	0.106 7	25	新疆	0.010 2	25
广西	0.011 4	26	河南	0.052 9	26	新疆	0.011 6	26	甘肃	0.003 8	26	河南	0.105 9	26	海南	0.008 5	26
西藏	0.009 9	27	甘肃	0.052 7	27	云南	0.011 4	27	云南	0.003 5	27	甘肃	0.105 5	27	甘肃	0.008 5	27
云南	0.008 5	28	安徽	0.051 3	28	西藏	0.010 0	28	内蒙古	0.003 3	28	安徽	0.102 4	28	贵州	0.006 8	28
新疆	0.007 7	29	云南	0.047 7	29	青海	0.009 4	29	贵州	0.002 7	29	云南	0.095 5	29	宁夏	0.003 4	29
甘肃	0.006 9	30	江西	0.047 0	30	甘肃	0.007 6	30	青海	0.001 9	30	江西	0.094 0	30	青海	0.003 4	30
贵州	0.006 9	31	贵州	0.046 5	31	贵州	0.007 4	31	西藏	0.001 3	31	贵州	0.093 2	31	西藏	0.001 7	31

表 6-24 2012 年电信固定资产投资、移动电话用户、固定电话用户指数及排名

电信固定资产投资(亿)(2011 年)A11			移动电话用户(万户)(截至 2011 年 11 月)A12			固定电话用户(万户)(截至 2011 年 11 月)A13		
名　称	指　数	排　名	名　称	指　数	排　名	名　称	指　数	排　名
广　东	0.770 0	1	广　东	0.510 0	1	广　东	0.510 0	1
江　苏	0.450 0	2	山　东	0.340 0	2	江　苏	0.390 0	2
浙　江	0.360 0	3	江　苏	0.320 0	3	浙　江	0.320 0	3
河　南	0.310 0	4	浙　江	0.270 0	4	山　东	0.310 0	4
四　川	0.283 0	5	河　北	0.240 0	5	四　川	0.227 0	5
山　东	0.280 0	6	河　南	0.240 0	6	辽　宁	0.220 0	6
河　北	0.270 0	7	四　川	0.227 0	7	河　南	0.220 0	7
辽　宁	0.250 0	8	湖　北	0.180 0	8	河　北	0.200 0	8
北　京	0.240 0	9	辽　宁	0.180 0	9	安　徽	0.200 0	9
福　建	0.220 0	10	湖　南	0.170 0	10	湖　南	0.170 0	10
上　海	0.220 0	11	福　建	0.170 0	11	湖　北	0.170 0	11
湖　南	0.210 0	12	安　徽	0.150 0	12	福　建	0.160 0	12
安　徽	0.191 0	13	陕　西	0.140 0	13	上　海	0.150 0	13
湖　北	0.190 0	14	云　南	0.122 0	14	北　京	0.140 0	14
内蒙古	0.170 0	15	上　海	0.120 0	15	黑龙江	0.130 0	15
陕　西	0.160 0	16	北　京	0.120 0	16	陕　西	0.130 0	16
黑龙江	0.160 0	17	山　西	0.120 0	17	山　西	0.110 0	17
山　西	0.160 0	18	广　西	0.119 7	18	江　西	0.110 0	18
广　西	0.158 1	19	黑龙江	0.110 0	19	广　西	0.106 8	19
云　南	0.155 0	20	内蒙古	0.110 0	20	吉　林	0.097 0	20
新　疆	0.146 0	21	江　西	0.110 0	21	重　庆	0.093 0	21
江　西	0.130 0	22	贵　州	0.096 0	22	云　南	0.088 0	22
贵　州	0.121 0	23	吉　林	0.094 0	23	新　疆	0.084 0	23
重　庆	0.116 0	24	重　庆	0.085 0	24	贵　州	0.066 0	24
吉　林	0.111 0	25	甘　肃	0.080 0	25	甘　肃	0.060 0	25
甘　肃	0.110 0	26	新　疆	0.079 0	26	内蒙古	0.060 0	26
天　津	0.110 0	27	天　津	0.060 0	27	天　津	0.050 0	27
海　南	0.060 0	28	海　南	0.030 0	28	海　南	0.030 0	28
青　海	0.041 0	29	青　海	0.022 0	29	宁　夏	0.020 0	29
宁　夏	0.040 0	30	宁　夏	0.020 0	30	青　海	0.017 0	30
西　藏	0.026 4	31	西　藏	0.009 1	31	西　藏	0.006 7	31

4. 区域发展鸿沟测度结果与比较

表 6-27 2012年我国省级政府区域发展鸿沟测度指数排名

指 标	区域发展鸿沟				
名 称	指数值	排 名	名 称	指数值	排 名
北 京	1.466 2	1	山 西	0.953 9	17
上 海	1.319 5	2	吉 林	0.936 6	18
江 苏	1.260 4	3	河 南	0.927 6	19
天 津	1.239 2	4	黑龙江	0.919 0	20
广 东	1.226 8	5	宁 夏	0.913 9	21
浙 江	1.140 8	6	四 川	0.909 5	22
山 东	1.128 1	7	江 西	0.895 6	23
辽 宁	1.097 3	8	海 南	0.891 6	24
青 海	1.080 6	9	安 徽	0.867 8	25
内蒙古	1.043 5	10	广 西	0.862 0	26
陕 西	1.010 9	11	新 疆	0.860 3	27
湖 北	1.004 7	12	云 南	0.824 5	28
福 建	0.984 2	13	甘 肃	0.815 6	29
河 北	0.964 9	14	贵 州	0.767 8	30
重 庆	0.961 7	15	西 藏	0.719 9	31
湖 南	0.955 7	16			

表 6-28 2012年我国省级政府区域发展鸿沟指数区域分布

指 标	区域发展鸿沟		一级指标					
			经济发展水平		社会发展水平		人居环境水平	
权 重	100%		44%		32%		24%	
名 称	指数值	排 名	指数值	排 名	指数值	排 名	指数值	排 名
东部地区								
北 京	1.466 2	1	0.651 6	3	0.565 8	1	0.248 9	16
上 海	1.319 5	2	0.617 3	4	0.492 3	3	0.209 9	30
江 苏	1.260 4	3	0.701 8	1	0.302 1	13	0.256 4	8
天 津	1.239 2	4	0.572 0	7	0.440 9	4	0.226 3	23
广 东	1.226 8	5	0.693 9	2	0.268 0	23	0.265 0	3
浙 江	1.140 8	6	0.610 0	5	0.272 5	20	0.258 3	7

续表

指标	区域发展鸿沟		一级指标					
			经济发展水平		社会发展水平		人居环境水平	
权重	100%		44%		32%		24%	
名称	指数值	排名	指数值	排名	指数值	排名	指数值	排名
东部地区								
山东	1.128 1	7	0.606 8	6	0.268 4	22	0.252 9	12
福建	0.984 2	13	0.465 2	9	0.266 9	24	0.252 1	14
河北	0.964 9	14	0.440 0	12	0.263 8	27	0.261 1	4
海南	0.891 6	24	0.357 3	25	0.310 0	12	0.224 4	24
东北部地区								
辽宁	1.097 3	8	0.497 7	8	0.383 6	5	0.216 0	27
吉林	0.936 6	18	0.374 2	20	0.345 8	7	0.216 6	26
黑龙江	0.919 0	20	0.382 1	18	0.321 8	11	0.215 0	29
中部地区								
湖北	1.004 7	12	0.441 4	11	0.325 8	9	0.237 5	20
湖南	0.955 7	16	0.433 2	13	0.282 2	17	0.240 3	17
山西	0.953 9	17	0.395 8	17	0.301 9	14	0.256 2	10
河南	0.927 6	19	0.430 4	14	0.258 2	29	0.239 1	18
江西	0.895 6	23	0.360 5	24	0.281 9	18	0.253 2	11
安徽	0.867 8	25	0.378 6	19	0.271 8	21	0.217 4	25
西部地区								
青海	1.080 6	9	0.326 5	27	0.516 1	2	0.238 0	19
内蒙古	1.043 5	10	0.456 4	10	0.328 6	8	0.258 5	6
陕西	1.010 9	11	0.396 4	16	0.358 3	6	0.256 2	9
重庆	0.961 7	15	0.367 8	21	0.323 7	10	0.270 2	2
宁夏	0.913 9	21	0.355 9	26	0.266 8	25	0.291 2	1
四川	0.909 5	22	0.408 4	15	0.273 8	19	0.227 3	22
广西	0.862 0	26	0.361 8	23	0.247 3	30	0.252 9	13
新疆	0.860 3	27	0.364 3	22	0.265 1	26	0.230 9	21
云南	0.824 5	28	0.305 5	28	0.259 1	28	0.260 0	5
甘肃	0.815 6	29	0.303 6	29	0.296 6	15	0.215 4	28
贵州	0.767 8	30	0.297 8	30	0.221 0	31	0.249 0	15
西藏	0.719 9	31	0.285 9	31	0.290 2	16	0.143 8	31

表 6-29　　2012 年我国省级政府经济发展水平指数排名

指　标	经济发展水平		二级指标							
			GDP 总值		人均 GDP		GDP 增长率		第三产业占 GDP 比重	
权　重	44%		10%		12%		12%		10%	
名　称	指数值	排　名	指数值	排　名	指数值	排　名	指数值	排　名	指数值	排　名
江　苏	0.701 8	1	2.938 4	2	1.580 7	4	0.972 8	20	1.015 2	10
广　东	0.693 9	2	3.263 8	1	1.338 3	7	0.795 6	27	1.114 2	7
北　京	0.651 6	3	1.001 1	13	2.271 9	2	0.776 0	28	1.857 0	1
上　海	0.617 3	4	1.217 6	9	2.275 8	1	0.677 6	31	1.411 3	2
浙　江	0.610 0	5	1.966 4	4	1.547 0	5	0.990 1	18	1.089 5	8
山　东	0.606 8	6	2.778 4	3	1.229 7	9	0.748 3	29	0.916 1	19
天　津	0.572 0	7	0.654 3	20	2.183 7	3	1.088 8	12	1.139 0	6
辽　宁	0.497 7	8	1.309 2	7	1.267 1	8	1.026 0	16	0.916 1	17
福　建	0.465 2	9	1.045 3	12	1.197 4	10	0.983 0	19	0.990 4	12
内蒙古	0.456 4	10	0.827 9	15	1.416 4	6	0.954 0	21	0.891 4	22
湖　北	0.441 4	11	1.132 6	11	0.834 8	13	1.115 8	9	0.940 9	14
河　北	0.440 0	12	1.446 6	6	0.857 6	12	0.881 6	24	0.866 6	27
湖　南	0.433 2	13	1.137 6	10	0.739 5	20	1.097 0	11	0.990 4	11
河　南	0.430 4	14	1.638 0	5	0.731 3	21	0.891 9	23	0.718 1	31
四　川	0.408 4	15	1.219 0	8	0.633 7	25	1.031 4	14	0.866 6	26
陕　西	0.396 4	16	0.718 1	17	0.811 7	15	1.150 3	6	0.891 4	20
山　西	0.395 8	17	0.652 6	21	0.786 3	18	1.204 5	2	0.916 1	15
黑龙江	0.382 1	18	0.735 5	16	0.810 0	16	0.998 0	17	0.916 1	18
安　徽	0.378 6	19	0.876 7	14	0.624 9	26	1.097 8	10	0.841 9	28
吉　林	0.374 2	20	0.614 8	22	0.945 3	11	0.917 8	22	0.891 4	23
重　庆	0.367 8	21	0.562 2	23	0.825 6	14	1.028 0	15	0.891 4	21
新　疆	0.364 3	22	0.385 7	25	0.748 9	19	1.305 1	1	0.792 3	30
广　西	0.361 8	23	0.678 8	18	0.604 9	27	1.122 5	8	0.866 6	25
江　西	0.360 5	24	0.670 4	19	0.635 8	24	1.128 6	7	0.817 1	29
海　南	0.357 3	25	0.146 4	28	0.712 9	23	1.193 1	5	1.139 0	5
宁　夏	0.355 9	26	0.119 8	29	0.803 5	17	1.195 5	4	1.039 9	9

续表

指标	经济发展水平		二级指标							
			GDP总值		人均GDP		GDP增长率		第三产业占GDP比重	
权重	44%		10%		12%		12%		10%	
名称	指数值	排名	指数值	排名	指数值	排名	指数值	排名	指数值	排名
青海	0.326 5	27	0.095 8	30	0.721 4	22	1.197 4	3	0.866 6	24
云南	0.305 5	28	0.512 4	24	0.471 2	30	0.822 1	26	0.990 4	13
甘肃	0.303 6	29	0.292 3	27	0.482 0	29	1.041 1	13	0.916 1	16
贵州	0.297 8	30	0.326 4	26	0.392 5	31	0.847 7	25	1.163 7	4
西藏	0.285 9	31	0.036 0	31	0.518 1	28	0.720 4	30	1.337 1	3

表6-30　　2012年我国省级政府社会发展水平指数排名

指标	社会发展水平		二级指标							
			居民幸福指数		1－城镇登记失业率		人均社会保障与就业支出		每十万人口高校在校生数	
权重	32%		7.5%		5%		8.5%		11%	
名称	指数值	排名	指数值	排名	指数值	排名	指数值	排名	指数值	排名
北京	0.565 8	1	1.063 4	2	0.990 1	1	1.691 4	3	2.661 1	1
青海	0.516 1	2	0.943 1	28	0.965 7	19	4.049 3	1	0.480 5	30
上海	0.492 3	3	1.069 9	1	0.960 2	30	1.893 7	2	1.846 6	3
天津	0.440 9	4	1.003 3	16	0.967 7	12	1.280 0	6	1.895 0	2
辽宁	0.383 6	5	0.981 8	21	0.967 4	13	1.593 6	4	1.146 9	8
陕西	0.358 3	6	0.960 3	26	0.965 2	20	1.016 6	10	1.377 9	4
吉林	0.345 8	7	0.999 0	17	0.965 7	18	1.109 2	8	1.166 6	7
内蒙古	0.328 6	8	0.938 8	29	0.964 7	23	1.423 1	5	0.809 1	20
湖北	0.325 8	9	0.994 7	18	0.961 9	27	0.773 9	17	1.248 0	5
重庆	0.323 7	10	1.033 3	8	0.964 7	22	0.987 7	12	1.036 4	10
黑龙江	0.321 8	11	1.020 4	12	0.961 0	29	0.960 5	13	1.050 8	9
海南	0.310 0	12	1.041 9	6	0.973 8	3	1.023 3	9	0.874 4	18
江苏	0.302 1	13	0.973 2	23	0.972 2	4	0.557 1	26	1.210 7	6
山西	0.301 9	14	0.990 4	19	0.967 9	11	0.924 0	14	0.915 6	15
甘肃	0.296 6	15	0.975 3	22	0.971 7	6	1.011 2	11	0.808 4	21

续表

指 标	社会发展水平		二级指标							
			居民幸福指数		1一城镇登记失业率		人均社会保障与就业支出		每十万人口高校在校生数	
权 重	32%		7.5%		5%		8.5%		11%	
名 称	指数值	排 名	指数值	排 名	指数值	排 名	指数值	排 名	指数值	排 名
西 藏	0.290 2	16	0.913 0	31	0.963 8	24	1.278 0	7	0.589 6	29
湖 南	0.282 2	17	1.007 6	15	0.9621	26	0.725 6	19	0.880 8	16
江 西	0.281 9	18	1.037 6	7	0.970 7	8	0.628 6	22	0.928 4	13
四 川	0.273 8	19	1.011 9	14	0.962 3	25	0.767 9	18	0.768 7	25
浙 江	0.272 5	20	1.029 0	10	0.971 8	5	0.455 9	31	0.981 5	11
安 徽	0.271 8	21	1.054 8	3	0.967 1	15	0.675 2	20	0.790 8	23
山 东	0.268 4	22	0.951 7	27	0.970 2	9	0.523 1	28	0.945 6	12
广 东	0.268 0	23	1.024 7	11	0.978 6	2	0.541 3	27	0.874 7	17
福 建	0.266 9	24	1.016 1	13	0.966 0	17	0.483 1	30	0.920 9	14
宁 夏	0.266 8	25	0.983 9	20	0.960 2	31	0.668 4	21	0.802 0	22
新 疆	0.265 1	26	0.923 8	30	0.971 5	7	0.917 2	15	0.630 0	27
河 北	0.263 8	27	0.964 6	25	0.965 1	21	0.600 3	23	0.837 7	19
云 南	0.259 1	28	1.033 3	9	0.961 6	28	0.797 0	16	0.597 6	28
河 南	0.258 2	29	0.968 9	24	0.970 0	10	0.589 8	24	0.789 8	24
广 西	0.247 3	30	1.046 2	5	0.967 1	16	0.567 0	25	0.657 3	26
贵 州	0.221 0	31	1.050 5	4	0.967 3	14	0.487 1	29	0.476 4	31

表 6-31　　2012 年我国省级政府人居环境水平指数排名

指 标	人居环境水平		二级指标							
			城市生活垃圾无害化处理率		建成区绿化覆盖率		基础公共设施占财政支出比重		环境保护投入占财政支出比重	
权 重	24%		6%		5%		7%		6%	
名 称	指数值	排 名	指数值	排 名	指数值	排 名	指数值	排 名	指数值	排 名
宁 夏	0.291 2	1	1.218 5	6	1.044 5	11	0.938 7	23	1.669 2	1
重 庆	0.270 2	2	1.301 4	2	1.093 5	8	0.917 0	26	1.220 6	8
广 东	0.265 0	3	0.949 8	20	1.113 5	6	1.032 7	12	1.333 5	5
河 北	0.261 1	4	0.919 5	23	1.151 8	2	1.060 8	8	1.234 3	7

续表

指 标	人居环境水平		二级指标							
			城市生活垃圾无害化处理率		建成区绿化覆盖率		基础公共设施占财政支出比重		环境保护投入占财政支出比重	
权 重	24%		6%		5%		7%		6%	
名 称	指数值	排 名	指数值	排 名	指数值	排 名	指数值	排 名	指数值	排 名
云 南	0.260 0	5	1.162 6	11	1.005 7	19	1.019 8	14	1.142 7	12
内蒙古	0.258 5	6	1.090 4	14	0.898 9	26	0.886 1	29	1.435 8	3
浙 江	0.258 3	7	1.294 5	3	1.032 3	12	1.180 4	1	0.7734	23
江 苏	0.256 4	8	1.232 4	5	1.134 0	4	1.059 6	9	0.860 6	18
陕 西	0.256 2	9	1.051 4	17	1.032 1	13	1.054 4	10	1.129 1	13
山 西	0.256 2	10	0.969 0	19	1.024 5	15	0.992 3	17	1.289 3	6
江 西	0.253 2	11	1.131 1	13	1.256 6	1	1.088 6	5	0.772 4	24
山 东	0.252 9	12	1.210 3	8	1.117 8	5	1.071 8	7	0.823 6	20
广 西	0.252 9	13	1.200 2	9	0.942 3	23	1.084 5	6	0.963 5	16
福 建	0.252 1	14	1.211 0	7	1.104 3	7	1.166 4	2	0.709 5	27
贵 州	0.249 0	15	1.193 7	10	0.797 3	28	1.101 9	4	1.006 5	15
北 京	0.248 9	16	1.276 8	4	1.078 2	9	1.110 9	3	0.677 0	28
湖 南	0.240 3	17	1.040 2	18	0.987 6	20	0.965 4	21	1.015 9	14
河 南	0.239 1	18	1.087 6	15	0.985 4	21	1.048 0	11	0.852 8	19
青 海	0.238 0	19	0.886 0	25	0.791 9	29	0.815 6	31	1.469 9	2
湖 北	0.237 5	20	0.809 0	27	1.017 3	17	0.975 0	19	1.163 8	11
新 疆	0.230 9	21	0.929 5	22	0.981 7	22	1.022 5	13	0.907 7	17
四 川	0.227 3	22	1.143 9	12	1.021 0	16	0.849 1	30	0.802 2	21
天 津	0.226 3	23	1.316 9	1	0.864 2	27	0.976 5	18	0.595 0	30
海 南	0.224 4	24	0.895 1	24	1.149 1	3	0.953 9	22	0.774 1	22
安 徽	0.217 4	25	0.850 2	26	1.010 8	18	1.006 9	16	0.756 1	25
吉 林	0.216 6	26	0.586 2	28	0.919 7	25	0.897 7	28	1.210 1	9
辽 宁	0.216 0	27	0.933 4	21	1.059 8	10	0.900 1	27	0.732 5	26
甘 肃	0.215 4	28	0.499 8	30	0.731 0	30	0.921 4	25	1.406 0	4
黑龙江	0.215 0	29	0.531 5	29	0.940 4	24	0.921 4	24	1.194 0	10
上 海	0.209 9	30	1.078 0	16	1.028 3	14	0.968 5	20	0.432 9	31
西 藏	0.143 8	31	0.000 0	31	0.684 6	31	1.011 9	15	0.645 9	29

5. 基本公共服务均等化测度结果与比较

表 6-33　　2012 年基本公共服务均等化测度指数及排名

名称	指数	排名	名称	指数	排名	名称	指数	排名	名称	指数	排名	名称	指数	排名
北京	1.662 2	1	辽宁	1.078 1	8	黑龙江	0.945 0	15	河北	0.871 9	22	安徽	0.782 2	29
上海	1.399 3	2	新疆	1.076 3	9	吉林	0.921 4	16	重庆	0.870 2	23	河南	0.766 8	30
山东	1.277 3	3	宁夏	1.040 3	10	海南	0.920 9	17	江西	0.857 6	24	贵州	0.757 7	31
天津	1.216 0	4	江苏	1.025 4	11	山西	0.911 7	18	云南	0.851 7	25			
浙江	1.173 2	5	西藏	0.98 1	12	四川	0.898 3	19	湖南	0.841 0	26			
青海	1.155 5	6	内蒙古	0.978 1	13	福建	0.893 2	20	湖北	0.832 6	27			
广东	1.084 6	7	陕西	0.952 4	14	甘肃	0.881 8	21	广西	0.786 5	28			

表 6-34　　2012 年基本公共服务均等化测度一级指标指数及排名

A1 指数及排名			A2 指数及排名			A3 指数及排名			A4 指数及排名			A5 指数及排名		
名称	指数	排名	名称	指数	排名	名称	指数	排名	名称	指数	排名	名称	指数	排名
西藏	0.255 0	1	青海	0.368 1	1	山东	0.519 9	1	北京	0.644 4	1	山东	0.277 3	1
青海	0.237 2	2	北京	0.265 6	2	北京	0.320 8	2	上海	0.525 8	2	江苏	0.261 0	2
北京	0.233 6	3	新疆	0.262 2	3	上海	0.279 8	3	天津	0.358 3	3	宁夏	0.260 0	3
宁夏	0.233 5	4	云南	0.257 2	4	天津	0.252 4	4	浙江	0.349 8	4	西藏	0.242 8	4
贵州	0.231 7	5	西藏	0.254 1	5	辽宁	0.231 8	5	广东	0.337 2	5	河北	0.239 6	5
上海	0.226 7	6	上海	0.241 8	6	新疆	0.224 1	6	辽宁	0.298 4	6	青海	0.234 6	6
广东	0.221 5	7	甘肃	0.226 2	7	吉林	0.218 8	7	江苏	0.264 0	7	浙江	0.231 6	7
甘肃	0.213 4	8	内蒙古	0.222 4	8	山西	0.216 7	8	黑龙江	0.223 2	8	陕西	0.219 0	8
浙江	0.209 8	9	宁夏	0.220 7	9	内蒙古	0.206 1	9	海南	0.213 8	9	广东	0.211 8	9
河南	0.208 4	10	陕西	0.210 3	10	黑龙江	0.199 3	10	新疆	0.193 6	10	天津	0.208 0	10
天津	0.206 8	11	四川	0.204 2	11	浙江	0.191 3	11	山东	0.191 9	11	江西	0.202 0	11
广西	0.206 8	12	山西	0.197 4	12	陕西	0.188 8	12	吉林	0.190 3	12	福建	0.201 5	12
海南	0.206 7	13	浙江	0.190 6	13	广东	0.188 4	13	福建	0.183 6	13	安徽	0.199 4	13
云南	0.205 0	14	天津	0.190 4	14	青海	0.188 0	14	重庆	0.171 8	14	北京	0.197 8	14
江西	0.204 3	15	辽宁	0.190 1	15	西藏	0.182 6	15	内蒙古	0.165 0	15	新疆	0.197 8	15
四川	0.198 9	16	贵州	0.179 2	16	河北	0.180 3	16	湖北	0.156 9	16	内蒙古	0.197 7	16
新疆	0.198 6	17	黑龙江	0.176 7	17	湖南	0.178 6	17	山西	0.155 6	17	海南	0.197 0	17
重庆	0.198 2	18	湖南	0.171 8	18	宁夏	0.177 8	18	宁夏	0.148 3	18	湖北	0.193 6	18
安徽	0.196 3	19	江西	0.165 1	19	四川	0.175 6	19	陕西	0.147 8	19	吉林	0.192 0	19

续表

A1指数及排名			A2指数及排名			A3指数及排名			A4指数及排名			A5指数及排名		
名称	指数	排名	名称	指数	排名	名称	指数	排名	名称	指数	排名	名称	指数	排名
江苏	0.188 3	20	福建	0.162 5	20	甘肃	0.175 5	20	河北	0.134 7	20	黑龙江	0.189 2	20
内蒙古	0.186 9	21	吉林	0.162 2	21	江苏	0.174 0	21	四川	0.131 4	21	四川	0.188 2	21
陕西	0.186 5	22	重庆	0.161 3	22	福建	0.170 6	22	湖南	0.129 5	22	湖南	0.187 3	22
山西	0.184 2	23	广西	0.152 1	23	湖北	0.170 5	23	江西	0.128 6	23	广西	0.186 5	23
湖北	0.180 1	24	河北	0.150 8	24	海南	0.169 9	24	青海	0.127 6	24	辽宁	0.183 3	24
山东	0.176 8	25	安徽	0.141 5	25	重庆	0.158 5	25	河南	0.118 7	25	重庆	0.180 3	25
福建	0.174 9	26	江苏	0.138 1	26	河南	0.158 2	26	安徽	0.111 6	26	云南	0.178 6	26
辽宁	0.174 5	27	海南	0.133 5	27	江西	0.157 5	27	甘肃	0.101 0	27	甘肃	0.165 6	27
湖南	0.173 8	28	湖北	0.131 5	28	广西	0.147 1	28	广西	0.094 0	28	山西	0.157 9	28
河北	0.166 6	29	广东	0.125 7	29	安徽	0.133 5	29	云南	0.078 8	29	河南	0.156 5	29
吉林	0.158 0	30	河南	0.124 9	30	云南	0.132 0	30	贵州	0.078 1	30	贵州	0.137 1	30
黑龙江	0.156 6	31	山东	0.111 5	31	贵州	0.131 5	31	西藏	0.046 4	31	上海	0.125 1	31

注：表6-34中A1指基本教育服务均等化，A2指基本文化服务均等化，A3指基本卫生服务均等化，A4指社会保障服务均等化，A5指基础供给均等化。

附录2：基本公共服务均等化测度二级指标指数及排名

表6-35　　2012年基本教育服务均等化测度二级指标指数及排名

每万人均财政性教育经费(亿元/万人)			小学生师比(%)			初中生师比(%)		
名　称	指　数	排　名	指　数	名　称	排　名	名　称	指　数	排　名
北　京	0.129 9	1	贵　州	0.090 8	1	贵　州	0.093 5	1
西　藏	0.114 3	2	河　南	0.090 5	2	广　东	0.089 9	2
上　海	0.102 5	3	江　西	0.087 0	3	云　南	0.083 0	3
天　津	0.100 0	4	宁　夏	0.081 6	4	安　徽	0.081 9	4
青　海	0.082 9	5	广　东	0.081 6	5	河　南	0.081 3	5
新　疆	0.081 3	6	青　海	0.080 9	6	广　西	0.080 9	6
内蒙古	0.073 7	7	广　西	0.080 9	7	海　南	0.080 6	7
宁　夏	0.072 9	8	浙　江	0.080 4	8	四　川	0.080 6	8

续表

每万人均财政性教育经费(亿元/万人)			小学生师比(%)			初中生师比(%)		
名 称	指 数	排 名	指 数	名 称	排 名	名 称	指 数	排 名
海 南	0.064 0	9	四 川	0.080 3	9	甘 肃	0.079 7	9
甘 肃	0.063 7	10	湖 南	0.079 4	10	重 庆	0.079 7	10
浙 江	0.063 0	11	安 徽	0.077 7	11	江 西	0.079 6	11
江 苏	0.062 2	12	湖 北	0.077 2	12	宁 夏	0.079 0	12
陕 西	0.057 2	13	云 南	0.075 9	13	西 藏	0.075 0	13
辽 宁	0.052 4	14	重 庆	0.071 4	14	青 海	0.073 4	14
山 西	0.052 0	15	甘 肃	0.070 0	15	山 西	0.068 8	15
吉 林	0.051 5	16	山 东	0.067 3	16	陕 西	0.067 5	16
福 建	0.050 2	17	河 北	0.066 5	17	湖 北	0.066 6	17
广 东	0.049 9	18	江 苏	0.066 2	18	浙 江	0.066 4	18
贵 州	0.047 5	19	西 藏	0.065 6	19	山 东	0.064 0	19
重 庆	0.047 2	20	上 海	0.064 3	20	福 建	0.061 5	20
云 南	0.046 1	21	山 西	0.063 3	21	黑龙江	0.061 0	21
山 东	0.045 5	22	福 建	0.063 2	22	内蒙古	0.061 0	22
广 西	0.045 0	23	海 南	0.062 1	23	辽 宁	0.060 6	23
黑龙江	0.044 2	24	陕 西	0.061 8	24	上 海	0.059 9	24
河 北	0.040 5	25	辽 宁	0.061 5	25	江 苏	0.059 9	25
四 川	0.038 0	26	新 疆	0.059 9	26	河 北	0.059 6	26
江 西	0.037 7	27	天 津	0.056 2	27	湖 南	0.059 6	27
河 南	0.036 7	28	北 京	0.054 7	28	吉 林	0.058 4	28
安 徽	0.036 7	29	内蒙古	0.052 2	29	新 疆	0.057 4	29
湖 北	0.036 2	30	黑龙江	0.051 5	30	天 津	0.050 6	30
湖 南	0.034 7	31	吉 林	0.048 1	31	北 京	0.049 1	31

表 6-36　　2012年基本文化服务均等化测度二级指标指数及排名

每万人拥有公共图书馆数(个/万人)			每万人拥有文化站数(个/万人)			每万人拥有出版物发行机构数(个/万人)		
名　称	指　数	排　名	名　称	指　数	排　名	名　称	指　数	排　名
青　海	0.185 0	1	西　藏	0.185 9	1	北　京	0.206 7	1
新　疆	0.111 6	2	青　海	0.126 6	2	上　海	0.194 8	2
内蒙古	0.108 2	3	四　川	0.100 8	3	云　南	0.122 6	3
甘　肃	0.086 9	4	甘　肃	0.096 5	4	天　津	0.099 6	4
山　西	0.083 5	5	新　疆	0.096 4	5	浙　江	0.096 9	5
云　南	0.077 2	6	陕　西	0.085 3	6	宁　夏	0.077 1	6
宁　夏	0.074 8	7	贵　州	0.076 4	7	江　苏	0.072 8	7
陕　西	0.071 0	8	黑龙江	0.075 2	8	广　东	0.066 8	8
辽　宁	0.069 3	9	江　西	0.075 2	9	重　庆	0.063 2	9
黑龙江	0.066 1	10	山　西	0.074 8	10	安　徽	0.062 4	10
贵　州	0.063 3	11	内蒙古	0.071 7	11	湖　南	0.059 2	11
江　西	0.057 3	12	宁　夏	0.068 8	12	辽　宁	0.059 1	12
天　津	0.056 5	13	湖　南	0.067 9	13	青　海	0.056 5	13
吉　林	0.056 0	14	重　庆	0.062 9	14	四　川	0.056 0	14
广　西	0.055 5	15	辽　宁	0.061 8	15	新　疆	0.054 3	15
福　建	0.055 1	16	吉　林	0.061 2	16	陕　西	0.054 0	16
海　南	0.054 5	17	云　南	0.057 5	17	福　建	0.051 2	17
河　北	0.054 3	18	河　北	0.056 2	18	广　西	0.048 0	18
四　川	0.047 4	19	福　建	0.056 2	19	湖　北	0.045 4	19
湖　南	0.044 7	20	浙　江	0.051 6	20	吉　林	0.045 0	20
湖　北	0.044 2	21	广　西	0.048 5	21	河　南	0.043 5	21
浙　江	0.042 2	22	海　南	0.046 1	22	甘　肃	0.042 8	22
山　东	0.036 8	23	河　南	0.045 7	23	内蒙古	0.042 4	23
河　南	0.035 7	24	安　徽	0.044 2	24	河　北	0.040 3	24
重　庆	0.035 3	25	湖　北	0.041 9	25	贵　州	0.039 6	25
安　徽	0.035 0	26	山　东	0.036 6	26	山　西	0.039 1	26
江　苏	0.033 4	27	天　津	0.034 3	27	山　东	0.038 1	27
西　藏	0.031 5	28	江　苏	0.031 9	28	西　藏	0.036 8	28
广　东	0.029 9	29	北　京	0.029 9	29	黑龙江	0.035 4	29
北　京	0.029 0	30	广　东	0.029 0	30	海　南	0.032 9	30
上　海	0.028 8	31	上　海	0.018 2	31	江　西	0.032 7	31

表 6-37　　　　2012 年基本卫生服务均等化测度二级指标指数及排名

医疗保险覆盖率(%)			每万人拥有卫生机构数(个)			每千人卫生技术人员数(人)			每万人均拥有卫生机构床位数(张)		
名称	指数	排名	名称	指数	排名	名称	指数	排名	名称	指数	排名
天津	0.109 0	1	山东	0.374 4	1	北京	0.140 0	1	新疆	0.072 5	1
上海	0.106 6	2	西藏	0.088 3	2	上海	0.100 1	2	北京	0.064 4	2
北京	0.090 7	3	山西	0.061 6	3	天津	0.073 4	3	辽宁	0.063 6	3
吉林	0.071 6	4	河北	0.060 7	4	浙江	0.062 7	4	上海	0.062 2	4
广东	0.071 2	5	甘肃	0.055 9	5	新疆	0.059 1	5	山西	0.059 4	5
辽宁	0.069 3	6	青海	0.055 0	6	山西	0.057 5	6	吉林	0.057 1	6
江苏	0.060 9	7	陕西	0.051 2	7	辽宁	0.056 3	7	黑龙江	0.056 8	7
黑龙江	0.060 0	8	四川	0.049 5	8	广东	0.055 0	8	山东	0.054 3	8
海南	0.054 8	9	内蒙古	0.048 9	9	内蒙古	0.052 9	9	陕西	0.051 9	9
新疆	0.053 3	10	湖南	0.048 4	10	吉林	0.052 4	10	内蒙古	0.051 5	10
浙江	0.053 1	11	河南	0.043 2	11	黑龙江	0.051 5	11	天津	0.051 2	11
内蒙古	0.052 9	12	辽宁	0.042 6	12	山东	0.048 5	12	四川	0.051 0	12
福建	0.047 9	13	江西	0.040 9	13	陕西	0.048 2	13	宁夏	0.050 9	13
湖北	0.047 9	14	新疆	0.039 3	14	宁夏	0.048 0	14	青海	0.049 5	14
宁夏	0.043 9	15	福建	0.039 2	15	青海	0.046 7	15	重庆	0.048 9	15
江西	0.043 8	16	贵州	0.039 2	16	海南	0.045 4	16	湖南	0.048 4	16
山东	0.042 6	17	广西	0.038 1	17	江苏	0.045 3	17	甘肃	0.048 1	17
湖南	0.042 5	18	吉林	0.037 8	18	湖北	0.042 9	18	湖北	0.047 7	18
重庆	0.042 5	19	宁夏	0.035 0	19	福建	0.041 7	19	河南	0.047 5	19
山西	0.038 1	20	重庆	0.032 5	20	河北	0.041 2	20	河北	0.047 3	20
安徽	0.037 8	21	湖北	0.032 1	21	湖南	0.039 3	21	江苏	0.046 7	21
四川	0.037 8	22	黑龙江	0.030 9	22	甘肃	0.037 6	22	云南	0.046 5	22
陕西	0.037 4	23	浙江	0.029 5	23	四川	0.037 3	23	浙江	0.046 1	23
青海	0.036 7	24	海南	0.028 9	24	广西	0.036 7	24	安徽	0.043 0	24
甘肃	0.033 9	25	云南	0.026 7	25	河南	0.035 6	25	广西	0.042 5	25
河南	0.032 0	26	北京	0.025 7	26	西藏	0.035 3	26	福建	0.041 7	26
河北	0.031 1	27	广东	0.023 0	27	江西	0.034 7	27	贵州	0.041 2	27
广西	0.029 9	28	江苏	0.021 1	28	重庆	0.034 6	28	海南	0.040 7	28
云南	0.026 3	29	安徽	0.020 7	29	云南	0.032 6	29	西藏	0.040 0	29
贵州	0.025 5	30	天津	0.018 7	30	安徽	0.031 9	30	广东	0.039 2	30
西藏	0.018 9	31	上海	0.011 0	31	贵州	0.025 6	31	江西	0.038 1	31

表 6-38　　2012 年社会保障服务均等化测度二级指标指数及排名

养老保险覆盖率(%)			失业保险覆盖率(%)			工伤保险覆盖率(%)		
名　称	指　数	排　名	名　称	指　数	排　名	名　称	指　数	排　名
北　京	0.178 9	1	北　京	0.261 3	1	北　京	0.204 2	1
上　海	0.163 0	2	上　海	0.159 9	2	上　海	0.202 9	2
辽　宁	0.122 4	3	天　津	0.125 5	3	浙　江	0.131 7	3
天　津	0.118 8	4	浙　江	0.106 4	4	广　东	0.123 8	4
浙　江	0.111 8	5	广　东	0.103 2	5	天　津	0.114 0	5
广　东	0.110 1	6	江　苏	0.097 1	6	辽　宁	0.081 2	6
江　苏	0.092 4	7	辽　宁	0.094 9	7	江　苏	0.074 5	7
黑龙江	0.088 9	8	海　南	0.085 8	8	山　东	0.061 4	8
吉　林	0.078 0	9	黑龙江	0.081 7	9	新　疆	0.055 5	9
海　南	0.074 4	10	新　疆	0.073 6	10	福　建	0.055 0	10
重　庆	0.072 5	11	福　建	0.067 1	11	海　南	0.053 6	11
山　东	0.066 1	12	山　东	0.064 3	12	吉　林	0.053 2	12
湖　北	0.064 9	13	内蒙古	0.061 9	13	黑龙江	0.052 7	13
新　疆	0.064 5	14	吉　林	0.059 1	14	重　庆	0.044 8	14
内蒙古	0.062 3	15	陕　西	0.058 8	15	内蒙古	0.040 8	15
福　建	0.061 6	16	山　西	0.056 6	16	江　西	0.040 5	16
宁　夏	0.060 9	17	重　庆	0.054 5	17	河　北	0.040 2	17
山　西	0.059 2	18	湖　北	0.054 3	18	山　西	0.039 8	18
四　川	0.057 8	19	宁　夏	0.049 8	19	湖　南	0.038 2	19
陕　西	0.052 7	20	河　南	0.049 1	20	湖　北	0.037 7	20
湖　南	0.051 1	21	河　北	0.045 4	21	宁　夏	0.037 6	21
河　北	0.049 1	22	青　海	0.043 0	22	青　海	0.037 3	22
江　西	0.048 7	23	安　徽	0.042 7	23	陕　西	0.036 3	23
青　海	0.047 3	24	甘　肃	0.042 5	24	四　川	0.035 3	24
河　南	0.041 1	25	湖　南	0.040 3	25	安　徽	0.028 6	25
安　徽	0.040 2	26	江　西	0.039 4	26	河　南	0.028 5	26
广　西	0.034 9	27	四　川	0.038 3	27	广　西	0.024 8	27
甘　肃	0.033 9	28	广　西	0.034 2	28	甘　肃	0.024 7	28
贵　州	0.026 5	29	云　南	0.030 1	29	云　南	0.024 0	29
云　南	0.024 7	30	贵　州	0.029 0	30	贵　州	0.022 7	30
西　藏	0.011 8	31	西　藏	0.020 5	31	西　藏	0.014 2	31

表 6-39 2012 年基础设施供给均等化测度二级指标指数及排名

每万人拥有公交车辆(台/万人)			人均城市拥有道路面积(平方米)			人均公园绿地面积(平方米)		
名 称	指 数	排 名	名 称	指 数	排 名	名 称	指 数	排 名
西 藏	0.143 3	1	山 东	0.103 1	1	宁 夏	0.106 7	1
青 海	0.125 4	2	江 苏	0.098 6	2	山 东	0.104 4	2
北 京	0.097 6	3	河 北	0.080 4	3	河 北	0.093 8	3
陕 西	0.086 6	4	宁 夏	0.080 4	4	江 苏	0.087 6	4
天 津	0.082 6	5	浙 江	0.077 4	5	广 东	0.087 6	5
浙 江	0.081 3	6	安 徽	0.074 2	6	重 庆	0.087 3	6
新 疆	0.079 9	7	天 津	0.069 0	7	江 西	0.086 0	7
江 苏	0.074 8	8	内蒙古	0.069 0	8	内蒙古	0.081 5	8
宁 夏	0.072 8	9	广 西	0.066 3	9	北 京	0.074 4	9
福 建	0.070 7	10	湖 北	0.065 3	10	黑龙江	0.074 3	10
山 东	0.069 8	11	海 南	0.064 0	11	海 南	0.074 0	11
湖 南	0.068 6	12	江 西	0.063 8	12	浙 江	0.072 9	12
黑龙江	0.068 5	13	陕 西	0.062 0	13	福 建	0.072 5	13
吉 林	0.066 8	14	西 藏	0.061 4	14	安 徽	0.072 2	14
云 南	0.066 7	15	新 疆	0.061 2	15	陕 西	0.070 4	15
四 川	0.066 1	16	湖 南	0.060 0	16	吉 林	0.067 7	16
河 北	0.065 3	17	广 东	0.058 8	17	辽 宁	0.067 3	17
广 东	0.065 3	18	福 建	0.058 3	18	四 川	0.067 2	18
湖 北	0.064 9	19	吉 林	0.057 4	19	广 西	0.064 8	19
辽 宁	0.064 1	20	甘 肃	0.056 6	20	湖 北	0.063 4	20
上 海	0.060 4	21	四 川	0.054 9	21	山 西	0.061 7	21
海 南	0.059 0	22	青 海	0.052 9	22	云 南	0.061 3	22
贵 州	0.058 0	23	辽 宁	0.051 9	23	湖 南	0.058 6	23
甘 肃	0.055 5	24	云 南	0.050 5	24	河 南	0.057 0	24
广 西	0.055 3	25	山 西	0.049 4	25	新 疆	0.056 8	25
安 徽	0.053 0	26	河 南	0.047 5	26	天 津	0.056 4	26
江 西	0.052 1	27	黑龙江	0.046 4	27	青 海	0.056 2	27
河 南	0.051 9	28	重 庆	0.043 4	28	甘 肃	0.053 5	28
重 庆	0.049 5	29	贵 州	0.030 8	29	贵 州	0.048 3	29

续表

每万人拥有公交车辆（台/万人）			人均城市拥有道路面积（平方米）			人均公园绿地面积（平方米）		
名　称	指　数	排　名	名　称	指　数	排　名	名　称	指　数	排　名
内蒙古	0.047 2	30	北　京	0.025 8	30	上　海	0.046 0	30
山　西	0.046 8	31	上　海	0.018 7	31	西　藏	0.038 1	31

注：附录2中的表6-35至表6-39中的排名是按照各二级指标分数的降序排名，计算指标指数的所有原始数据来自2011年出版或发布的各种年鉴或数据。

附录3：社会鸿沟测度指标定义与数据来源

一、指标定义

（一）制度鸿沟测度指标定义

1. 计划单列城市（副省级城市）个数：计划单列城市（副省级城市）个数就是计划单列城市和副省级城市个数之和，不过要除去重叠的城市，总共为15个。计划单列城市指国家社会与经济发展计划单列市，简称“计划单列市”。目前，全国仅有5个计划单列城市，分别为辽宁省大连市、山东省青岛市、浙江省宁波市、福建省厦门市、广东省深圳市。副省级市是中华人民共和国的行政区名之一，受省级行政区管辖，副省级城市的市委书记、市人民代表大会常务委员会主任、市长、市政协主席均为副部级，副职为正厅级。副省级市与一般城市的区别，主要体现为国民经济与社会发展计划方面，国务院等主管部门将副省级市视为省一级计划单位。目前共有15个：哈尔滨、长春、沈阳、济南、南京、杭州、广州、武汉、成都、西安、大连、青岛、宁波、厦门、深圳。

2. 经济特区个数：经济特区是在国内划定一定范围，在对外经济活动中采取较国内其他地区更加开放和灵活的特殊政策的特定地区。在我国，是中国政府允许外国企业或个人以及华侨、港澳同胞进行投资活动并实行特殊政策的地区。目前，经济特区个数共有6个，分别为深圳、珠海、汕头、厦门、海南和喀什。

3. 国家级经济技术开发区个数：国家级经济技术开发区是指为中国大陆改革开放后所设立的国家级现代化工业园区。截至2012年7月，全国国家级经济技术开发区个数共有132个(见附录1：表6-8)。

4. 国家战略个数：国家战略是指导国家各个领域的总方略，其任务是依据国际国内情况，综合运用政治、军事、经济、科技、文化等国家力量，筹划指导国家建设与发展，维护国家安全，达成国家目标。目前，国家战略个数有29个(见附录1：表6-9)。

5. 北京大学各地每万人招生比率：是指北京大学当年在每个省级政府的1万名考生中招生的人数。计算方法：北京大学各地每万人招生比率＝当年北京大学在该省级政府的招生人数÷当年该省级政府的高考报考人数×100％。

6. 非国有企业贡献率：指非国有企业获得的资产占工业总产值的比值。计算方法：非国有企业贡献率＝1－国有控股企业资产贡献率。其中，国有控股企业资产贡献率＝国有控股企业资产增加值÷工业总产值×100％。

7. 外资企业贡献率：指外资企业在本地的资产增加值占工业总产值的比率。计算方法：外资企业贡献率＝外资企业资产增加值÷工业总产值×100％。

8. 城镇职工养老保险覆盖率：指城镇职工养老保险参与人数和城镇总人口数的比值。计算方法：城镇职工养老保险覆盖率＝城镇职工养老保险参与人数÷镇总人口数×100％。

9. 新型农村社会养老保险覆盖率：计算方法：新型农村社会养老保险覆盖率＝新型农村社会养老保险参与人数÷农村总人口数×100％。

10. 最低标准工资：指劳动者在法定工作时间提供了正常劳动的前提下，其雇主(或用人单位)支付的最低金额的劳动报酬。最低工资不包括加班工资、特殊工作环境、特殊条件下的津贴，最低工资也不包括劳动者保险、福利待遇和各种非货币的收入。最低工资一般由一个国家或地区通过立法制定。

(二)收入鸿沟测度指标定义

11. 恩格尔系数：指食品支出总额占个人消费支出总额的比重。恩格尔系数越小，代表该地区居民生活水平越好。本报告中恩格尔系数计算方法：恩格尔系数＝食品支出÷个人消费性支出。

(三)数字鸿沟测度指标定义

12. 固定电话：固定电话在现代是重要的通信手段之一，通过声音的振动利用话机内的话筒调制电话线路上的电流电压，也就是将声音转换为电压信号通过电话线传送到另外一端电话，再利用送话器将电压信号转换为声音信号。因为通常固定在一个位置，所以学术名称为固定电话，也就是平常说的电话座机。这种电话分为若干种，如传真电话、母子电话等。

13. 移动电话：移动电话(Mobile)，通常称为手机，日本及中国香港地区、中国台湾地区通常称为手提电话、手电、携带电话，早期又有大哥大的俗称，是可以在较广范围内使用的便携式电话终端。目前它已发展至4G时代。

14. 网民：半年内使用过互联网的6周岁及以上中国公民。中国互联网络信息中心(CNNIC)自1997年成立以来，已发布了27次中国互联网发展状况统计调查报告，权威性和客观性已经得到各界广泛的认可，调查结果已经纳入政府《中国通信统计年度报告》。

15. 网站：互联网上一块固定的面向全世界发布消息的地方，由域名(也就是网站地址)和网站空间构成，通常包括主页和其他具有超链接文件的页面。

16. CN域名：CN，Internet网络域名，国家顶级域名，表示中国网站。它由我国国际互联网络信息中心(Inter NIC)正式注册并运行。CN域名由中国互联网络信息中心(CNNIC)负责管理。根据最新实施的《中国互联网络域名管理办法》，CNNIC针对现有的三级CN域名的注册流程进行了修正。注册三级CN域名将不再需要提供书面的注册材料(在CN前冠有gov的除外)，生效周期缩短到5个工作日。同时，注册三级CN域名将不受域名名称的限制，即可以随意注册含有china、cn、chinese等地理名称的域名，可以随意注册通用、行业、专有名词。

17. 互联网络：互联网络(Internet)是一种把许多网络都连接在一起的国际性网络，是最高层次的骨干网络。在它下面连接地区性网络，地区性网络与广域网(WAN)相连接，广域网连接局域网(LAN)，局域网里连接许多计算机。这样，把许多计算机连接在一起，实现资源共享。

18. IPv4：是互联网协议(Internet Protocol，IP)的第四版，也是第一个被

广泛使用，构成现今互联网技术基石的协议。1981 年 Jon Postel 在 RFC791 中定义了 IP，Ipv4 可以运行在各种各样的底层网络上，比如端对端的串行数据链路(PPP 协议和 SLIP 协议)、卫星链路等。局域网中最常用的是以太网。

(四)区域发展鸿沟测度指标定义

19. 居民幸福指数： 指衡量人幸福快乐的标准。在社会上与 GDP 含金量的定义等价。计算方法：居民幸福指数(即 GDP 含金量)＝人均可支配收入÷(当地 GDP÷常住人口)；其中：人均可支配收入＝(城镇人均可支配收入＋农民人均纯收入)×城镇人口占总人口的比重；城镇人口占总人口的比重＝城镇人口÷(农村人口＋城镇人口)。

20. 城镇登记失业率： 指城镇登记失业人员与城镇单位就业人员(扣除使用的农村劳动力、聘用的离退休人员、港澳台及外方人员)城镇单位中的不在岗职工、城镇私营业主、个体户主、城镇私营企业和个体就业人员、城镇登记失业人员之和的比。

21. 人均社会保障与就业支出： 指报告期末每人享受的社会保障与就业支出的金额。计算公式：人均社会保障与就业支出＝社会保障与就业支出÷当地人口总数。

22. 每十万人拥有普通高校在校学生数： 指报告期末内每十万人中是高校在校学生的人数。计算公式＝每十万人拥有普通高校在校学生数＝(地区高校在校学生数÷当地总人口数)×10 000。其中，高校在校学生包括普通高等学校学生和成人高等学校学生。

23. 城市生活垃圾无害化处理率： 指报告期生活垃圾无害化处理量与生活垃圾产生量比率。在统计上，由于生活垃圾产生量不易取得，可用清运量代替，计算方法：生活垃圾无害化处理率＝生活垃圾无害化处理量÷生活垃圾产生量。

24. 建成区绿化覆盖率： 指城市建成区绿化覆盖面积占建成区总面积的比重。

25. 基础公共设施投资占地方财政收入比重： 指教育、文化体育与传媒、医疗卫生、交通运输、电力维护的财政支出合计与财政总支出的比值。计算方法：基础公共设施投资占地方财政收入比重＝(教育＋文化体育与传媒＋医疗卫生＋交通运输＋电力维护)÷一般预算支出。其中，教育支出指政府教育事务支出，包括教育行政管理、学前教育、小学教育初中教育、普通高中教育、普通高等教育、初等职业教育、中专教育、技校教育、职业高中教育、高等职业教育、广播电视教育、留学生教育、特殊教育、干部继续教育、教育机关服务等。文化教育与传媒支出指政府在文化、文物、体育、广播影视、新闻出版等方面的支出。医疗卫生支出指政府医疗卫生方面的支出，包括医疗卫生管理事务支出、医疗服务支出、医疗保障支出、疾病预防控制支出、卫生监督支出、妇幼保健支出、农村卫生支出等。交通运输包括铁路、公路、水路和航空运输等。

26. 环境治理投资占地方财政收入比重：指环境治理投资总额与地区生产总值的比值。计算方法：环境治理投资总额占地区生产总值比重＝环境治理投资总额÷地区生产总值。其中，环境污染治理投资指在污染源治理和城市环境基础设施建设的资金投入中，用于形成固定资产的资金。其中，污染源治理投资包括工业污染源治理投资和"三同时"项目环保投资两部分。环境污染治理投资为城市环境基础设施投资，工业污染源治理投资与"三同时"项目环保投资之和。

(五)基本公共服务均等化测度指标定义

27. 财政性教育经费：是指中央和地方财政部门的财政预算中实际用于教育的费用。教育经费包括教育事业费(即各级各类的学校的人员经费和公用经费)和教育基本建投资(建筑校舍和购置大型教学设备的费用)等。教育经费是以货币形式支付的教育费用，是办学必不可少的财力条件。在中国，教育经费主要是指国家用于发展各级教育事业的费用。

28. 医疗保险：是为补偿疾病所带来的医疗费用的一种保险。职工因疾病、负伤、生育时，由社会或企业提供必要的医疗服务或物质帮助的社会保险。如中国的公费医疗、劳保医疗。中国职工的医疗费用由国家、单位和个人共同负担，以减轻企业负担，避免浪费。

29. 养老保险：是社会保障制度的重要组成部分，是社会保险五大险种中最重要的险种之一。所谓养老保险(或养老保险制度)是国家和社会根据一定的法律和法规，为解决劳动者在达到国家规定的解除劳动义务的劳动年龄界限，或因年老丧失劳动能力退出劳动岗位后的基本生活而建立的一种社会保险制度。

30. 失业保险：是指劳动者由于非本人原因暂时失去工作，致使工资收入中断而失去维持生计来源，并在重新寻找新的就业机会时，从国家或社会获得物质帮助以保障其基本生活的一种社会保险制度。

31. 工伤保险：是指劳动者在工作中或在规定的特殊情况下，遭受意外伤害或患职业病导致暂时或永久丧失劳动能力以及死亡时，劳动者或其遗属从国家和社会获得物质帮助的一种社会保险制度。

32. 城市人均道路面积：是城市中每一居民平均占有的道路面积，即按城镇人口计算平均每人拥有的道路面积。道路面积指城市(县城)路面面积和与道路相通的广场、桥梁、隧道、人行道面积，人行道面积按道路两侧面积相加计算，包括步行街和广场，不含人车混行的道路。

33. 人均公园绿地面积：根据《城市绿地分类标准》，现已采用“人均公园绿地面积”取代“人均公共绿地面积”。计算方法：人均公园绿地面积＝公园绿地面积÷城市人口数量；人均公共绿地面积＝城市公共绿地面积÷城市非农业人口。

>> 二、数据来源 <<

1. 国家统计局. 2011 年中国统计年鉴[M]. 北京：中国统计出版社，2011.

2. 第 29 次中国互联网络发展状况统计报告[R]. 北京：中国互联网信息中心，2012：1-69.

3. 2011 中国互联网络信息中心年度报告[R]. 北京：中国互联网络信息中心，2011：1-34.

4. 国家统计局，国家环保部. 2011 年中国环境统计年鉴[M]. 北京：中国统计出版社，2011.

5. 国家发改委网站，2012 年 7 月。

6. 高考招生网站，2012 年 7 月。

7. 各省级政府官方网站，2012 年 7 月。

注释与主要参考文献

第一章 注释

[1] 张玉学. 基于政府信息化的政府绩效提升研究[D]. 电子科技大学硕士毕业论文，2007：1-6.

[2] http://www.stats.gov.cn/tjfx/ztfx/jnggkf30n/t20081027_402512199.htm.

[3] http://www.stats.gov.cn/tjfx/ztfx/sywcj/t20110301_402706119.htm.

[4] http://www.stats.gov.cn/tjfx/ztfx/tjgbjd/t20120222_402786577.htm.

[5] 道格拉斯·诺斯. 经济史中的结构与变迁[M]. 上海：上海三联书店，1991：20.

[6] 彭正波. 服务型政府建设过程中的"政府悖论"[J]. 新疆社科论坛，2009(2).

[7] http://xcb.cumt.edu.cn/xszc/read-article.aspx? id=311.

[8] 黄茜，秦昌宏. 我国居民收入分配的差距分析[J]. 当代经济，2012(4).

[9] 刘洪涛. 中国城乡收入差距的演变及特征[J]. 北京宣武红旗业余大学学报，2012(2).

[10] 顾杰. 论影响我国政府效率的深层因素[J]. 广东行政学院学报，2000(4).

[11] http://roll.sohu.com/20120703/n347196415.shtml.

[12] http://theory.gmw.cn/2012-06/24/content_4404253.htm.

[13] 江明融. 公共服务均等化问题研究[D]. 厦门大学博士毕业论文，2007：1-10.

[14] 周明侠，李文格．5曲线、数字鸿沟及互联网在中国学生中的扩散[J]．求索，2004(2)．

[15] 薛伟贤．网络经济效应及测度研究[M]．北京：经济科学出版社，2004．

[16] 李潇．我国区域数字鸿沟影响因素测度及政策建议[D]．北京邮电大学博士毕业论文，2010：1-8．

第二章 注释

[1] 唐瑶．城乡公共服务均等化问题文献综述[J]．传承，2009(11)．

[2] 王慧岩．我国基本公共服务均等化问题研究[D]．吉林财经大学硕士学位论文，2010．

[3] 陈文权，张欣．十七大以来我国理论界关于"基本公共服务均等化"的讨论综述[J]．云南行政学院学报，2008(5)．

[4] 关于鼓励支持和引导个体私营等非公有制经济发展的若干意见，2009-02；国务院关于鼓励和引导民间投资健康发展的若干意见，2010-05．

[5] 天则经济研究所课题组．中国行政性垄断的原因、行为与解除[M]．天则经济研究所，2012：8-15．

[6] 陈文权，张欣．十七大以来我国理论界关于"基本公共服务均等化"的讨论综述[J]．云南行政学院学报，2008(5)．

[7] 周伟．城乡基本公共服务均等化的供给现状及对策[J]．江西农业大学学报(社会科学版)，2009(3)．

[8] 王慧岩．我国基本公共服务均等化问题研究[D]．吉林财经大学硕士学位论文，2010．

[9] 吴建华，查丽艳．我国城乡基本公共服务非均等化研究[J]．商业研究，2011(8)．

[10] 天则经济研究所课题组．中国行政性垄断的原因、行为与解除[M]．天则经济研究所，2012：48-53．

[11] 岳军，汪崇金．公共服务均等化、地方政府行为及激励监督机制[EB/OL]．http://wenku.baidu.com/view/c4271c24aaea998fcd220e04.html，

2009-09-18.

[12] 楼继伟. 基本公共服务均等化之经济法路径[EB/OL]. 法律教育网，http://www.chinalawedu.com/new/21602_23370_/2009_9_18_ji3798413398199002560.shtml，2009-09-18.

[13] 李实，罗楚亮. 中国收入差距究竟又大多？——对修正样本偏差结构的尝试[J]. 经济研究，2011(4).

[14] 郭小聪，刘述良. 中国基本公共服务均等化：困境与出路[EB/OL]. 求是理论网，http://www.qstheory.cn/sh/shbzyshgl/201012/t20101228_60667.htm，2010-12-28.

[15] 江爱平. 我国区域间基本公共服务非均等化的现状与发展趋势[J]. 广西社会科学，2010(8)。

[16] 天则经济研究所课题组. 中国行政性垄断的原因、行为与解除[M]. 天则经济研究所，2012：16-26.

[17] 哈耶克. 法律立法与自由[M]. 北京：中国大百科全书出版社，2000：365.

[18] 李景友，蔡汉波. 收入分配中的制度差异[J]. 湖北财税(理论版)，2002(8).

[19] 布坎南. 自由、市场与国家[M]. 上海：上海三联书店，1989：69.

[20] 赵人伟等. 中国居民收入分配在研究[M]. 北京：中国财政经济出版社，1999.

[21] 国家统计局农调队课题组. 城乡居民收入差距研究[J]. 经济研究，1994(12).

[22] 科菲—安南. 架起跨越数字鸿沟的桥梁[N]. 光明日报，2001-05-18.

[23] 迈克尔. 托马塞洛. 人类认知的文化起源[M]. 北京：中国社会科学出版社，2011.

[24] 李智慧. 弥合数字鸿沟　构建和谐社会[J]. 周口师范学院学报，2009(1).

[25] 王学宾，郑晓乐. 中国数字鸿沟研究综述[J]. 情报杂志，2004(12).

[26] 刘宝玲. 区域发展差异与区域协调发展关系[J]. 经济问题，2007(4).

[27] 李善同等. 地区协调发展的战略与政策[M]. 北京：中国发展出版

社，2005.

[28] 李景铭. 区域协调发展是构建和谐社会的重要基础[N]. 光明日报，2005-06-21.

[29] 蔡方，孙文祥. 政府间财力分配：计量模式与优化思路[J]. 财政研究. 2004(1).

[30] 常修泽. 中国现阶段基本公共服务均等化研究[J]. 天津市委党校学报，2007(2).

[31] 丁元竹. 科学把握我国现阶段的基本公共服务均等化[J]. 中国经贸导刊，2007(13).

[32] 丁元竹. 科学把握我国现阶段的基本公共服务均等化[J]. 中国经贸导刊，2007(13).

第二章　主要参考文献

1. 罗尔斯. 正义论[M]. 北京：中国社会科学出版社，1988.

2. 诺齐克. 无政府、国家与乌托邦[M]. 北京：中国社会科学出版社，2008.

3. 哈耶克. 自由宪章[M]. 北京：中国社会科学出版社，1999.

4. 米尔顿·弗里德曼. 弗里德曼文萃[C]. 北京：北京经济学院出版社，1991.

5. E.S. 萨瓦斯. 公私合作的伙伴关系[M]. 北京：中国人民大学出版社，2002.

6. 布坎南. 自由、市场与国家[M]. 上海：上海三联书店，1989.

7. 陈昌盛，蔡跃洲. 中国政府公共服务：体制变迁与地区综合评估[M]. 北京：中国社会科学出版社，2007.

8. 于建嵘. 基本公共服务均等化与农民工权益保障，在"惠及13亿人的基本公共服务"国际研讨会上的演讲[EB/OL]. http://business.sohu.com/s2008/shisanyigonggongfuwu/.

第三章　注释

[1] 世界银行. 2006年世界发展报告：公平与发展[M]. 北京：清华大学

出版社，2006.

[2] 若无特殊说明，本文的原始数据来源于历年《中国统计年鉴》或中经网数据库.

[3] 王小鲁. 巨额灰色收入不容忽视[J]. 商周刊，2010(8).

[4] 沈坤荣，刘东皇. 是何因素制约着中国居民消费[J]. 经济学家，2010(8).

[5] 数据来源于各年福布斯美国 400 富豪榜，美国统计年鉴，胡润富豪榜以及中国统计年鉴.

[6] 余斌，陈昌盛. 国民收入分配困境与出路[M]. 北京：中国发展出版社，2011.

[7] 理查德・威尔金森，凯特・皮克特. 不平等的痛苦——收入差距如何导致社会问题[M]. 安鹏译. 北京：新华出版社，2011.

[8] 世界银行. 2006 年世界发展报告：公平与发展[M]. 北京：清华大学出版社，2006.

[9] 理查德・威尔金森，凯特・皮克特. 不平等的痛苦——收入差距如何导致社会问题[M]. 安鹏译. 北京：新华出版社，2011.

[10] 理查德・威尔金森，凯特・皮克特. 不平等的痛苦——收入差距如何导致社会问题[M]. 安鹏译. 北京：新华出版社，2011.

[11] 徐滇庆，李昕. 看懂中国的贫富差距[M]. 北京：机械工业出版社，2011.

[12] 世界银行. 2006 年世界发展报告：公平与发展[M]. 北京：清华大学出版社，2006.

第三章 主要参考文献

1. 陈彦斌. 中国城乡居民城乡财富分布的比较分析[J]. 金融研究，2010(12).

2. 肖争艳. 我国城镇家庭财产水平研究：基于行为的视角[J]. 经济研究，2012(4).

3. 陈彦斌，邓哲圣. 高房价如何影响居民储蓄率和财产不平等[J]. 经济研究，2011(10).

4. 李实. 中国收入分配中的几个主要问题[J]. 探索与争鸣，2011(4).

5. 朱琛，赵帝．中国城乡居民财产性收入差距与消费差距相关性的实证研究[J]．社科纵横，2012(4)．

6. 贾康，孟艳．我国居民财产分布差距扩大的分析与政策建议[J]．社会经济体制比较，2011(4)．

7. 陈建东．近年来我国农村居民收入差距及其分解[J]．中国经济问题，2009(5)．

8. 何妍玺．中国贫富差距现状分析[J]．现代经济信息，2011(8)．

9. 张义凤．我国贫富差距问题探析[D]．济南：山东大学，2011(3)．

10. 杜鑫．中国垄断性行业与竞争性行业的收入差距：基于北京市微观数据的研究[J]．南开经济研究，2010(5)．

11. 戴廉．贫富鸿沟挑战中国发展[J]．瞭望新闻周刊，2004(3)．

12. 姚忆江，吕明明，林春挺．盛世阴影：关于财富差距的对话[J]．今日时政，2010(3)．

13. 李迅雷．中国财富差距至少超过40倍[J]．理论参考，2010(7)．

14. 阮加，阮敬科．收入分配问题现状、原因及对策探讨[J]．经济学动态，2011(2)．

15. 罗传健．收入分配与财富集中理论研究新进展[J]．经济学动态，2010(2)．

16. 萧灼基．收入鸿沟挑战全面小康[J]．科技智囊，2003(1)．

17. 王敏婕，罗守贵．我国城镇居民财富集中度的研究[J]．生产力研究，2008(15)．

18. 苏海南．我国收入分配领域存在的主要问题及对策[J]．理论前沿，2009(15)．

19. 王康．由区域经济落差看贫富鸿沟[J]．中国水运(理论版)，2006(4)．

20. 金淑彬，赵利敏．中国城乡居民消费差距分析[J]．亚太经济，2010(1)．

21. 王小鲁．阻断扩大收入分配差距的“灰手”[J]．人力资源，2010(8)．

第四章　注释

[1] 蔡志强．社会阶层固化的成因与对策[N]．学术时报，2011-06-27．

[2] 孙立平．转型与断裂：改革以来中国社会结构的变迁[M]．北京：清

华大学出版社，2004：52.

[3] 叶裕民. 中国可持续发展总纲·中国城市化与可持续发展. 第12卷. 北京：科学出版社，2007：1.

[4] 李强. 城市化进程中的重大社会问题及其对策研究[M]. 北京：经济科学出版社，2009：102.

[5] 李强. 中国社会变迁30年[M]. 北京：社会科学文献出版社，2008：127.

[6] 李强. 城市化进程中的重大社会问题及其对策研究[M]. 北京：经济科学出版社，2009：103.

[7] 孙立平. 转型与断裂：改革以来中国社会结构的变迁[M]. 北京：清华大学出版社，2005：154.

[8] 孙立平. 失衡：断裂社会的运作逻辑[M]. 北京：社会科学文献出版社，2004：82.

[9] 李培林. 阶层认同度与分配制度改革[N]. 北京日报，2012-06-25.

[10] 冯仕政. 中国社会转型期的阶级认同与社会稳定[J]. 黑龙江社会科学，2011(3).

[11] 李强. 社会分层十讲(第二版)[M]. 北京：社会科学文献出版社，2011：257.

[12] 向楠. 79.5%受访者坦言农民工与城市居民间的区隔依然严重[N]. 中国青年报，2012-05-17.

第五章　主要参考文献

1. 张新红，于凤霞，罗彼得. 聚焦“第四差别”——中欧数字鸿沟比较研究[M]. 北京：商务印书馆，2010.

2. 尹颖汤. 数字鸿沟和经济发展[D]. 汕头：汕头大学，2003.

3. 胡鞍钢，周绍杰. 新的全球贫富差距，日益扩大的“数字鸿沟”[J]. 中国社会科学，2002(3).

4. 段兴利. 社会学视野中的数字鸿沟[J]. 科学·经济·社会，2011(3).

5. 严正学. 数字鸿沟问题研究[J]. 商场现代化，2011(1).

6. 纪秋发. 中国数字鸿沟——基于互联网接入、普及与使用的分析[M]. 北京：社会科学文献出版社，2010.

7. 数字鸿沟[EB/OL]. http://baike.baidu.com/view/95170.htm，2012-07-21.

8. 曼纽尔·卡斯特. 网络星河：对互联网、商业和社会的反思[M]. 郑波，武炜译. 北京：社会科学文献出版社，2007.

9. 刘芸. 国际数字鸿沟问题解决方案——基于经济学角度的研究[M]. 北京：经济管理出版社，2007.

10. 中国互联网络信息中心(CNNIC). 第29次中国互联网络发展状况统计报告[EB/OL]. http://tech.qq.com/a/20120116/000276.htm，2012-01-16.

11. 邵培仁，张健康. 关于跨越中国数字鸿沟的思考与对策[J]. 浙江大学学报，2003(1).

12. 2011年1—10月电子信息产业固定资产投资情况[EB/OL]. http://www.miit.gov.cn/n11293472/n11293832/n11294132/n12858462/14332769.html.

13. 刘骏. 区域"数字鸿沟"形成机理[D]. 西安理工大学，2009.

14. 陈洪生. 现代政府效率的评估与提升[J]. 求实，2004(6).

15. 岳书敬. 不对称信息条件下政府效率的提高与公众参与[J]. 经济问题探索，2005(3).

16. 李红刚. 政府提供服务的性价比与政府供给效率的提升[EB/OL]. http://www.studa.net/jingji/080907/10522388-2.html，2009-09-07.

17. 电子政务提升行政效率的新方向研究[EB/OL]. http://wenku.baidu.com/view/4a69ea2acfc789eb172dc86f.html，2012-07-13.

18. 论电子政务对政府行政效率的影响[EB/OL]. http://wenku.baidu.com/view/71634822dd36a32d737581e5.html，2012-07-13.

19. 刘若男，吕洪波. 论电子政务与政府效率问题[J]. 理论观察，2007(1).

20. 王芳. 政府信息公开与共享的成本收益分析[J]. 南开管理评论，2004(5).

21. 谈提高政府效率：理论、困境与出路[EB/OL]. http://www.51test.net/show.asp? id=1938532&Page=4，2009-02-04.

22. 吕炜，王伟同. 发展失衡、公共服务与政府责任——基于政府偏好和政府效率视角的分析[J]. 中国社会科学，2008(4).

第六章　主要参考文献

1. 厉以宁．如何缩小城乡制度差距[J]．当代财经，2012(2).

2. 厉以宁．三种资本的差别造成收入的差别[J]．人民论坛，2011(22).

3. 孟庆伟．我国城镇居民收入差距已扩大至 8.9 倍[J]．共产党员，2011(2).

4. 段景辉，陈建宝．基于家庭收入分析的地区基尼系数的测算及其城乡分解[J]．世界经济，2010(1).

5. 宋运河．中国城乡收入差距问题研究[D]．重庆大学硕士毕业论文，2010：9-56.

6. 第 29 次中国互联网络发展状况统计报告[R]．北京：中国互联网信息中心，2012：1-69.

7. 薛伟贤，刘骏．基于技术扩散模型的区域“数字鸿沟”演变阶段划分[J]．系统工程，2011(1).

8. 薛伟贤，王江泉．基于投入产出视角的区域数字鸿沟成因分析[J]．科学学与科学技术管理，2011(2).

9. 薛伟贤，刘骏．区域“数字鸿沟”形成原因分析[J]．图书馆建设，2011(1).

10. 王选选．中国四大区域经济发展差距的成因分析[J]．财贸经济，2009(11).

11. 张铮，贾必章．区域发展差距的影响因素分析[J]．中外企业家，2008(11).

12. 滕堂伟，林利剑．基本公共服务水平与区域经济发展水平的相关性分析[J]．当代经济管理，2012(3).

13. 刘增禄．城乡基本公共服务均等化的测度与对策选择[J]．云南行政学院学报，2011(6).

14. 庞力．促进城乡基本公共服务均等化的公共财政制度研究[D]．长沙：湖南农业大学，2010：1-116.

第七章　注释

[1]陈英．公平与效率相统一是构建社会主义和谐社会的必然要求[D]．西南财经大学硕士毕业论文，2007.

[2]http://baike.baidu.com/view/13768.htm.

[3]李涛，刘雪焕．构建和谐社会背景下政府职能创新的路径选择[J]．河北学刊，2007(9)．

[4]程镭鳕．科学发展观视野下GDP的价值与意义[D]．江南大学硕士毕业论文，2011：9-56．

[5]孔玲铼．以科学发展观引领政绩观研究[D]．河南农业大学硕士毕业论文，2008．

[6]http://baike.baidu.com/view/1391810.htm．

[7]杨宇丹．绿色GDP纳入我国地方政府绩效评估指标体系研究[D]．黑龙江省社会科学院硕士毕业论文，2009：40-41．

[8]袁超．服务型政府绩效评估指标体系的优化[J]．青岛行政学院学报，2008(8)．

[9]http://www.qstheory.cn/lg/gc/201107/t20110704_91130.htm．

[10]刘旭涛．政府绩效管理制度：战略与方法[M]．北京：机械工业出版社，2003：181，195．

[11]http://baike.baidu.com/view/3286973.htm．

[12]http://politics.people.com.cn/GB/14018164.html．

[13]http://baike.baidu.com/view/1889600.htm．

[14]http://baike.baidu.com/view/1008783.htm．

[15]孙斌．中国中产阶层的发展及其问题述论[J]．理论导刊，2009(10)．

[16]http://theory.people.com.cn/GB/49150/49152/7556716.html．

[17]http://www.edu.cn/specialreport_1657/20070405/t20070405_226630.shtml．

[18]张联锋．我国数字鸿沟的弥合问题[J]．大学图书情报学刊，2005(2)．

第八章　主要参考文献

1. 唐天伟．政府效率测度[M]．北京：经济管理出版社，2009．

2. 北京师范大学管理学院，北京师范大学政府管理研究院．2011中国省级地方政府效率研究报告[M]．北京：北京师范大学出版社，2011．

3. 北京师范大学管理学院，北京师范大学政府管理研究院．2012中国民生发展报告[M]．北京：北京师范大学出版社，2012．